中国国际经济交流中心重大课题

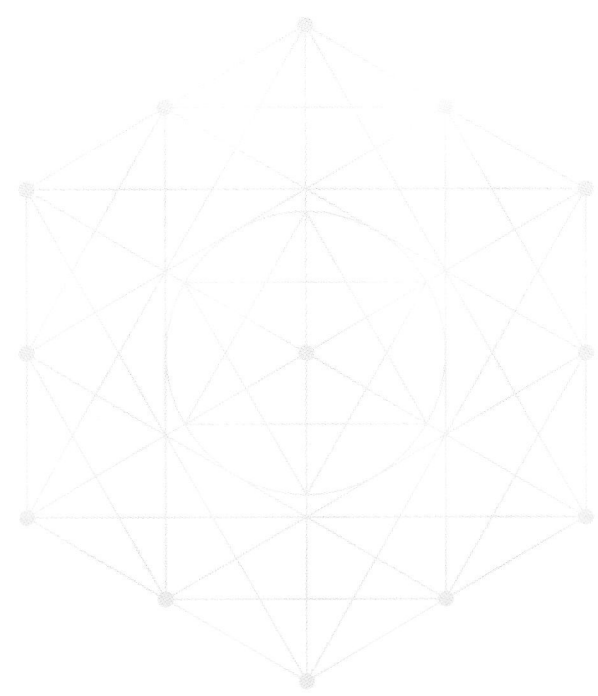

建设现代化经济体系研究

张燕生　綦鲁明　等著

中国社会科学出版社

图书在版编目(CIP)数据

建设现代化经济体系研究/张燕生等著.—北京：中国社会科学出版社，2019.11（2020.6 重印）

ISBN 978-7-5203-5391-5

Ⅰ.①建⋯　Ⅱ.①张⋯　Ⅲ.①中国经济—经济体系—研究　Ⅳ.①F123

中国版本图书馆 CIP 数据核字 (2019) 第 244549 号

出 版 人	赵剑英
责任编辑	许　琳
责任校对	鲁　明
责任印制	李寡寡

出　　版	中国社会科学出版社
社　　址	北京鼓楼西大街甲 158 号
邮　　编	100720
网　　址	http://www.csspw.cn
发 行 部	010-84083685
门 市 部	010-84029450
经　　销	新华书店及其他书店
印　　刷	北京君升印刷有限公司
装　　订	廊坊市广阳区广增装订厂
版　　次	2019 年 11 月第 1 版
印　　次	2020 年 6 月第 2 次印刷
开　　本	710×1000　1/16
印　　张	19
插　　页	2
字　　数	280 千字
定　　价	98.00 元

凡购买中国社会科学出版社图书，如有质量问题请与本社营销中心联系调换
电话：010-84083683
版权所有　侵权必究

前　言

党的十九大明确提出，"中国经济已由高速增长阶段转向高质量发展阶段，正处在转变发展方式、优化经济结构、转换增长动力的攻关期，建设现代化经济体系是跨越关口的迫切要求和中国发展的战略目标"。建设现代化经济体系是跨越关口的迫切要求和我国发展的战略目标。这个关口就是由高速增长转向高质量发展，就是完成转变发展方式、优化经济结构、转换增长动力三大任务，就是为实现建成社会主义现代化国家的伟大目标，实现中华民族伟大复兴的中国梦奠定新的坚实基础。因此，建设现代化经济体系，是实现高质量发展的关键所在，是完成发展方式转变、经济结构优化、新旧动能转换的迫切要求，是建成社会主义现代化国家新征程的战略目标。

习近平总书记在中央政治局集体学习时提出，建设现代化经济体系，就要建设创新引领、协同发展的产业体系，统一开放、竞争有序的市场体系，体现效率、促进公平的收入分配体系，彰显优势、协调联动的城乡区域发展体系，资源节约、环境友好的绿色发展体系，多元平衡、安全高效的全面开放体系，能够有效发挥市场和政府作用的经济体制。并指出，7个体系的建设要一体建设、一体推进，通过实现经济体系的现代化，来实现我国社会主义现代化。

新中国成立后，我国逐步建立了比较完整的国民经济体系。改革开放以来，这个经济体系转型为社会主义市场经济体制基础上的国民经济体系。党的十八大以来，我国坚持以新发展理念为指导、以供给侧结构性改革为主线，坚持稳中求进工作总基调，经济进入了新常态，中国特色社会主义迈入了新时代。党的十九大报告又提出了分两步走，建成富强民主文明和谐美丽的社会主义现代化强国的宏伟目标。然而，要实现这个宏伟目标，我国仍面临实体经济创新能力不够、关键核心技术不掌握、虚拟经济风险仍然较大、农业经营模式已不能适应现代化经济体系发展的要求、需求结构转型升级提出新挑战等突出问题。

当今世界是一个开放的世界，这是现代化经济体系的重要支撑。一些发达先进国家和地区已经摸索出了现代经济体系的科学规律。中国作为后发国家，20世纪80年代比较多的借鉴日本制定产业政策的经验，之后又学习借鉴德国和美国宏观调控的经验，一些发展比较对快的小国的经验，如韩国的工业化的经验，爱尔兰跨越式发展的经验，芬兰和以色列重视发展科技、教育的经验，荷兰发展高效农业的经验，等等。借鉴这些国际经验，曾为我国经济持续健康发展提供有益帮助。未来，我国现代化经济体系建设仍需认真向各国学习有益经验，充分吸纳各国人民的智慧。

建设现代化经济体系需要以新发展理念为引领，坚持供给侧结构性改革主线，推动优化生产力布局。同时，需要实现政府、市场和社会和谐发力，推动政府改革、治理体系和治理能力现代化、构建政府市场和社会"三位一体"和谐发力的一流环境。

建设现代化经济体系还需要构建供需动态平衡体系，创新引领、协同发展的产业体系，统一开放、竞争有序的市场体系，体现效率、促进公平的收入分配体系，城乡区域协调发展体系，绿色发展体系，全面开放体系，高标准的营商、法治和社会环境，同时构建科技支撑、产业支撑、人才支撑、金融支撑、体制机制支撑等。

本书坚持问题导向和目标导向原则，通过国际比较，围绕"现代化经济体系"是什么、面临什么问题、体系建设从哪些方面入手、需要哪些支撑等重点问题，进行了全面系统的分析，并提出切实可行的政策建议。本书由1个总报告、7个章节、9个专题报告，及实地调研报告和经济形势报告组成，起草组由多人组成。其中，总报告由张燕生、綦鲁明完成；第一、二、四、五章由綦鲁明完成，第三章由张瑾完成，第六章由梁婧姝、金岳、宋立义、綦鲁明完成，第七章由宋立义、綦鲁明完成；专题一：张瑾，专题二：梁婧姝，专题三：金岳，专题四：綦鲁明，专题五：宋立义，专题六：宋德勇，专题七：张燕生、綦鲁明，专题八：綦鲁明，专题九：张燕生、綦鲁明；实地调研报告和经济形势报告由张燕生、马庆斌、綦鲁明、逯新红完成。书稿最后由綦鲁明按出版社意见统一修改完善。受资料收集和起草组成员水平限制，书中缺点和疏漏在所难免，敬请读者批评指正。

借本书出版之际，谨向关心指导我国现代化经济体系建设的领导同志和向为我国现代化经济体系建设建言献策的各位专家致以崇高敬礼！向对我们支持、鼓励及对本书提出宝贵建议的中国社会科学出版社领导和编辑同志表示衷心感谢！

目 录

总报告 ………………………………………………………………（1）

第一章 现代化经济体系的内涵、特征及意义 ……………………（28）
 一 现代化经济体系的内涵 ……………………………………（28）
 二 现代化经济体系的特征 ……………………………………（30）
 三 现代化经济体系的意义 ……………………………………（32）

第二章 当前我国经济体系面临的突出问题及深层次原因 ………（36）
 一 我国经济体系面临的突出问题 ……………………………（36）
 二 深层次原因 …………………………………………………（41）
 三 我国有解决瓶颈问题的深厚基础 …………………………（46）

第三章 建设现代化经济体系的域外经验 …………………………（51）
 一 官产学研紧密结合的创新为国家发展提供不竭动力 ……（51）
 二 现代化产业体系需要构建世界一流金融支撑体系 ………（54）
 三 以制造业为核心建设现代化产业体系 ……………………（56）
 四 公共服务均等化和社会公平是现代化经济体系的重要
   标志 …………………………………………………………（60）
 五 发展生态文明 建设人与自然和谐发展的现代化经济
   体系 …………………………………………………………（62）

第四章 建设现代化经济体系的基本思路 …………………………（64）
 一 建设现代化经济体系的总体思路 …………………………（64）
 二 建设现代化经济体系要妥善处理的几个关系 ……………（66）
 三 建设现代化经济体系的实施步骤 …………………………（68）

第五章 现代化经济体系的体系建设 ……………………………（72）
- 一 建设供需动态平衡体系 …………………………………（72）
- 二 建设创新引领的国家创新体系 …………………………（74）
- 三 建设创新引领、协同发展的产业体系 …………………（80）
- 四 建设统一开放、竞争有序的市场体系 …………………（84）
- 五 建设体现效率、促进公平的收入分配体系 ……………（87）
- 六 建设城乡融合发展体系 …………………………………（88）
- 七 建设区域协同发展创新体系 ……………………………（89）
- 八 建设绿色发展体系 ………………………………………（93）
- 九 建设全面开放体系 ………………………………………（94）
- 十 创建高标准的营商、法治和社会环境 …………………（97）

第六章 现代化经济体系的重大支撑 ………………………………（99）
- 一 产业支撑 …………………………………………………（99）
- 二 科技支撑 …………………………………………………（104）
- 三 人才支撑 …………………………………………………（108）
- 四 金融支撑 …………………………………………………（111）
- 五 体制机制支撑 ……………………………………………（115）

第七章 政策建议 ……………………………………………………（118）
- 一 坚持供给侧结构性改革主线，加快新旧动能接续转换 ………………………………………………………（118）
- 二 建立健全创新激励体制机制 ……………………………（119）
- 三 大力推进创新人才建设 …………………………………（119）
- 四 建立健全城乡融合发展的体制机制和政策体系 ………（121）
- 五 实施区域协调发展战略 …………………………………（123）
- 六 适应新形势推进高水平对外开放 ………………………（125）
- 七 完善要素市场化配置体系，降低制度性交易成本 ……（127）
- 八 积极推进混合所有制改革 ………………………………（129）
- 九 深化财税金融制度改革，减轻企业税负，加强金融监管 ………………………………………………………（130）
- 十 创新和完善宏观调控 ……………………………………（133）

附件一　专题报告 ……………………………………………… (134)

　　专题一　建设能够支撑现代化经济体系的世界一流大学 …… (134)

　　专题二　建设一流关键共性技术服务平台 ……………… (150)

　　专题三　建设一流的创新驱动的参与全球竞争的龙头
　　　　　　企业 ……………………………………………… (161)

　　专题四　建设一流科研院所问题研究 …………………… (173)

　　专题五　建设一流的多层次资本市场 …………………… (181)

　　专题六　中国经济绿色低碳发展的路径分析 …………… (189)

　　专题七　深化改革　推动新一轮结构转换 ……………… (215)

　　专题八　中美大豆贸易问题及其对策 …………………… (223)

　　专题九　发展潜力源于新旧动能转换
　　　　　　——粤苏鲁浙四省调研的启示 …………………… (228)

附件二　实地调研报告 …………………………………………… (233)

　　浙江省 ……………………………………………………… (233)

　　山东省 ……………………………………………………… (240)

　　广东省江门市 ……………………………………………… (250)

　　广东省中山市 ……………………………………………… (257)

附件三　经济形势分析报告 ……………………………………… (263)

　　广东经济稳中有变，同时下行压力加大 ………………… (263)

总报告

中国特色社会主义进入了新时代。中国经济已由高速增长阶段转向高质量发展阶段，正处在转变发展方式、优化经济结构、转换增长动力的攻关期，建设现代化经济体系是跨越关口的迫切要求和中国发展的战略目标。新时代新形势下如何贯彻新发展理念，建设现代化经济体系是十分值得研究的重大问题。

一 建设现代化经济体系的历史必然

（一）现代化经济体系的内涵

现代化经济体系用公式可表示为：现代化经济体系＝现代化＋经济体系。现代化是一个发展过程，是人类社会文明发展的前沿，是人类社会文明从传统社会向现代社会转型程度的综合反映，具有鲜明的时代特征、动态特征。现代化是过程和目标的有机统一。经济体系从历史唯物主义的角度看，是生产力和生产关系的辩证统一，从系统学的角度看，是由经济要素、经济结构、运行机制、经济环境组成的有机整体。

党的十九大明确提出，贯彻新发展理念，建设现代化经济体系。2018年1月30日，习近平总书记在中共中央政治局第三次集体学习时，阐述了现代化经济体系的深刻内涵。习近平总书记明确指出，现代化经济体系，是由社会经济活动的各个环节、各个层面、各个领域的相互关系和内在联系构成的一个有机整体，主要包括7个部分：创新引领、协同发展的产业体系，统一开放、竞争有序的市场体系，体现效率、促进公平的收入分配体系，彰显优势、协调联动的城乡区域发展体系，资源节约、环境友好的绿色发展体系，多元平衡、安全高效的全面开放体系，充分发挥市场和政府作用的经济体制[①]。

因此，现代化经济体系拥有丰富的内涵，它是一个动态的、不断演进的、带有明显中国特色的有机整体，其功能目的是推动实现社会主义现代化。它是过程和目标、生产力和生产关系的辩证统一。新时代，建设现代化经济体系要贯彻新发展理念。因此，用一句话来概括，现代化经济体系是以新发展理念为指导，面向社会主义现代化的、不断演化优化着的复杂经济体系，它体现着生产力和生产关系的辩证统一。

（二）现代化经济体系的特征

我国正处于转变发展方式、优化经济结构、转换增长动力的攻关期，在此背景下，现代化经济体系将呈现如下主要特征。

一是经济要素高质量化。经济增长放弃粗放的增长方式，更加注重依靠要素质量提升，包括劳动者素质提高、科技进步、管理创新等，实现高质量增长。

二是经济内部关系更加平衡协调。经济发展以各体系内部和各体系之间更加平衡协调为抓手，实现经济结构优化升级。

三是经济体制机制日臻完善。经济制度的完善须发挥市场机制决定性作用和更好发挥政府作用，建立完善的区域协调、城乡融合发展体制机制等。

四是经济更具包容性与开放性。更加强调人类命运共同体理念，在新的全球化模式中实现国与国之间及区域与区域之间的协调发展，抛弃贸易战及各种国际化壁垒，实现全方位及真正意义上的开放。

五是经济发展环境更加优良。经济环境将充分体现人类社会的现代化意识，其中包括契约理念、法制精神、诚信品质、人权思想、责任意识等。由此建立法制化市场，推进依法改革，理顺政府与市场、政府与社会的关系，使政府职能转向创造优良的营商环境、市场环

---

① 《习近平总书记定调：现代化经济体系这样建》，《经济日报》2018年2月1日。

境、法制环境、投资环境、政策环境等。

(三) 建设现代化经济体系的重大意义

1. 我国全面实现现代化的需要

党的十九大报告明确提出决胜全面建成小康社会、开启全面建设社会主义现代化国家新征程的战略目标。建设现代化经济体系有利于紧扣经济全球化潮流，有效应对贸易保护主义外部挑战，加快培育我国在全球产业链、价值链分工中的优势地位，为如期实现"两个一百年"奋斗目标奠定坚实的基础和保障。

2. 应对新时代我国社会主要矛盾的必然要求

新时代，我国社会主要矛盾已经转化为人民日益增长的美好生活需要和不平衡不充分的发展之间的矛盾。建设现代化经济体系，必须全面贯彻落实"创新、协调、绿色、开放、共享"新发展理念，这有利于进一步优化提升供给的结构和水平，缓解区域、城乡发展差距和收入分配不合理状况，促进全体人民共享幸福美好生活。

3. 我国经济高质量发展的重要保障

推动高质量发展，是党中央在全面研判我国当前经济社会发展的面临基本形势和未来走势基础上作出的重要判断。只有着力建设现代化经济体系，才能实现我国经济增长由规模扩张向质量提升转变，推动增长方式从依赖低成本要素投入向依赖创新驱动转变，不断提高我国经济的质量、效益和国际竞争力。建设现代化经济体系与经济高质量发展相互贯通、相互促进、相互融合，共同构成新时代我国经济社会转型发展的主要脉络。

4. 应对中美贸易摩擦的关键环节

2016年特朗普上台以来，大力推行贸易保护主义和贸易霸凌主义政策，通过吸引产业和就业机会回流美国，打压中国产业竞争力的提升，阻碍中国和平发展进程，对全球自由贸易体系和我国发展的外部环境构成严峻挑战。建设现代化经济体系，巩固和提升我国经济的稳健性和竞争力，助力经济全球化深度发展，是有效应对中美贸易摩擦、推进我国和平发展进程的重要条件和关键环节。

二 建设现代化经济体系面临的突出矛盾和问题

当前我国经济总量已居全球第二,经济实力、科技实力、综合国力显著提升,经济体系已经形成了良好基础。但在经济体系现代化过程中,也面临诸多问题,这些问题既有历史遗留问题,如贫困人口问题,人多地少,资源不足等,也有发展中的问题,如环境污染,分配不公,金融风险等。但总的看,经济还大而不强、发展不平衡不充分的矛盾十分突出。

(一) 建设现代化经济体系面临的主要问题

1. 实体经济有待提升,发展质量效益还不高

实体经济是一国经济的根基。改革开放40年来,随着工业化、城镇化和农业现代化的快速发展,我国已经成为一个世界性实体经济大国,创造了人间奇迹。但我国科学技术、人力资源、生产资本等要素的水平仍较低下,与发达经济体相比还有较大差距。制造业是实体经济的主体。但制造业生产经营效率和附加值低,产品质量不高,缺少知名跨国企业,在全球产业链中处于中下游的分工地位等问题十分突出。

2. 城乡二元结构问题仍十分突出,解决难度较大

当前,我国城乡一体化问题仍十分突出。一是农业生产力水平较低。当前中国农业现代化与美国的综合年代差距50年左右,与英国差距30年左右,与日本差距20年左右[①]。二是新型城镇化质量不高。突出表现为户籍制度等严重制约农业转移人口市民化,农业转移人口受自身文化水平、职业素质及思想观念影响,自我发展能力不足。三是城乡融合不足。要素价格扭曲和城乡市场分割现象仍然存在,推进城乡基本公共服务均等化任务仍很艰巨。四是新农村建设在村庄布局、乡村基础设施、生态环境、乡村文化保护和传承,以及村庄治理方面均存在相当

[①] 胡志全等:《基于产业要素年代差距分析的农业现代化水平国际比较研究》,《中国农业科学》2018年第7期。

大的改善空间。区域发展不协调问题本质上也是城乡二元结构问题。

3. 资源环境压力大，人民对优美生态环境的需要尚未得到很好满足

环境污染仍然较重。大气、水、土壤等污染物新增量仍居高位。资源节约利用水平仍然偏低。我国人均资源禀赋不足，资源利用效率也不高，例如，2016年我国单位GDP的能耗为世界平均水平的1.55倍。生态环保和修复压力较大。

4. "脱实向虚"问题仍未根本扭转

实体经济，特别是中小微企业仍面临融资难、融资贵的难题，由此导致的虚拟经济风险增大问题已经引起有关部门的高度重视，防范和化解重大风险也列为三大攻坚战之首。据统计，我国上市公司市值结构中，金融和房地产企业的占比已经高于美国金融危机前的比重。

5. 经济发展的外部压力加大

未来，受民粹主义和"逆全球化"思潮影响，针对中国的贸易摩擦和投资限制的举措与制度性安排等呈现明显增多、增强势头，都将会给中国可持续发展和实现现代化的外部环境带来新挑战。我国缺少像韩国三星、美国苹果、德国大众等一样的知名跨国企业。经济发展面临国际空间问题，技术封锁问题和国际规则制约问题。我国和国际市场紧密相连，产业链走上中高端，仍面临较大的外部压力。

（二）深层次原因

分析上述问题的深层次原因，主要有如下几个方面。

1. 创新投入严重不足，基础研究、应用基础研究、产业基础能力不能适应现代化建设的需要

2016年我国研发经费投入强度为2.11%。其中，制造业研发经费投入强度为1.01%，不及全国水平的一半，更远低于发达国家2.5%的平均水平。一些先进制造业的研发强度也仅有1.5%左右。与此同时，我国基础科学研究短板依然突出，企业对基础研究重视不够，重大原创性成果缺乏，底层基础技术、基础工艺能力不足，工业母机、高端芯片、基础软硬件、基础元器件、基础材料等瓶颈仍然突出，关键核心技

术受制于人。长期以来形成的重引进轻消化吸收的局面仍未根本改变。

2. 当前处于深化体制机制改革的攻坚期，仍有不少领域的改革仍然不能适应生产力发展需要

党的十八届三中全会提出了386项改革措施，目前大部分改革措施已经落实或正在落实。新体制机制与原体制机制在交替中摩擦，新体制机制间相互磨合也需要时间。还有不少领域的体制机制滞后，相互间协作不够顺畅，从而仍对生产力严重制约着。

3. 农业经营模式不能适应现代化经济体系发展的要求

我国农业仍以个体小规模经营模式为主，种粮大户、农场、农业合作社等多种经营模式发展不平衡不充分，造成效率损失。

4. 金融服务实体经济水平仍然不高

随着我国经济增速放缓，实体经济收益率下滑明显，僵尸企业不良贷款仍居高不下，地方政府隐性债务风险较大，房地产泡沫与金融风险密切相关。金融体系仍不能适应实体经济转型升级的需要，服务实体经济意愿仍严重不足。

5. 需求结构转变带来新挑战

我国已形成世界上最大的中等收入以上人群，形成巨额的高品质、多样性、个性化需求，这对我国供给结构转型升级提出新挑战。

（三）我国有解决瓶颈问题的深厚基础

尽管建设现代化经济体系仍面临诸多矛盾和难题，但我们仍有解决关键制约问题的有利条件和良好基础。

1. 党的坚强领导

中国特色社会主义最本质的特征是中国共产党领导，中国特色社会主义制度的最大优势是中国共产党领导。新时代建设现代化经济体系，党的坚强领导是关键。

2. 雄厚的物质基础

经过近70年的建设改革发展，我国已经全面地构建了比较稳固的农业基础，比较发达的制造业尤其是走上高级化的装备制造业，以及迅速发展的现代服务业。

3. 全体人民的创造精神

创造精神是中华民族最鲜明的禀赋。伟大的创造精神让一个5000多年的文明古国始终生生不息。新中国成立以来，中国人民创造了发展、改革、开放的奇迹，丰富的人力资源为建设现代化经济体系提供了智力支持。党的十八大以来，创新驱动发展战略推动天宫、蛟龙、天眼、悟空、墨子、大飞机等重大科技成果相继问世。可以预见，中国人民伟大的创造精神仍会让一个世界上最大的发展中国家即将全面建成小康社会并开启全面建设社会主义现代化国家新征程。

4. 国际支持和可借鉴的经验

尽管目前逆全球化思潮抬头，以美国为首的发达经济体对中国的技术防范力度增大，但是，经济全球化方向不会逆转，信息技术与数字经济等广泛应用带来新的贸易方式和平台经济快速发展，将加速要素的跨国流动。中国经济发展的前景和巨大市场，将吸引世界各国不断扩大和深化与我经贸合作。一些发达先进国家和地区已经摸索出了现代经济体系的科学规律，借鉴这些国际有益经验，曾为我国经济持续健康发展提供很大帮助。未来，我国现代化经济体系建设仍需认真研究借鉴，充分吸纳各国人民的智慧。

三 建设现代化经济体系的域外经验

从国际看，世界主要国家建设现代经济体系，有如下几个方面的经验可重点借鉴。

（一）官产学研紧密结合的创新模式为发展提供不竭动力

一是满足国家安全和发展需求而形成的创新动力。比如，以色列以民族安全、国家发展和人民福祉为目标，靠创新解决水资源匮乏问题成绩瞩目，以科技创新打造"沙漠奇迹"。美国的创新也是为国家安全和发展需求服务，形成完善的军民科技成果转化机制。

二是教育体系以市场和国家需求为导向，为创新提供人才和科研成果。比如，美国基础教育重视培养打破思维定式的能力，培养有想法、能思辨、有自主创业能力的孩子。职业教育和继续教育鼓励成人学生选修经济社会发展所急需的最新高科技课程。高等教育采取培养主动创新能力的教育方式，每个大学成立孵化器进行资金资助，高校机构在商界也十分活跃。以色列实施"磁铁计划"和"磁子计划"促进高等院校、科研团队与国家经济发展需求结合。

三是支持创新的政策法规体系和政府的"后台服务器"作用。比如，美国建立了《专利法》《商标法》《版权法》《反不正当竞争法》等，《拜杜法案》使私营企业享有联邦自主科研成果的专利权成为可能，极大促进了科研成果转化。以色列建立了《鼓励工业研究与开发法》《以色列税收改革法案》《天使法》《产权法》等。政府负责制定科技政策、设计发展规划和确定重点项目，政府发挥了创新"后台服务器"的作用。

四是多方筹集资金为创新提供经费支持。比如，美国通过巨额风投资金支持创新。以色列通过推动积极活跃的国际创新合作为创新提供资金支持，以色列科研经费近50%源于国外。

五是政策吸引创新创业人才。比如，美国移民极富创造与创新能量，2012年奥巴马政府一上台，首先积极推动"创业美国计划"，提供了20亿美元，主要支持创新创业资金、业师辅导团队、私人部门合作网路等生态系统建置。同时，允许符合一定条件的世界各地有潜力的创业家都有相同机会在美国发挥潜力。

（二）现代化产业体系需要构建一流金融体系

我国金融结构中间接融资比重较大，而直接融资占比较低。借鉴英美直接融资发展经验，有助于我国现代化经济体系的建设。伦敦的经验主要包括：经商环境良好。拥有全球化精通业务的专业人才、灵活稳定的劳动力市场以及宽松适当的监管机制、完备的法律体系和国际仲裁机制。纽约的经验主要包括：拥有强大的综合国力和美元的国际地位，建立完善的规则和成熟的法律监管，打造优良的生活和商业环境。

（三）以先进制造业为核心建设现代化产业体系

一是实施以需求为导向的科研创新和技术立国战略，助力攻克制造业核心技术。比如,德国科研创新是"德国制造"的核心动力。2018年德国启动慕尼黑机场创新园区建设,拟吸纳航空航天、数字化、能源等领域的大型跨国企业、初创企业、高校、研究机构、投资机构。另外,德国公共应用技术服务体系较为完备,赫尔姆霍茨协会(16个研究所)、莱布尼茨学会(86个研究所)及弗劳恩霍夫学会(66个研究所),都对中小企业科技创新作出重大贡献。

日本政府以"技术立国"战略推动制造业企业技术创新。20世纪60年代后,日本政府强调技术立国,通过财政补贴、税收和贷款优惠等经济资助政策,及委托式、联合式和重点资助式等组织协调政策,引导企业与科研机构开展集中、联合攻关,推动产业振兴,推动原创产品依靠国内市场支撑持续创新。特别是日本政府组织实施"官产学"一体化进行半导体产业核心技术攻关。

二是国家引导发展以制造业为主体的实体经济。2014年6月,韩国正式推出了被誉为韩国版"工业4.0"的《制造业创新3.0战略》;2015年3月,韩国政府又公布了《制造业创新3.0战略实施方案》。该战略重点推进制造业与信息技术融合,在战略设计上,坚持基于韩国的基本国情,拒绝百分之百的"拿来主义"。

三是以货币政策、住房制度等稳定制造业成本。如,德国长期实施低通胀的货币政策,构建长效机制稳定房价,稳定制造业成本。

(四)公共服务均等化和注重社会公平是现代化经济体系的重要标志

一是加大税收调节力度。以芬兰为例,低收入者与高收入者在缴税方面差别很大。上世纪90年代,高收入者的最高税率曾达65%,现在最高税率仍达56.1%。这一高收入高税收政策,使社会成员的收入差距趋于平衡,社会财富趋于均等化。据最新统计,芬兰中等收入者占全国总人口的80%左右,富人和穷人占总人口的比例都很小,基尼系数在0.25—0.26之间,属于收入差距最小的国家之一。

二是培育社会组织。比如,香港上千家福利服务机构,绝大部分是民间社会福利服务组织,政府通过购买服务的方式让社会组织提供公共服务。政府制定相应的法规，条文清晰，规范社会组织机构行为。香港政府把部分公共服务以合约形式转移到非政府机构，并建立了完善的服务监察制度。

（五）逐步走向人与自然和谐发展

西方发达国家工业化之初曾严重破坏生态，造成严重经济和社会问题，后来逐步醒悟，今天生态环境明显改善。以日本为例，日本节能减排大致经历了三个阶段。第一阶段为规制阶段（1973—1979年）。该阶段主要实施强制性的节能减排政策。第二阶段为补贴阶段（1979—2004年）。日本从1978年起开始执行大规模的节能技术开发计划，即"月光计划"。对节能技术的研发进行大规模补贴、制定节能标准、开展国际合作等。1992年日本将原来的"月光计划"和其它几个相关计划合并建立了"新阳光计划"，积极加强企业节能为主的节能战略，加强对节能减排企业的财税支持和金融支持。第三阶段为投资阶段（2005年至今）。2005年2月《京都议定书》生效后，日本政府进一步加强了节能和新能源的开发利用工作，政府战略的重点由节能转为减排。2006年，日本经济产业省编制了《新国家能源战略》，进一步提出2030年单位GDP能耗与2003年相比进一步降低30%的战略目标。如果实现这一目标，日本的能源效率将达到1973年第一次石油危机时的两倍以上。

四 建设现代化经济体系的基本构想

党的十九大报告明确提出，我国经济已由高速增长阶段转向高质量发展阶段，正处在转变发展方式、优化经济结构、转换增长动力的攻关期。因此，建设现代化经济体系，是实现高质量发展的关键所在，是完成发展方式转变、经济结构优化、新旧动能转换的迫切要求，是建成社会主义现代化国家新征程的战略目标。

（一）建设现代化经济体系要妥善处理好几个关系

建设现代化经济体系是实现经济转型升级的艰巨历程，在这个过程中要坚持处理好四个关系：

一是要处理好增长与发展的辩证统一，在稳增长基础上建设现代化经济体系。我国经济由高速增长阶段转向高质量发展阶段，有阶段性和全面性两大特征。阶段性特征是我国发展已经进入了满足人民日益增长的美好生活需要的新阶段，要重点强调经济的质的提升，过度强调规模和速度的时代已经过去。全面性特征是指经济、政治、社会、文化、生态等各领域都要高质量发展。建设现代化经济体系就是要推动质量变革、效率变革、动力变革，形成增长新动力。

二是要处理好生产力和生产关系的辩证统一，在两者成为有机整体的基础上建设现代化经济体系。党的十九大报告指出，坚持解放和发展社会生产力，坚持社会主义市场经济改革方向，推动经济持续健康发展。解放和发展社会生产力，就必须全面深化改革，营造建设现代化经济体系所需要的市场环境、投资环境、营商环境、创新环境和政策环境。其中的一个关键环节就是要处理好政府和市场的关系。凡是市场机制能够起决定性作用的领域，政府可不管，凡是市场机制不能起决定性作用的领域，要更好发挥政府的作用。只有政府、市场和社会形成合力，才能够建设现代化经济体系。其中，推动治理体系和治理能力现代化，满足全社会对公共品供给的需要，是建设现代化经济体系的重要内容和题中之义。

三是处理好平衡与不平衡、充分与不充分发展的辩证统一，建设现代化经济体系是在动态的、相对的、渐进的过程中，逐步解决发展中的不平衡不充分矛盾。建设现代化经济体系是解决当前不平衡不充分发展矛盾的最有效的手段和途径。然而，我国发展中的不平衡不充分矛盾会长期存在，实现平衡和充分发展是相对的、动态的、渐进的过程。建设现代化经济体系，很好满足人民日益增长的美好生活需要，就是在相对平衡的基础上，实现相对充分的发展，在动态渐进过程中实现更加平衡和充分的发展。

四是处理好效率与公平的辩证统一，在兼顾效率和公平基础上建设现代化经济体系。所谓效率，主要是资源配置、再配置效率以及投入产出效率。所谓公平，主要是收入分配格局更加合理，人民生活更加幸福美好。建设现代化经济体系需要兼顾效率与公平，最终实现共同富裕。

（二）建设现代化经济体系的实施步骤

十九大报告对现代化建设提出了两步走的战略，即第一步，到2035年实现在2020年全面建成小康社会的基础上，基本建成社会主义现代化国家；第二步，到2050年把中国建成一个富强民主文明和谐美丽的社会主义现代化强国。按照这一战略目标，需要构建一个现代化经济体系，使我国从一个经济大国转变为一个经济强国。

1. 按照不同区域发展水平确定建设现代化经济体系的具体部署

按照一次现代化和二次现代化①的划分，在将来不同阶段，需要我国东中西部各地区分别实现二次现代化、一次现代化的省区市数量日益增多，没有实现一次现代化的省区市数量为零，如此保证综合现代化水平大幅提升。具体地说，当前处于创新驱动阶段（按2017年研发强度大于2.4%）的地区，到2050年要全部实现二次现代化，当前处于投资驱动阶段（按2017年研发强度介于1%—2.4%区间）的地区，到2050年全部实现一次现代化的基础上，大部分地区迈入二次现代化。当前处于资源驱动阶段（按2017年研发强度小于1%）的地区，全部实现一次现代化。这从根本上需要通过深化供给侧结构性改革，着力发展实体经济，实施创新驱动，在开放的大背景下，增强自身实力，深度参与全球贸易，使全国各地创新能力不断提升，实体经济尤其是全国制造业的水平和质量不断提升，带动国民收入水平日益提高。

2. 按照三个时间节点确定三步走具体目标

按照2020年、2035年、2050年三个重要时间节点，从全国整体上看，第一步是到2020年，全面建成小康社会。全社会研发强度达

---

① 按中国科学院提出的现代化报告，现代化可分为一次现代化和二次现代化。一次现代化指从农业时代向工业时代、农业经济向工业经济、农业社会向工业社会、农业文明向工业文明的转变过程。对发达国家而言，第一次现代化的大致时间是1763—1970年；很多发展中国家，迄今还没有实现一次现代化。二次现代化指从工业时代向知识时代、工业经济向知识经济、工业社会向知识社会、工业文明向知识文明的转变过程。对发达国家而言，第二次现代化的大致时间是1971—2100年；发展中国家，不得不同时面对第一次现代化和第二次现代化的挑战。

到2.5%，基本实现工业化，制造业大国地位进一步巩固，进入工业化中后期阶段。防范化解重大风险、精准脱贫、污染防治的攻坚战取得历史性成果。进一步增强忧患意识，提高防范和化解各种风险的能力。切实解决好实现贫困人口"两不愁三保障"所面临的问题。重点行业单位工业增加值能耗、物耗及污染物排放明显下降。人均GDP接近世界银行划定的高收入线（这个高收入线随时间变化由世界银行划定，如2016年为人均GDP12236美元，2017年为人均GDP12056美元）。全要素生产率增长的贡献达到30%。

第二步是到2035年，建设社会主义现代化国家。基本建成现代化经济体系。我国基础能力进一步强化，找准路径进入轨道。经济实力、科技实力将大幅跃升，跻身创新型国家前列。制造业整体达到世界制造强国阵营中等水平。全要素生产率增长的贡献跃升到50%。中等收入群体比例明显提高，这期间基本公共服务均等化基本实现，中国将跨越"中等收入陷阱"，进入高收入国家的行列。法治国家、法治政府、法治社会基本建成；现代社会治理格局基本形成，社会充满活力又和谐有序；生态环境根本好转，美丽中国目标基本实现。

第三步是到2050年，把中国建成一个富强民主文明和谐美丽的社会主义现代化强国。我国物质文明、政治文明、精神文明、社会文明、生态文明将全面提升，经济、政治、社会、文化全面实现现代化，制造业大国强国地位更加巩固，综合实力进入世界制造强国前列。全要素生产率增长的贡献跃升到70%，达到具有发达工业化经济特征的水平。实现国家治理体系和治理能力现代化，成为综合国力和国际影响力领先的国家，全体人民共同富裕基本实现。

（三）要准备应对可能遇到的各种风险挑战

建设现代化经济体系的历史过程面临的不确定因素较多，不可避免会遇到一些困难和挑战，这个过程绝不会一帆风顺。从国际看，大国博弈与多方角力，使得建设现代化经济体系的外部环境变得异常复杂。处理好与守成大国的关系，及与其他新兴经济体、发展中国家的关系，仍然是中国面临且必须处理好的重大挑战。从国内看，我国正处于经济转型和深化改革的关键时期,各种矛盾相互交织、各类风险异常严峻,集中表现在金融风险突出、环境污染严重以及贫富差距明显等方面。

尽管如此,但我国发展仍处于并将长期处于重要战略机遇期。建设现代化经济体系要辩证看待国际环境和国内条件的变化,继续抓住并用好我国发展的重要战略机遇期,既要树立坚定信心,善于"逢山开路、遇水架桥",有迎难而上的精神准备,趋利避害,化危为机,同时也要保持历史耐心和战略定力,着力练好内功,稳扎稳打,把握好节奏和力度,不能急于求成。这需要在不违背客观规律的前提下不断进行科学探索。

五 建设现代化经济体系的实施途径

按照习近平总书记将现代化经济体系列为"9个体系+1个体制"的论述,我们认为,需从如下几个方面来推进现代化经济体系的建设。

(一) 建设供需动态平衡体系

解决供求不平衡、不协调、增长乏力问题,实现供需动态平衡,必须坚持供给侧结构性改革,从调整需求结构入手,推动资源向实体经济集聚。

一是着力提高居民消费率和扩大公共服务消费。在持续提升劳动生产力基础上,增加中低收入者的收入,特别是增加农民的收入。同时,增加公共服务的供给,包括养老、医疗、教育、环境、交通、信息等。

二是着力发挥社会资本的作用。应适当采取有效措施,例如发行一些长期建设债券,引导社会资本投向,促进结构调整,推进供给侧结构性改革,促进供需良性循环。

(二) 建设基于跨境创新网络的国家创新体系

构建国家创新体系,用全球视野布局基于全方位合作的国家创新体系建设,提升应对来自美国打压的能力。政府要在建构国家创新体系中起主导作用,大学为科技创新提供人才和成果,企业担当研发的主体，构建国家创新链。以此推动发展方式从以规模扩张为主导的粗放式增长向以质量效益为主导的可持续发展转变，发展要素从传统要素主导发展向创新要素主导发展转变，产业分工从价值链中低端向价值链中高端转变，创新能力从"跟踪、并行、领跑"并存、"跟踪"为主向"并行"、"领跑"为主转变，资源配置从以研发环节为主向产业链、创新链、资金链统筹配置转变，创新群体从以科技人员的小众为主向小众与大众创新创业互动转变等六大转变。

（三）建设创新引领、协同发展的产业体系

建设创新引领、协同发展的产业体系，重点应是建设实体经济、科技创新、现代金融、人力资源协同发展的产业体系。其中，实体经济是纲，科技创新是第一要素驱动力，金融是现代经济的核心，人力包括人才资源是第一资源。

一是壮大实体经济。强调国民经济中的投入要素最终必须落实在强壮实体经济上，注重实体经济与虚拟经济之间的均衡关系。

二是不断提高科技创新在实体经济中的贡献份额。目前我国科技研究水平与世界的差距，要小于我国实体产业水平与世界的差距。解决这个矛盾的关键一招就是加快科研成果产业化，使科研成果按照市场规律服务于实体经济。

三是增强现代金融服务实体经济的能力。目前制造业"空洞化"，即金融发展过度而制造业在国民经济中的比重过快下滑的现象依然明显。均衡实体经济与现代金融的关系，一个重要的方向是要积极发展现代金融，强化金融对实体经济的有效供给和高效服务，为社会提供更多可供投资者选择的优质产品，而不是单纯地打压金融、禁锢金融。

四是不断优化人力资源对实体经济发展的支撑作用。这一关系的矛盾在于，一方面我们要振兴壮大实体经济，另一方面实体经济又难以获得足够多的优秀人才。解决这个问题，要从根本上提高实体经济的盈利能力，为吸引创新人才和年轻人就业创业创造良好的社会氛围和物质条件。

（四）建设统一开放、竞争有序的市场体系

一是继续完善全国统一的市场。统一市场的覆盖范围有多大，先

进的生产力就可以在多大的范围内取代落后的生产力。各个地区都应当把撤除市场藩篱、积极推动全国统一大市场建设作为根本任务。

二是进一步提高开放型经济水平。要通过主动扩大进口优化贸易结构，提高利用外资水平，重点吸引技术、知识密集型产业投资，鼓励外商投资科技研发、服务外包等领域和中西部地区。重视开放条件下的经济安全问题，防范国际资本非正常流动对我国经济的冲击。

三是健全公平竞争、优胜劣汰的机制。要深化垄断行业改革，引入竞争机制，发展混合所有制经济。鼓励先进企业兼并落后企业，通过市场竞争淘汰落后生产能力，使先进企业得到充分发展。

四是建立规范有序的市场秩序。把整顿市场秩序的重点放在确保食品、药品质量安全上，把不合格产品逐出市场。要加大知识产权保护力度。树立遵守规则的意识，加大执法密度和力度，维护市场秩序。

（五）建设体现效率、促进公平的收入分配体系

兼顾效率和公平是现代化经济体系的内在要求，是衡量现代化经济体系发展水平的重要标准。

一是进一步解放思想，通过体制和机制改革，不断提高要素的有序流动和市场化配置效率，努力提高全要素生产率。国资国有企业将来逐渐实施国有控股，多元持股，推行员工持股，包括骨干层，核心层持股。国有企业、民营企业都可以借鉴像华为那样的研发投入和激励机制。如果全国能形成更多像华为这样的跨国公司，现代化体系建设就有了坚实的微观基础。

二是调整收入分配格局，提升公平性。完善按要素分配的体制机制，促进收入分配更加合理和有序，扩大中等收入群体；履行好政府再分配调节功能，加快推进基本公共服务均等化，这方面山东临沂山区的经验值得借鉴。积极发挥发达地区帮扶落后地区的带动作用，增强高收入群体和企业家的社会责任意识，鼓励他们给予贫困地区和居民必要的帮助。

三是切实迈向共同富裕。共同富裕是长期目标，是现代化经济体系的题中之义。兼顾效率与公平，科学设计收入分配改革的制度框架，初次分配重点体现激励和效率，完善要素按贡献参与分配的体制

机制和制度体系，再分配重点在于均等和合理结果，加大税收、社保、转移支付的再分配调节力度。重点推进城乡融合发展和区域协调发展，缩小城乡和区域差距，实现共同富裕。

(六) 建设城乡融合发展体系

城乡发展差距大，是当前经济结构中最突出的矛盾。世界上所有进入高收入行列的国家，都是在城乡差距基本消除之后实现的。目前，我国大幅度减少乡村人口和缩小城乡收入差距，面临着千载难逢的历史机遇：第一，劳动力转移有出路；第二，市场对优质农产品需求旺盛；第三，农用工业能够提供充足的农用生产资料；第四，各级财政对"三农"的年投入已达数万亿元以上。

应加大农业科技创新力度，构建现代农业产业体系、生产体系、经营体系，通过推进农业现代化和规模化经营，把农业劳动生产率提高到社会平均水平。同时推进农业转移人口市民化。做好这些事，城市化率将有一个明显提高，城乡收入差距将基本消除。由此可激发出城乡建设和消费的巨大潜力。

(七) 建设区域协同发展体系

多年来，区域创新差异明显。一是创新驱动阶段（按2017年研发强度大于2.4%）的地区大多为东部省市，需要充分发挥40年改革开放带来的雄厚基础，通过开放参与全球创新，提高自身国际竞争力和综合能力，占据全球创新制高点。

二是投资驱动阶段（按2017年研发强度介于1%—2.4%区间）的地区大多为中部地区，应把握已经形成的对外开放良好基础，加大开放力度，争取更多国际投资贸易机会，复制东部地区的先进制度和发展经验，并从自身条件和发展实际出发，大力发展战略性新兴产业，打造人才、资本等要素的储备地和生产制造基地。

三是资源驱动阶段（按2017年研发强度小于1%）的地区大多为西部地区，依托"一带一路"优势、劳动力优势、资源优势发展的现代化再平衡格局，建立与"一带一路"的复合关系，从而形成全方位国际合作，发展西部地区的优势产业，形成新的增长极。

由此，形成以中部地区作为制造业支点，西部地区开发优势产业，东部地区转向市场研发和高端现代服务业的全面开放新局面。

与此同时，推动区域创新可发挥香港自由贸易港作用，特别是充分发挥和利用香港一流大学、世界一流直接融资体系及全球影响力的国际金融中心作用，在内地借鉴和推广其良好的市场环境、投资环境和治理环境经验。由此，实现内部循环和外部循环"双循环"的良性互动。

研究推广深圳在技术创新上的经验。目前，深圳已经形成鼓励创新的文化氛围，形成了一套有效的激励创新的体制机制，有容忍失败的社会环境，聚集了一批风险投资企业，有吸引国内外人才的制度，政府对技术创新给予一视同仁的支持。如果各地能够创造出深圳这样的环境和机制，创新驱动战略就能落到实处。

（八）建设绿色发展体系

过去几十年，经济发展成就辉煌，资源环境代价也较大。改革开放初期，中国的能源消费增长速度持续低于经济增长速度，能源消费总量也保持缓和上升。随着经济飞速发展，第二产业在国民经济总量的占比提升，我国能源消费快速增加，单位GDP能耗在2002—2005年间出现了大幅上升，2007年能源消费总量即达到26.56亿吨标准煤，占世界能源消耗的比重为16.8%，其后2010年中国成为世界上最大的能源消费国。虽然"十二五"和"十三五"以来，我国政府出台了一系列节能减排政策，环境保护观念开始深入人心，但2016年能源消费总量依然达到了43.6亿吨标准煤。研究表明，若不改变发展模式，2035年的预期值将赶超高能耗的美国模式，能耗和排放将远远超越英国模式和日本模式。我国已面临经济可持续发展的重大瓶颈制约。

应通过建立谁污染、谁付费和第三方治理制度，形成吸引社会资金投资环保产业的市场机制，把治理污染变成新的经济增长点。治理污染，要做到市场和法律手段并用，特别是要加大环境保护法惩罚力度，提高违法成本。与此同时，要借鉴国际经验，引入绿色低碳技术，壮大我国绿色产业。

(九) 建设全面开放体系

构建全面开放格局，是建设现代化经济体系的内在要求。

一是以"一带一路"建设为统领，推进基础设施互联互通，推进产业合作和服务贸易合作，建立自由贸易区网络，形成双向互济的开放格局。赋予自由贸易试验区更大改革自主权，探索建设自由贸易港。创新对外投资方式，促进国际产能合作，形成面向全球的贸易、投融资、生产、服务网络，加快培育国际经济合作和竞争新优势。二是通过主动扩大进口优化贸易结构。从近期中美贸易摩擦问题复杂性和长期性及其逐步解决中可以看出，从积极扩大出口转向主动扩大进口，促进经常项目收支平衡，是新时代中国建设现代化经济体系的必然要求。三是发挥粤港澳大湾区、长江经济带、长三角一体化、京津冀协同发展等开发开放和合作平台作用推动全面开放。

(十) 创建高标准的营商、法治和社会环境

首先，处理好政府与市场的关系。强化企业市场主体地位，创新行政管理方式。其次，突出对标对表，以法治化、国际化、便利化为工作导向。第三，深化"放管服"改革、推进服务业扩大开放、加快"智慧政务"建设。第四，推进产权保护法治化，营造公平竞争、健康发展环境的法治保障。最后，创造良好的社会环境，打造社会治理优势。

六 建设现代化经济体系的关键支撑

按照党的十九大关于新时代中国特色社会主义伟大征程的战略部署，建设现代化经济体系是一篇大文章，需要一体建设，一体推进。要达此目的，必须构建相应的支撑条件。

(一) 产业支撑

产业为本。产业体系是生产力的载体，也是现代化经济体系的物

质基础。现代化经济体系必须要有现代产业作支撑。

1. 着力发展制造业，推进制造业转型升级

加快推动制造业的数字化、网络化、智能化、服务化转型。加快发展新型装备制造业。促进战略性新兴产业发展。借力信息技术，推动传统产业改造升级。推进绿色制造。

2. 大力推进农业现代化

重点以技术提升、装备升级推进农业现代化，以农产品结构优化和区域结构优化支持农业现代化，以开放推动农业现代化。

3. 以协同理念推动产业融合发展

比如，以个性化定制、制造业服务链条、制造业服务平台和生产性服务业为代表的服务型制造产业加快了传统制造业的转型升级，促使我国制造业向国际价值链高端迈进。需要进一步促进制造业、现代服务业和现代农业协同发展，推动产业整体质量变革、效率变革、动力变革。

4. 形成一批具有国际竞争力的跨国公司

培育具有核心竞争力的跨国公司能够提升企业和行业整体价值与形象，能够建立全球产业链体系并融入全球价值链体系，能够有效推动原始创新、协同创新和集成创新，从而支撑经济体系的全面开放和发展。需要提升公司研发创新能力，集团管控和统筹能力和风险防控能力。

（二）科技支撑

1. 强化基础研究

基础研究是整个科学体系的源头，也是建设科技强国的根基。要增加投入尊重和倡导科学家的自由探索，鼓励科技工作者基于好奇心驱使的研究。营造鼓励创新、宽容失败、良性竞争、信任激励的生态环境。要改革科技评价制度，建立健全以创新能力、质量、贡献为导向的分类评价体系。

2. 坚持问题导向强化应用基础研究

与基础研究不同，应用基础研究大多是产业技术和工程技术的前沿，与人类所需要解决的问题特别是重大问题紧密联系。要瞄准科技前沿，强化对应用基础研究的前瞻布局和稳定支持。聚焦关系根本和

全局的重大科技问题，加快组织和拓展实施国家重大科技项目。推进科技供给侧结构性改革，科技创新模式从需求驱动转向需求和供给交互驱动，提升原始创新能力。

3. 致力于关键共性技术、前沿引领技术、现代工程技术、颠覆性技术创新

在夯实基础、强化主干的前提下，必须应深化关键共性技术、前沿引领技术、现代工程技术、颠覆性技术研发创新。突破这4类技术，须实行广泛深入的产学研协同创新。发挥我国市场巨大的优势，破除一切不合时宜的制度障碍，积极构建与新技术革命相适应的产业发展制度、知识产权保护制度，建立适应创新发展的良好市场监管制度，加快新一轮技术革命在中国"落地生根、开花结果"，在应用基础领域实现跨越式发展。特别是在受制于人的关键技术、核心技术上尽快实现技术突破，集中科技资源加大国家支持力度，力争五到十年改变面貌。

4. 培育世界一流科研院所

以国家实验室为引领，全力打造国家战略科技力量，加快世界一流科研院所和大学建设，加快重大科技基础设施集群建设。系统整合国家研究中心、国家重点实验室、国家技术创新中心等创新平台，以突破型、引领型重大任务攻关为主线，统筹全国优势资源，探索建立适应国家重大目标和战略任务需求的运行管理机制。

（三）人才支撑

人才是生产力中最活跃的因素，是实施创新驱动的实质所在。建设现代化经济体系，实现实体经济、科技创新、现代金融、人力资源协同发展，就必须培养造就一大批具有国际水平的战略科技人才、科技领军人才、青年科技人才和高水平创新团队。重点应提升培养层次，培养高端创新人才和提升全社会整体人才培养层次。更新基础教育的知识结构，完善为产业发展服务的职业教育和培训体系。加快一流大学和一流学科建设。党政管理人才具备政治素养高和推进产业发展、风险管控的能力。提升三农人才科技素养和现代化治理能力。立足世界级先进制造业集群建设需求，顺应中国产业链全球布局的发展趋势，面向"一带一路"沿线国家

市场，培育一批全球化研发设计和运营管理人才。培养"中国制造 2025"的急需人才。改革高等院校和国家科研机构的创新型人才培养模式，引导推动人才培养链与产业链、创新链有机衔接。鼓励培训新模式和新业态。借鉴京东大学和淘宝大学的经验，加强企业主导的人才培训体系建设。科研机构选择服务实体经济的研究方向。更好发挥智库机构作用，培育一批知识面宽广、前瞻判断能力强、善于应对新事物新挑战的"参谋家"，输送到实体经济所需要的岗位上。

（四）金融支撑

金融体系是现代化经济体系的重要组成部分，对于优化资金和资源配置、促进经济提质增效具有重要作用。建立支撑和服务于现代化经济体系建设的金融体系，需要完善和健全金融机构体系，加强金融与科技的融合，扩大直接融资比重。促进资本市场公开透明和健康发展，提高直接融资比重，健全货币政策机制，深化金融监管体制改革，健全现代金融服务体系，提高金融服务实体经济效率和支持经济转型的能力，增强金融服务创新驱动的支撑能力，金融服务区域协调发展战略，引导金融资源跨地区优化配置，支持乡村振兴战略实施，大力发展普惠金融，构建金融服务新体制，提升全球服务能力。

（五）体制机制支撑

改革开放 40 年来，经济体制改革在推动经济体系发展过程中一直发挥着"逢山开路、遇水搭桥"的开辟性作用。我国经济发展取得的历史性成就、发生的历史性变革，很大程度上就是我们始终坚持经济体制改革的结果。经济体制改革实质上就是经济体制机制创新。

打造推动建设现代化经济体系的产业体系、创新体系、市场体系、收入分配体系、城乡区域发展体系、绿色发展体系和全面开放体系、构建高水平营商环境等，无一不需要依靠经济体制改革的作用。在建设现代化经济体系中，体制机制创新的目标是建设充分发挥市场作用、更好发挥政府作用的经济体制。要实现这一目标，具体来看，就是要通过体制机制创新，从实现市场机制有效、微观主体有活力、宏观调控有度三个方面去落实。这其中的一个关键就是要完善产权制度和要素市场化改革。

七 建设现代化经济体系的政策建议

建设现代化经济体系是一个复杂的系统性工程，是实现更高质量、更有效率、更加公平、更可持续发展的必由之路，需要有相应的政策加以推动。

（一）坚持供给侧结构性改革主线，加快新旧动能接续转换

以发展实体经济为根本目标，牢牢把握住以信息技术为代表的新技术革命和绿色发展带来的机遇，加强数字技术基础设施建设，加快推动云、网、端①等数字基础设施建设，提高数字基础设施普及水平，加快推进工业互联网平台建设和推广，改造提升传统产业，发展战略性新兴产业，融入全球范围内正在兴起的新一轮科技革命和产业变革。继续破除无效供给。用市场化法治化手段，化解过剩产能、淘汰落后产能。发展壮大新动能，做大做强新兴产业集群。

（二）建立健全创新激励体制机制

深化科技管理体制改革。推动政府职能从研发管理向创新服务转变。改革科研经费管理和中央财政科技计划管理制度，完善计划项目生成和实施机制。建立统一的科技管理平台，健全科技资源共享机制，提升企业家在国家创新决策体系中的参与度。实行科技项目分类管理制度，市场导向型项目应由企业牵头负责。扩大高校、科研院所等单位的自主权，建立中长期目标导向的考核评价机制，增加原创价值、研究质量以及实际贡献的考核权重。完善技术转移机制，促进科技成果转化产业化和资本化。增加财政对科技的支持力度，重点支持基础前沿、社会公益和共性关键技术研究。

---

① 云指云计算、大数据基础设施，网指互联网、物联网，端指个人电脑、移动设备、可穿戴设备等。

（三）大力推进创新人才建设

完善产权保护制度，强化知识产权创造、保护、运用，试行职务发明实行科技成果混合所有制的办法，实现产权有效激励。依法界定个人、集体、国家在创新活动中的贡献，合理分配科研成果的经济社会效益。出台中国版《拜杜法案》[①]。

实施积极开放的人才引进政策。在国家机关、国有企业建立职称评聘和职级任用的国际化接轨方案。建立多元化职业成就评价体系。强化生活保障和加强人才交流。出台积极老龄化的人才政策。建立老年人才就业市场，创造适合老年人工作奉献的环境。

（四）建立健全城乡融合发展的体制机制和政策体系

全面深化农村产权制度改革。落实第二轮土地承包到期后再延长 30 年的政策。探索宅基地所有权、资格权、使用权分置改革。推进美丽乡村和特色小镇建设。深化粮食收储、集体产权、集体林权、国有林区林场、农垦、供销社等改革，使农业农村充满生机活力。改善供水、供电、信息等基础设施。稳步开展农村人居环境整治行动，推进"厕所革命"。促进农村移风易俗，大力开展乡风文明建设。健全自治、法治、德治相结合的乡村治理体系。培育多元化乡村振兴主体。强化家庭农场、农民合作社、龙头企业等新型农业生产经营模式。着力推进农业转移人口市民化，推进户籍制度改革，推动非户籍人口在城市落户。高质量兴农，树立"产能安全"的新粮食安全观。

（五）实施区域协调发展战略

分区施策，促进东中西部协调发展和东北等老工业基地振兴。东

[①]《拜杜法案》1980 年由美国国会通过，1984 年又进行了修改。后被纳入美国法典第 35 编（《专利法》）第 18 章，标题为"联邦资助所完成发明的专利权"。在《拜杜法案》制定之前，由政府资助的科研项目产生的专利权，一直由政府拥有。《拜杜法案》使私人部门享有联邦资助科研成果的专利权成为可能，从而产生了促进科研成果转化的强大动力。该法案的成功之处在于：通过合理的制度安排，为政府、科研机构、产业界三方合作，共同致力于政府资助研发成果的商业运用提供了有效的制度激励，由此加快了技术创新成果产业化的步伐，使得美国在全球竞争中能够继续维持其技术优势，促进了经济繁荣。

部地区实施创新引领战略。中部承接产业、聚集人才等要素。西部融入"一带一路"实现大发展。老工业基地要优化产业结构，发挥自身优势，强化体制机制创新。

推进京津冀协同发展、长江经济带发展、粤港澳大湾区、长三角一体化。疏解北京非首都功能。加快北京城市副中心建设，优化空间格局和功能定位。按照"世界眼光、国际标准、中国特色、高点定位"，扎实推进雄安新区的规划与建设。长江经济带发展的政策导向应把修复长江生态环境摆在压倒性位置，共抓大保护、不搞大开发。

陆海统筹，加快建设海洋强国。优化海洋产业结构，拓展蓝色经济空间。加强海洋资源生态保护。统筹运用各种手段维护和拓展国家海洋权益。

加大对老少边穷地区的扶持力度。改善老少边穷地区的基础设施条件，培育发展优势产业和特色经济。加大对老少边穷地区转移支付的倾斜力度。加大精准脱贫力度。加强扶贫资金整合和绩效管理。

实施新型城镇化战略促进区域协调发展。以城市群为主体构建大中小城市和小城镇协调发展的城镇格局。强化大城市对中小城市的辐射和带动作用，逐步形成横向错位发展、纵向分工协作的发展格局。完善城市群协调机制，推动城市间产业分工、基础设施、生态保护、环境治理等协调联动。

（六）适应新形势推进高水平对外开放

一是创造优良的营商环境，进一步提升对外开放层次和水平。进一步扩大服务业和高端制造业开放，完善外商投资环境。不断提高贸易投资便利化水平。对标国际高标准经贸规则，进一步提升自由贸易试验区开放水平，不断增强自贸试验区的辐射带动作用。全面实行准入前国民待遇加负面清单管理制度，放宽市场准入限制，提高服务业对外开放水平。稳步推进人民币国际化进程。逐步建立外汇管理负面清单制度，着力培育发达的外汇市场体系。推进资本市场双向开放，提高股票、债券市场对外开放程度。完善全球服务网络，提高国内金融市场对境外机构开放水平。构建"一带一路"中长期投融资机制。

二是加强全面开放服务保障。积极参与全球经济治理机制合作，推动国际经济治理体系改革与完善，维护和加强多边贸易体制，维护

WTO在全球贸易投资的主体地位，反对贸易保护主义，提倡通过平等协商解决贸易争端。继续强化区域和双边自由贸易体制建设，积极推动与"一带一路"沿线国家自由贸易区建设。构建高效有力的海外利益保护体系。加强各国宏观经济政策的协调性。

三是提升对外谈判和应对贸易摩擦能力。加强对外谈判的组织协调机制，通过提升授权与沟通协调的层级，提高工作效率；完善涉外经济管理体制改革与重大涉外谈判的第三方评估机制；大力加强应对贸易摩擦能力建设，应对经贸摩擦长期化、常态化趋势。

（七）完善要素市场化配置，降低制度性交易成本

加大改革力度，着力解决土地、资本、劳动力城乡二元结构分割，建立城乡要素自由流动、平等交换、优化配置的体制机制。继续深化"放管服"改革，改善营商环境。全面实施市场准入负面清单制度。在全国推开"证照分离"改革，重点是照后减证，各类证能减尽减、能合则合，进一步压缩企业开办时序。大幅缩短商标注册周期。以保护产权、维护契约、统一市场、平等交换、公平竞争为导向，完善相关法律法规。

（八）积极推进混合所有制改革

坚持两个毫不动摇，积极稳妥发展混合所有制经济，支持国有资本、集体资本以及非公资本融合发展，引导非国有企业注资参与国企改革，国有资本也可入股非国有企业。要分类、分层推进国有企业混合所有制改革，引入非国有资本参与国有企业改革，鼓励发展非公有资本控股的混合所有制企业，建立健全混合所有制企业的治理机制。

（九）深化财税金融制度改革，减轻企业税负，加强金融监管

建立事权和财权相适应的制度，适当加强中央的事权和支出责任。完善增值税中央和地方分配方案。完善中央对地方的转移支付制度和资金分配办法。建立全面、规范、公开和透明的预算制度。建立健全政府财产报告制度。全面完成"营改增"。清理规范相关行政事业性收费和政府性基金。稳妥推进房地产税立法。丰富金融机构体

系，着力解决小微企业融资难、融资贵问题。积极培育公开透明、健康发展的资本市场。积极稳妥推进期货等衍生品市场创新。深化利率汇率市场化改革，加强外汇储备经营管理。

进一步减轻企业税负。改革完善增值税，重点降低制造业、交通运输等行业税率，提高小规模纳税人年销售额标准。大幅扩展享受减半征收所得税优惠政策的小微企业范围。继续实施企业重组土地增值税、契税等到期优惠政策。大幅降低企业非税负担。继续阶段性降低企业"五险一金"缴费比例。

完善适应金融业改革发展的金融监管框架。统筹协调监管系统重要性金融机构、金融控股公司和重要金融基础设施，强化功能监管和行为框架监管。完善中央与地方金融管理体制，坚持中央统一规则，压实地方监管责任，加强金融监管问责。健全符合我国国情和国际标准的监管规则，建立针对各类投融资行为的功能监管和切实保护金融消费者合法权益的行为监管框架，实现金融风险监管全覆盖。完善国有金融资本管理制度。有效运用和发展金融风险管理工具，健全监测预警、压力测试、评估处置和市场稳定机制，防止发生系统性、区域性金融风险。

（十）创新和完善宏观调控

发挥国家发展规划的战略导向作用，强化规划引导约束，增强国家中长期规划和年度计划对资源配置、公共预算以及国土开发等措施的引导和协调；健全规划体系，增强专项规划和区域规划对总体规划、地方规划对国家规划的支撑。完善以财政政策、货币政策为主，产业政策、区域政策、投资政策、消费政策、价格政策协调配合的政策体系，健全货币政策和宏观审慎政策双支柱调控框架，深化利率和汇率市场化改革，推动货币政策由数量型调控向价格型调控转变。优化消费转型升级的政策组合，努力增加高品质产品和服务的有效供给，发挥价格机制对促销费、保民生的积极作用，增强消费对经济发展的支撑作用。深化投融资体制改革，发挥好政府产业投资引导基金的撬动作用和投资对优化供给结构的关键性作用，提升资金使用效率和增量资本产出效率。注重引导市场行为和社会预期，用重大改革措施落地增强发展信心。强化底线思维，建立健全风险识别和监测预警体系。

第一章 现代化经济体系的内涵、特征及意义

党的十九大明确提出，"中国经济已由高速增长阶段转向高质量发展阶段，正处在转变发展方式、优化经济结构、转换增长动力的攻关期，建设现代化经济体系是跨越关口的迫切要求和我国发展的战略目标。"本章首先分析探讨现代化经济体系的内涵、特征及意义。

一 现代化经济体系的内涵

现代化经济体系可表示为：现代化经济体系=现代化+经济体系。它带有明显的历史阶段性、系统性和发展性。

现代化是一个过程，是具有鲜明时代特征的动态历史进程，是过程和目标相统一的经济社会深刻变革，代表着人类社会文明发展在某一历史阶段的前沿。因此，现代化是人类社会文明从传统社会向现代社会转型程度的综合反映。在国内外经济社会发展实践中，工业化、城镇化是现代化不可逾越的阶段；信息化、绿色化、知识化、服务化是现代化的时代特征；高端化是现代化的主要标志，即处于世界领先水平。

从历史唯物主义的角度看，经济体系是由生产力和生产关系共同构成的有机整体。习近平总书记强调："现代化经济体系，是由社会经济活动各个环节、各个层面、各个领域的相互关系和内在联系构成的一个有机整体。"据此分析，经济体系又可从系统学的角度来看，即经济体系是由经济要素、经济结构、运行机制、经济环境组成的有

机整体。其中，经济要素主要包括劳动力、科技、资金、土地等生产力要素，经济结构主要包括供需结构、城乡结构、分配结构、产业结构、区域结构、要素结构等重大经济结构和生产力布局，运行机制主要包括市场运行机制、竞争运行机制等经济活动的基本制度规则设计，经济环境则主要包括政策环境、营商环境、法制环境、社会环境等环境条件。可用公式表示为：经济体系＝经济要素＋结构＋体制机制＋环境。

党的十九大明确提出，贯彻新发展理念，建设现代化经济体系。习近平总书记在论述现代化经济体系时，明确提出现代化经济体系主要包括7个部分。一是要建设创新引领、协同发展的产业体系，实现实体经济、科技创新、现代金融、人力资源协同发展，使科技创新在实体经济发展中的贡献份额不断提高，现代金融服务实体经济的能力不断增强，人力资源支撑实体经济发展的作用不断优化。

二是要建设统一开放、竞争有序的市场体系，实现市场准入畅通、市场开放有序、市场竞争充分、市场秩序规范，加快形成企业自主经营公平竞争、消费者自由选择自主消费、商品和要素自由流动平等交换的现代市场体系。

三是要建设体现效率、促进公平的收入分配体系，实现收入分配合理、社会公平正义、全体人民共同富裕，推进基本公共服务均等化，逐步缩小收入分配差距。

四是要建设彰显优势、协调联动的城乡区域发展体系，实现区域良性互动、城乡融合发展、陆海统筹整体优化，培育和发挥区域比较优势，加强区域优势互补，塑造区域协调发展新格局。

五是要建设资源节约、环境友好的绿色发展体系，实现绿色循环低碳发展、人与自然和谐共生，牢固树立和践行绿水青山就是金山银山理念，形成人与自然和谐发展现代化建设新格局。

六是要建设多元平衡、安全高效的全面开放体系，发展更高层次开放型经济，推动开放朝着优化结构、拓展深度、提高效益方向转变。

七是要建设充分发挥市场作用、更好发挥政府作用的经济体制，实现市场机制有效、微观主体有活力、宏观调控有度。①

习近平总书记所论述的七大体系内涵丰富，不仅体现了生产力和生产关系的辩证统一，也符合中国国情、具有中国特色。同时，七大体系是统一整体，分别从不同角度阐述对经济要素、经济结构、运行机制、经济环境发展变化的新要求。七大体系的建设要一体建设、一体推进，通过经济体系的现代化，来实现我国社会主义现代化。

通过上述分析，不难看出，现代化经济体系拥有丰富的内涵，是一个动态的、不断演进的整体，同时带有明显的中国特色。它是生产力和生产关系的统一，是过程和目标的统一，其根本目的是实现社会主义现代化。因此，可以用一句话来概括，现代化经济体系是以新发展理念为指导，面向社会主义现代化的、不断演化优化着的复杂经济体系，它体现着生产力和生产关系的辩证统一。

二 现代化经济体系的特征

根据对上述内涵的认识，本课题研究中，我们主要以生产力和生产关系辩证统一的历史唯物主义基本理论为指导，采用系统整体的角度看待现代化经济体系。目前，我国正处于加快转变经济发展方式、优化升级经济结构、转换调整增长动力的关键时期，因此，我国现代化经济体系将呈现出如下主要特征。

一是经济要素高质量化。现代化经济体系下，经济增长将摆脱粗放的增长方式，放弃传统的对能源资源消耗、廉价劳动力和土地资源的过度依赖，而使经济增长转向更加注重依靠要素质量提升，包括劳动者素质提高、科技进步、资本密集、管理创新等，实现高质量的增长。中国将进入全面创新时代，发挥"人才是第一资源"作用，突出关键共性技术、前沿引领技术、现代工程技术、颠覆性技术创新，建

---

① 习近平：《深刻认识建设现代化经济体系重要性 推动我国经济发展焕发新活力迈上新台阶》，新华网 http://www.xinhuanet.com//politics/leaders/2018-01-31/c_1122349103.htm。

设包括科技强国、网络强国、数字国家、智慧社会等在内的创新型国家。同时，中国将全面进入绿色发展时代，经济发展将摆脱对资源环境的高度依赖，大幅度降低污染排放，建设环境友好型社会，构建生态文明。

二是经济内部关系更加平衡协调。现代化经济体系下，经济发展需以各体系内部和各体系之间更加平衡协调为抓手，实现经济结构优化升级。由此，促使现代化产业体系和空间布局结构更加高度化，要素市场化配置更加高效，竞争开放统一有序的市场体系更加完善，城乡区域协调发展机制更加成熟，跨地区的转移和互助机制逐步成型，农业劳动生产率快速提高，城乡居民收入差距快速缩小，全面开放再上新台阶。

三是经济体制机制日臻完善。现代化经济体系下，经济制度的完善需发挥市场机制决定性作用和更好发挥政府作用，建立完善的区域协调、城乡融合发展体制机制等，由此，构建"市场机制有效、微观主体有活力、宏观调控有度"的"三有"经济体制，形成我国经济制度的新优势。

四是经济更具包容性与开放性。现代化经济体系将更加强调构建人类命运共同体，坚决反对各种形式的保护主义，维护全球化进程中自然形成的国际产业链分工。由此将构建全面开放格局，优化区域开放格局，探索建设中国特色自由贸易港，创新对外投资方式，促进国际产能合作，形成面向全球的贸易合作、投融资合作、生产合作、服务合作网络，加快培育国际经济合作和竞争新优势。

五是经济发展环境更加优良。现代化经济体系中，人类社会发展形成的契约精神、法制思想、诚信观念、责任理念等优良的现代化意识将得到充分彰显。由此，推动建立法制化市场，推进依法改革，理顺政府与市场、政府与社会的关系，使政府职能从对微观事务的管理转为创造优良的营商环境、市场环境、法制环境、投资环境、政策环境等，使得各类市场主体的积极性，特别是企业家精神得以充分发挥，从而促进创新发展、绿色发展、协调发展、共享发展、开放发展，构建现代化经济体系的文化环境。

三 现代化经济体系的意义

建设现代化经济体系是党的十九大做出的重大战略部署。习近平总书记明确指出,建设现代化经济体系是跨越关口的迫切要求和中国发展的战略目标。因此必须充分认识这一决策部署的深刻的理论和实践意义。

(一) 现代化经济体系是我国全面实现现代化的需要

党的十九大报告明确提出决胜全面建成小康社会、开启全面建设社会主义现代化国家新征程的战略目标。即到2020年全面建成小康社会,到2035年基本实现现代化,到本世纪中叶把我国建成富强民主文明和谐美丽的社会主义现代化强国。相比于西方发达国家,我国经济体系步入现代化之路的时间较晚,经济体系现代化发展的底子薄。目前,我国经济的主要特征之一就是"大而不强",需要加快步伐才能支撑全面现代化的实现。目前,以人工智能为代表的新一轮科技和产业革命正在世界范围内如火如荼地发展,为世界各国经济发展特别是实体经济发展创造了崭新机遇。我国也不例外,现代化经济体系建设面临难得的全球新一轮科技产业大发展契机。另一方面,我国现代化经济体系建设的外部环境也面临保护主义、单边主义、霸凌主义的严峻挑战。机遇与挑战并存。我国需要加快推进建设现代化经济体系,培育提升我国在全球产业链、价值链、供应链中的优势地位,延续全球产业链分工,有效应对贸易保护主义和逆全球化趋势,确保顺利实现"两个一百年"奋斗目标,推进我国经济社会现代化进程。

(二) 现代化经济体系是应对新时代我国社会主要矛盾的必然要求

党的十九大报告明确提出,中国特色社会主义进入新时代,我国社会主要矛盾已经转化为人民日益增长的美好生活需要和不平衡不充分的发展之间的矛盾。这一论断为今后推进我国经济社会发展提供了科学指南——只有抓住解决主要矛盾，各种问题才能迎刃而解，才能实现真正的发展，才能延续新中国成立以来取得的重大成就，并将我国社会主义事业在新的历史阶段推向新的高潮。就我国实际情况而言，当前社会主要矛盾中不平衡不充分的发展主要体现为城乡发展不平衡不充分，区域发展不平衡不充分，经济发展与社会发展的不平衡不充分，经济发展与生态文明建设的不平衡不充分，等等，这些问题都严重制约了人民对美好生活需要的满足。用纯经济学的语言说，这一主要矛盾集中体现为供给能力不能适应需求的新变化。这种情况下，按照党的十九大明确提出"贯彻创新、协调、绿色、开放、共享新发展理念，建设现代化经济体系"，恰恰正是解决我国社会主要矛盾中发展不平衡不充分问题的关键所在。前文所述的现代化经济体系的7个内涵部分：建设创新引领、协同发展的产业体系，统一开放、竞争有序的市场体系，体现效率、促进公平的收入分配体系，彰显优势、协调联动的城乡区域发展体系，资源节约、环境友好的绿色发展体系，多元平衡、安全高效的全面开放体系，充分发挥市场作用、更好发挥政府作用的经济体制，无一不是针对社会主要矛盾解决的，都是面向提升供给结构和水平，满足全体人民的美好生活向往的。

（三）现代化经济体系是我国经济高质量发展的重要保障

党的十九大报告指出，我国经济已由高速增长阶段转向高质量发展阶段。这一判断是党中央在准确把握我国经济社会发展实际情况和科学研判未来发展态势的基础上，提出的一个历史性、战略性的重要论断。新时代推动高质量发展，就必须要有相应的经济体系与之相适应，也就是说，需要通过现代化经济体系建设来支撑和确保高质量发展。高质量发展是与传统的高速增长相对而言的发展，新时代高质量发展是"创新成为第一动力、协调成为内生特点、绿色成为普遍形态、开放成为必由之路、共享成为根本目的"的发展。这就意味着，随着居民消费需求从传统的模仿式、排浪式阶段向个性化、多元化、高品质化阶段转换，以及在受贸易保护主义影响不断增大，出口形势日趋严峻的大背景下,那种以"高投入、高消耗、高污染、高排放"为主要特征的传统的增长方式将难以为继,逐渐退出历史舞台,而代之以生产的柔性化、个性化创新,以及要素质量的提升,包括人力资本提升和国内科技快速发展,从而培育新动能、形成新动力。不难看出,进入新时代,面临新形势,推动高质量发展的现实紧迫性十分突出。在此背景下,建设现代化经济体系,着力推进质量变革、动力变革和效率变革,是推动我国经济由高速增长转向高质量发展的关键一招,是跨越由高速增长阶段转向高质量发展阶段这一关口的迫切要求和我国发展的战略目标。建设现代化经济体系与经济高质量发展要求相互贯通、相互促进、相互融合,共同构成新时代我国经济社会转型发展的主要脉络。

(四) 现代化经济体系是应对中美贸易摩擦的关键环节

2008年国际金融危机爆发以来,经济全球化进入曲折中向纵深发展的新阶段。具体表现为,在上一阶段的经济全球化过程中,由于全球经济治理机制不合理等因素长期存在,导致全球范围内以及一些国家内部出现贫富差距拉大的状况。例如,从世界各国的比较情况看,过去三十年,最富国的人均国内生产总值(GDP)相比最穷国扩大了大约120倍。从收入群体的角度看来,全球1%的人口占有的财富总量超过其余99%的人口的财富量之和。从一国内部看,以美国为例,在上一阶段的全球化过程中,全球分工格局重新调整,美国大部分以制造业为代表的实体产业转移到国外,只保留了研发、金融等处在全球价值链高端的产业。这种产业格局的调整,对美国蓝领工人就业带来巨大冲击,导致中产阶级数量减少,美国社会的收入结构由原来的橄榄形变成金字塔形。由此,美国内出现一股逆全球化潮流,并正在经由欧美等发达国家向世界范围内扩张,并上升影响到社会政治层面。对此,美欧国家一些政客不是反思由其主导的全球经济治理格局及其带来全球收入分配差距拉大的问题,而是简单地将这种收入分配差距,特别是其国内贫富差距的问题向外转嫁,由此而引发贸易摩擦。典型的如,2016年美国新任总统特朗普上台以来,就以"美国优先"为由，以美中巨大的贸易逆差为借口，发动与我国的贸易摩擦，这对全球自由贸易体系和我国经济社会发展的外部环境构成严峻挑战。

特朗普打着公平贸易的幌子发起贸易摩擦的又一根本意图是通过吸引制造业等产业和就业机会回流美国，既要摆脱危机阴影，又要打压中国产业竞争力的提升，阻碍中国发展进程和现代化进程。建设现代化经济体系，加大创新力度和创新生态建设，巩固和提升我国经济的稳健性和竞争力，助力经济全球化深度发展，是有效应对中美贸易摩擦、推进我国和平发展进程的重要条件和关键环节。①

---

① 毕吉耀、原倩：《建设现代化经济体系》，《宏观经济管理》2018年第10期。

第二章 当前我国经济体系面临的突出问题及深层次原因

新中国成立后,我国逐步建立并形成了较为完整的国民经济体系。改革开放之后,我国国民经济体系开始转型为社会主义市场经济体制基础上的国民经济体系。党的十九大报告又提出了分两步走,建成富强民主文明和谐美丽的社会主义现代化强国的宏伟目标,贯彻新发展理念,建设现代化经济体系。要实现这个目标,就必须弄清我国现在的经济体系面临的问题和不足及其形成的原因,这样才能有的放矢、对症下药,提出更符合实际、更有针对性、更合理有效的对策措施。

一 我国经济体系面临的突出问题

改革开放40多年来,我国经济取得了年均增长率9.6%的显赫业绩,当前我国经济总量已居全球第二,经济体系已经取得了长足进展,形成了良好基础,但也面临诸多问题,这些问题既有历史遗留问题,如贫困人口问题、人多地少、资源不足等,也有发展中的问题,如污染、分配不公、金融风险等。但总的来看,经济大而不强、发展不平衡不充分的矛盾十分突出。这主要表现为如下几点。

(一) 实体经济大而不强,发展质量效益不高

改革开放40年来,随着工业化、城镇化和农业现代化的快速发展,我国已经成为一个世界性实体经济大国。尽管如此,但与发达国

家和地区相比,我国在科学技术、人力资源、生产资本等要素水平上还相当落后。目前每百万人中研究人员数仅 1000 人左右,远低于高收入国家 4000 人左右的水平。制造业是实体经济的主体。经过 40 多年改革开放,虽然我国已经形成门类齐全、独立完整的制造业体系,制造业在规模上居全球之首。但制造业生产经营效率和附加值低,产品质量不高,缺少知名跨国企业。我国制造业在全球产业链分工中处于中下游地位,这与我国作为世界第二大经济体的国际地位十分不相称。

以 iphone 手机为例,我国是 iphone 手机的组装生产基地,但每生产一部手机我国仅获取总利润的 3.63%,美国企业获取近 50% 的利润,日本企业获取 30% 以上的利润,韩国企业获取 10% 以上的利润。我国制造业规模大而产值小的不对称现象十分明显。据联合国工业相关组织资料显示,我国制造业人均附加值仅相当于爱尔兰的十分之一,在世界排名 50 位左右,甚至低于一些发展中国家。[①]

(二) 城乡二元结构问题仍十分突出,解决难度大

当前,我国城乡一体化问题仍十分突出。这主要体现为农业发展滞后,农业现代化水平不高,新型城镇化进展不足,城乡融合仍存在诸多障碍。

农业发展方面,长期以来,在城乡二元结构下,农业的产业和市场属性缺乏,农业结构调整迟缓,经济效益低下。以大豆生产为例,尽管我国仍是世界第四大大豆生产国,年产量仅次于美国、巴西和阿根廷,但我国大豆生产能力远低于美国和巴西。2017 年,美国大豆单产为 3.23 吨/公顷,巴西为 2.90 吨/公顷,分别是我国的 1.78 倍和 1.6 倍。其次,生产成本高昂。近年来,我国大豆生产成本不断提升,由 2004 年的 190.91 元/亩上升到 2016 年的 419.44 元/亩。受单产低和生产成本高双重因素影响,我国大豆种植面积和产量一度持续下滑,一直处于低位运行。2000 年,美国大豆播种面积是我国的 3.3

---

① 燕玉:《中国制造业为何"大而不强",如何突围》,《人民论坛》2017 年第 10 期。

倍、巴西是我国的1.5倍。2017年,美国和巴西播种面积迅速扩张至我国的5倍。大豆产量方面,尽管近两年随着国家、地方出台鼓励政策,大豆产量出现连续回升,2017年一举达到1530万吨。但目前我国大豆年产量仍未达到1994年的最高水平。另外,与发达国家相比,我国农业现代化发展滞后。据研究,中美农业现代化发展的综合年代差距50年左右,也即,当前中国的农业现代化水平与美国20世纪60年代末期的水平相当,与英国20世纪80年代初期的水平相当,与日本20世纪90年代初的农业现代化水平相当。①

新型城镇化方面,新型城镇化是破解城乡二元结构的关键所在,改革开放以来,我国城镇化取得了较快的发展,获得了显著成效。但总体上看,我国城镇化质量不高,突出表现为农业转移人口市民化滞后,户籍制度附着了就业制度、社会保障制度、教育培训制度等多项制度,农业转移人口受自身文化水平、职业素质及思想观念影响,自我发展能力不足。近年来,特色小镇和小城镇建设成为新型城镇化的主要抓手之一。随着各地积极稳妥推进,特色小镇和小城镇建设取得一些进展,积累了一些经验,涌现出一批具有特色产业、适宜居住、充满发展活力的特色小镇。但在推进过程中,也一度出现特色小镇概念不清晰、目标定位模糊、发展路径不明确、要素市场化水平不高等问题,特别是产业定位不清晰、不明确,产业不集聚,路径不明确,困扰着特色小镇健康、快速、持续地发展。②

城乡融合方面,要素在城乡之间的流动受到诸多限制,要素价格扭曲和市场分割现象仍然存在。推进城乡基本公共服务均等化任务仍很艰巨,其中教育发展不均衡和卫生发展不均衡较为突出。新农村建设在村庄布局、乡村基础设施、生态环境、乡村文化保护和传承,以及村庄治理方面均存在相当大的改善空间。

区域发展不协调问题本质上也是城乡二元结构问题。2017年,广

---

① 胡志全等:《基于产业要素年代差距分析的农业现代化水平国际比较研究》,《中国农业科学》2018年第7期。

② 李勇:《新型城镇化建设面临的问题亟待解决》,新华网 http://www.chla.com.cn/show.php?contentid=265753,2017年12月15日。

东实现地区生产总值达 8.99 万亿元, 按可比价格计算, 同比增长 7.5%; 地区生产总值连续 29 年居全国首位。人均地区生产总值突破 8 万元大关, 达到 81089 元, 是全国平均水平的 1.36 倍。但广东珠三角地区与非珠三角地区之间的经济差距巨大。珠三角广州、深圳、佛山、东莞、中山、珠海、江门、肇庆、惠州九市总面积 55368.7 平方公里, 占比全省 31.2%; 总人口 5962.67 万人, 占比全省 53.35%; 2017 年经济总量 75809.74 亿元, 占比全省 79.67%。

(三) 资源环境压力大, 人民对优美生态环境的需要尚未得到很好满足

首先, 环境污染仍然较重。大气、水、土壤等污染物新增量仍居高位。2017 年全国 338 个地级及以上城市空气质量达标的不到 30%, 尤其是北方地区冬季重污染天气多发, 大气质量仍然较差。2017 年在全国 967 个地表水国控断面 (点位) 中, Ⅰ~Ⅲ类水质断面不到 70%、劣Ⅴ类水体占比 8.3%。污染海域主要分布在辽东湾、渤海湾、莱州湾、江苏沿岸、长江口、杭州湾、浙江沿岸和珠江口等近岸海域。全国土壤点位超标率 16.1%, 耕地土壤点位超标率 19.4%, 部分地区耕地重金属污染、工矿废弃地土壤污染问题突出。

其次, 资源节约利用水平仍然偏低。我国人均资源禀赋不足, 人均耕地、淡水资源仅为世界平均水平的 30%。同时, 资源利用效率也不高, 例如, 2016 年我国单位 GDP 的能耗为世界平均水平的 1.55 倍。

再次, 生态环保和修复压力较大。我国生态环境承载能力不强, 森林生态系统质量不高, 草原、农田、海洋生态系统质量下降明显。无序开发挤压生态空间现象依然存在, 城市摊大饼式发展直接或间接侵占生态用地。

(四) "脱实向虚" 问题仍未根本扭转

当前, 我国经济 "脱实向虚" 问题仍较严重, 不仅实体经济, 特别是中小微企业仍面临融资难、融资贵的难题, 并且由此导致的虚拟经济风险增大问题已经引起有关部门的高度重视,防范和化解重大风险也列为三大攻坚战之首。据统计,我国上市公司市值结构中,金融和房地产企业的占比已经高于美国金融危机前的比重。

在这方面,美国的教训值得汲取。奥巴马曾经在2009年提出"岩上之屋",意思是说,美国经济大厦如果继续构建在金融、房地产的沙滩上,美国经济就完了。美国经济必须建筑在坚实的实体经济之岩上。因此,美国开始了为期十年的再工业化、再创新、再就业的重振制造业战略和结构调整。与此同时,全球最具优势的制造企业——美国通用电气公司(简称GE)也有过同样的境遇。从韦尔奇担任董事长以来,GE的金融部门比重越来越大,其规模相当于美国第七大银行,金融收益占到GE经营性利润的41%。2008年金融危机,GE差点活不过来。危机后,GE人痛定思痛,把最挣钱的金融部门给卖了,并购了法国发电设备企业阿尔斯通,把不再具有全球一流竞争力的家电部门卖给了中国海尔,发展重点转向工业物联网和科技创新。

(五)经济发展的外部压力加大

未来,受贸易保护主义、单边主义、霸凌主义及"逆全球化"思潮影响,多边谈判陷入困境,全球经济面临的不确定性突出,贸易保护主义升级,资本回流发达国家趋势明显,恐怖主义、网络安全、气候变化等非传统安全威胁持续蔓延。针对中国的贸易摩擦、投资限制、科技限制的举措与制度性安排等呈现明显增多、增强势头,都将会给中国经济健康可持续发展和实现现代化带来新的外部挑战。[1] 我国缺少像韩国三星、美国苹果、德国大众等一样的知名跨国企业。经济发展面临国际空间问题、技术封锁问题和国际规则制约问题。我国和国际市场紧密相连,产业链走上中高端,仍面临较大的外部压力。

---

[1] 国务院发展研究中心课题组:《未来15年国际经济格局变化和中国战略选择》,《中国经济时报》2019年3月18日。

二　深层次原因

分析上述问题的深层次原因，主要有如下几个方面。

（一）创新投入严重不足，基础研究、应用基础研究、产业基础能力不能适应现代化建设的需要

实体经济是一国经济的根基。建设现代化经济体系，必须把发展经济的着力点放在实体经济上。近年来，我国出现产能过剩、摩擦加剧、实体经济投资回报率走低，导致实体经济增速下行。这种情况的深层次原因就是创新不足。

首先，研发投入严重不足。我国制造业已经形成较合理的混合所有制结构。2016年我国制造业所有制结构中，民企的产值比重为61.2%、国企27.8%、外资11%。民企涌现出一大批大型创新型领军企业，比如华为投资控股有限公司、苏宁控股集团、山东魏桥创业集团。[①] 但2016年我国制造业研发经费投入强度仅有1.01%，[②] 不及全国平均水平的一半，更是远低于发达国家2.5%的平均水平。大多数传统劳动密集型制造业的研发强度仅0.5%左右，重化工业的研发强度1%左右，一些先进制造业的研发强度也仅有1.5%左右。

其次，自主创新不足。我们所在的东亚地区存在着两种生产体系，一种是日韩企业为代表的以自主创新、自主品牌、自主营销渠道为特征的生产体系，另一种则是台港澳企业为代表的以代工、贴牌、参与国际工序分工为特征的生产体系。改革开放初期，率先来华投资的境外资本以台港澳企业为主，在带入市场经济因素的同时，也带入代工、贴牌、参与国际工序分工为主的加工贸易和外包生产体系。一般贸易和自主生产体系大多从全球价值链低端进入，由此导致自主创

[①] 张燕生：《转换增长动力是现代化新征程的关键一环》，《全球化》2018年第1期。
[②] 同上。

新能力缺乏成为过去那段时期的鲜明特征。自主创新不足的状况一直延续到现在。

最为重要的是，在建设现代化经济体系过程中，我国大部分制造企业面临缺技术、缺资金、缺人才、缺品牌、缺渠道、缺转型的经验和能力等问题制约。制造企业从小到大、从大变强面临脱胎换骨的转型之痛，分析其深层次原因，就在于制造业发展所需的关键核心技术自己不掌握。习近平总书记指出，我国基础科学研究短板依然突出，企业对基础研究重视不够，重大原创性成果缺乏，底层基础技术、基础工艺能力不足，工业母机、高端芯片、基础软硬件、开发平台、基本算法、基础元器件、基础材料等瓶颈仍然突出，关键核心技术受制于人的局面没有得到根本性改变。[①] 由此产生的问题，就是关键零部件和元器件、关键材料大量依赖进口。数据显示，2017年中国进口芯片金额高达2700亿美元，花费几乎是原油进口金额的两倍。此次中美贸易摩擦中，中兴的遭遇不难看出，美国针对中国高科技企业的精准打击，直刺我关键核心技术不掌握的软肋。此次事件让我们再次深刻认识到，关键核心技术受制于人是我们最大的"命门"、最大的安全隐患。习近平总书记指出，实践反复告诉我们，关键核心技术是要不来、买不来、讨不来的。只有把关键核心技术掌握在自己手中，才能从根本上保障国家经济安全、国防安全和其他安全。[②]

（二）当前处于体制机制的磨合期，仍有不少领域的改革仍然不能适应生产力发展需要

我国经济由高速增长阶段转变到高质量发展阶段，全国上下都对这个阶段转换贡献着力量。党的十八届三中全会提出了386项改革措施，目前大部分改革措施已经落实或正在落实。新的体制机制与原有体制机制必然在交替中摩擦，新的体制机制间必然要有一段相互磨合的时间。这种磨合不仅包括上下级之间的磨合，也包括同级间的磨

---

① 习近平：《在中国科学院第十九次院士大会、中国工程院第十四次院士大会上的讲话》，人民出版社2018年版，第7页。

② 同上书，第11页。

合，比如混合所有制改革过程中不同股份间的磨合。在这个过程中，一些领域体制机制间协作顺畅便发生生产力的快速发展，然而还有不少领域的体制机制滞后，相互间协作不够顺畅，从而仍对生产力构成严重制约。

比如，城乡二元体制改革过程中，改革开放40多年来，围绕此问题推出了不少重要改革举措，特别是党的十八届三中全会在农村土地流转和确权、农业转移人口市民化等方面都提出了重大改革建议，之后在实践中采取了不少有益的探索，并取得了重要进展。但受新旧体制转换，新旧模式换挡，新运行机制尚未完全成熟的影响，城乡居民的基本权益不平等问题依然严重存在。一是城乡居民财产权不平等；二是城乡居民户籍权益不平等。与此同时，资金、人才、土地、技术等要素在城乡间自由流动仍受区域、体制、政策等多方面的限制。这种情况下，农村的劳动力、土地、资本等要素仍源源不断地从农村流向城市，而城市的资本、技术和劳动力却流不进农村。正是这些从农村输入的巨量生产要素，造就了城市的发展和繁荣，导致当前的城乡发展差距仍然较大。

又如，旧有的科技体制机制仍在运行，持续的创新机制、人才培育和成长机制还未建立。习近平总书记在2018年两院院士大会上指出，我国人才发展体制机制还不完善，激发人才创新创造活力的激励机制还不健全，顶尖人才和团队比较缺乏。我国科技管理体制还不能完全适应建设世界科技强国的需要，科技体制改革许多重大决策落实还没有形成合力，科技创新政策与经济、产业政策的统筹衔接还不够，全社会鼓励创新、包容创新的机制和环境有待优化。[①] 我国的科技创新成果，包括专利和论文的数量都排在世界前列，但我国科技成果的转化率仅为20%左右，远低于发达国家的60%—80%；科研成果的产业化率仅为5%。科技创新成为发展第一动力，还需相当大的努力。

---

① 习近平：《在中国科学院第十九次院士大会、中国工程院第十四次院士大会上的讲话》，人民出版社2018年版，第8页。

再如，要素市场发展滞后，价格形成机制仍不健全。长期以来，为了扶持工业，能源和初级产品价格被定在较低水平，导致能源利用效率低下和环境污染严重。

（三）农业经营模式不能适应现代化经济体系发展的要求

农业现代化是建设现代化经济体系的重要组成部分。虽然我国有数千年的农耕文明，但人多地少是我国发展规模农业的比较劣势，农业仍是以个体小规模经营模式为主，种粮大户、农场、农业合作社等多种经营模式发展不平衡。由于经营主体的零散性，农户的经营策略以个体理性为出发点，经过农户与农户之间及农户与企业之间的相互博弈，得到的结果对于整个社会整体反而造成了效率损失。近年来，随着农业市场化和农村城镇化水平的不断提高，传统农业经营模式已经不能适应现代化经济体系建设的基本要求，农业经营模式到了非改不可的境地。随着机械化在农业生产中的普遍应用，发展集中规模经营的现代化农业之路成为趋势。依靠农业实现盈利，产业化农业生产、创新化新型农业（如农业旅游等）是有效途径之一。其实质是突破传统农业经营模式，使农业要素向二、三产业延伸，以提高农业劳动生产率和经济效益，从而使农业经营的过程进入良性循环。

（四）金融服务实体经济水平仍然不高

实体经济是一国（地区）经济的根基，是社会生产力的集中体现。金融是现代经济的核心。然而，我国金融为实体经济服务还差得远。

随着我国经济增速放缓，实体经济收益率下滑明显，僵尸企业不良贷款仍居高不下，地方政府隐性债务风险较大，房地产泡沫与金融风险密切相关，经济"脱实向虚"问题仍未根本解决，金融服务实体经济的意愿仍严重不足。2018年11月份，课题组赴广州调研经济形势时发现一个典型案例，即作为当地龙头企业的香雪制药公司遭遇银行抽贷和不续贷的行为。调研座谈时据香雪制药财务经理反映，香雪制药是行业龙头企业，近几年为增强开拓市场的能力，不断加大研发投入，努力实现转型升级。2017年香雪制药收到平安银行通知返还12亿元人民币贷款，返回贷款后方可得到后续贷款。为此，香雪制药想方设法从各种渠道筹集了12亿元，还了款，结果还款后，平安银行不给续贷了。因此香雪制药面临巨大的财务压力，正常发放员工工资都困难，更不用说进一步的研发创新了。尽管中央政府一再强调金融体系要提高适应性，增强服务实体经济的能力，但香雪制药仍遭遇银行抽贷和不续贷的困境，这不仅无助于公司发展，更有可能使公司经营状况加速恶化。

由此可见，金融有效供给不足的问题仍十分突出。应着力形成适应市场化要求的、支持实体经济发展的金融体系，提升金融服务能力和水平。

（五）需求结构转变提出的挑战

需求结构转变带来的挑战，表现是多方面的。

一是对我国供给结构转型升级提出的新挑战。当我国形成了世界上最大的中等收入以上人群，形成了巨额的高品质、多样性、个性化需求。尤其是80后、90后、00后独生子女不仅是在没有饥饿、贫困和短缺的丰裕环境中成长起来，而且形成了与国际高度接轨的极强个性和特殊偏好的新需求。我国的大国特征，又使这种新需求是人类社会从来没有出现过的，是由14亿人口进入全面小康社会，其中一半左右进入中等收入以上人群，所形成的差异化极大的高端化、排浪式、大规模、个性化的需求新特点。无论对我国农业、制造业还是服务业，要提供如此大规模、高品质、多样性、个性化的新供给，都是巨大挑战。

二是无法从国内市场上获得满足的潜在需求很快转化为境外购物需求。近年来，我国出国旅游的人数超过1.2亿人次，境外购物规模达到1.5万亿人民币。凡是国内外的价格差异大、供给品质差异大以及本地化的商品和服务，都会引发中国人的境外采购热潮，由此带动了许多国家的旅游休闲、文化娱乐、消费购物行业的繁荣发展。这个大蛋糕的出现，引致了越来越多的国家和地区给予中国人签证便利、通关便利、旅游便利和购物便利。同时，我国也采取了主动扩大进口的政策举措，2018年11月开始举办上海国际进口博览会，其中一个目的就是满足人民日益增长的对美好生活需要引发的进口需求。

三是需求结构转型升级的一个副产品就是加剧了中美贸易摩擦。一方面，美国要求中国扩大进口，以减顺差为名，要求中国第一笔扩大进口的1000亿美元中，至少有75%要采购美国产品，第二笔扩大进口的1000亿美元中，至少有50%要采购美国产品，让中国需求带动美国经济增长。另一方面，美国担心中国需求结构转型升级诱导中国供给结构转型升级，从而与美国优势制造业领域形成竞争关系。在美国301调查几乎覆盖了列入中国制造2025战略的多数高端制造业项目，如航空产品、科技产品（含芯片）、精密设备等，以此双向断绝外商投资中国高端制造业和中国企业投资美国高端制造业的可能性。这种贸易保护主义趋势有向欧洲及其他国家蔓延的倾向，最后会形成全球性高贸易、投资、金融壁垒。

三 我国有解决瓶颈问题的深厚基础

尽管我国建设现代化经济体系仍面临诸多问题和难题，甚至有些问题解决难度较大，但我们仍有解决关键制约问题的有利条件和良好基础。

（一）党的坚强领导

习近平总书记在党的十九大报告中明确指出，"中国特色社会主义最本质的特征是中国共产党领导，中国特色社会主义制度的最大优势是中国共产党领导"。[1]改革开放40年来，我国各项事业取得长足发展，成就辉煌，关键在于党的坚强领导。可以说，党的坚强领导是我们事业

---

[1] 习近平：《在庆祝中国共产党成立95周年大会上的讲话》，人民出版社2016年版，第22页。

不断取得进步的重要法宝。1939年毛泽东同志在《〈共产党人〉发刊词》中总结两次国内革命战争的经验教训时指出："十八年的经验,已使我们懂得:统一战线,武装斗争,党的建设,是中国共产党在中国革命中战胜敌人的三个法宝,三个主要的法宝。"① 改革开放后,邓小平同志也认为党的领导是现代化建设的制胜法宝,指出:"中国由共产党领导,中国的社会主义现代化建设事业由共产党领导,这个原则是不能动摇的;动摇了中国就要倒退到分裂和混乱,就不可能实现现代化。"② 实践证明,改革开放40多年我国GDP增长224倍,世界排名由1978年的第10位,一举跃升到如今的第2位,人民生活水平得以大幅度提升,对世界经济增长贡献率超过30%,国际地位日益提高,我国经济社会发展之所以能够取得这样举世瞩目的成就,不可否认是与我们坚持党的领导,各级党组织充分发挥战斗堡垒作用,全体党员充分发挥模范带头作用,认真坚决执行党中央的英明决策分不开的。党的领导这一有益经验和我国的独特优势应当继续发挥下去。

展望未来,现代化经济体系是社会主义现代化的经济基础。我国要到2020年决胜全面建成小康社会、2035年基本实现社会主义现代化、2050年建成社会主义现代化强国。面对新时代、新使命、新征程,需要加快推进建设现代化经济体系,党的坚强领导依然是关键制胜法宝。

(二) 雄厚的物质、人力基础

经过60多年的建设改革发展,我国作为发展中大国,已经全面地构建了比较稳固的农业基础,比较发达的制造业尤其是高级化的装备制造业,以及迅速发展的现代服务业。我国是全世界唯一拥有联合国产业分类中全部工业门类的国家,拥有39个工业大类,191个中类,525个小类。第四次工业化③所涉及的电子信息、互联网、新能

---

① 《〈共产党人〉发刊词》,《毛泽东选集》第2卷,人民出版社1991年版,第606页。
② 《邓小平文选》第2卷,人民出版社1994年版,第267页。
③ 人类社会已经经历了机械化、电气化、信息化这三次工业化,正在迈向智能化,即第四次工业化。

源等产业规模居世界前列。部分行业具有较强的国际竞争力，例如，航空航天制造、高铁、移动通信、核电等。从未来发展看，我国在先进制造业特别是互联网、大数据、人工智能和制造业的深度融合上，在高技术制造、装备制造、服务型制造等领域，都有可能产生更多的世界级先进制造业集群。良好的经济物质基础是下阶段我们建设现代化经济体系、迈向高质量发展阶段的重要支撑。

另外，丰富的人力资源是我国经济社会发展的第一资源，为建设现代化经济体系提供了重要的智力支持。近年来，我国人口老龄化趋势日益加剧，劳动力数量不断下降，但随着国内对教育重视程度和投入水平不断提高，人力资本不断累积，劳动力质量快速提高。目前，我国各类知识和技能人才超过1.5亿人，为培育经济发展新动能，推动建设现代化经济体系，创造出了坚实的人才支撑。

(三) 全体人民的创造精神

创造精神是中华民族最鲜明的禀赋。从"日新之谓盛德"到"创新是一个民族进步的灵魂"，从"苟日新，日日新，又日新"到"惟创新者进，惟创新者强，惟创新者胜"，伟大的创造精神让一个5000多年的文明古国始终生生不息、生机勃勃，让一个近代以来久经磨难的中华民族浴火重生迎来了伟大复兴的曙光。

新中国成立以来，中国人民的创造精神又前所未有地迸发出来，推动我国日新月异向前发展，大踏步走在世界前列。中国人民创造了发展的奇迹。典型的如，改革开放初期中国人民创造的家庭联产承包责任制大大调动了农户的生产积极性，推动了农业大生产。现在正推行土地所有权、承包权、经营权三权分置改革，促进农村多种产业融合，加快乡村振兴。改革开放40年来，我国经济以年均超过8.5%的增长速度大踏步前行，这是世界500余年来未曾有过的发展奇迹。党的十八大以来，创新驱动发展战略推动创新型国家建设不断迈上新台阶，天宫、蛟龙、天眼、悟空、墨子、大飞机等重大科技成果相继问世。2017年我国国内生产总值达到82.7万亿元，占世界经济比重15%左右，城镇化率达到58.5%。

可以预见，中国人民伟大的创造精神仍会让一个世界上最大的发展中国家即将全面建成小康社会并开启全面建设社会主义现代化国家新征程。

（四）国际支持和可借鉴的经验

当今世界是一个开放的世界，这是现代化经济体系的重要支撑。在开放的世界中，可以充分利用全人类的知识进步，充分获取全人类的科技成果，始终站在世界科技前沿，在和世界其他国家的科技竞争与合作中不断推动科技进步；在国际交往中，可以培养造就具有国际水平的战略科技人才、科技领军人才等。同时，在开放的世界中，创新成果和创新产品可以更加广泛地供应全球市场，可以获得更大的创新收益，从而更大限度地激励创新。尽管目前逆全球化思潮抬头，以美国为首的发达经济体对中国的技术防范力度增大，但是，经济全球化不会停步，仍将向纵深发展，特别是以人工智能为代表的新一轮信息技术革命及数字经济快速发展和应用，大大推动新的贸易方式和平台经济迅猛发展，要素的跨国流动变得更加便捷高效，全球价值链产业链供应链将发生深刻调整。国际区域合作不断向纵深发展。从国内看，我国拥有巨大的市场和完备的产业链，世界各国与我国经贸合作的意愿仍然存在，且将随着我国开放环境不断改善，我国与国外的经贸合作将不断扩大和深化。只要我们坚持扩大开放的基本国策不动摇，构建全面开放新格局，仍然可以利用全球资源与市场为推进现代化经济体系建设和高质量发展提供战略支撑。[①]

特别值得重视的是，在开放的世界中，一些发达先进国家和地区已经摸索出了现代经济体系的科学规律。中国作为后发国家，20世纪80年代比较多的借鉴日本制定产业政策的经验，之后又学习借鉴德国和美国宏观调控的经验，对一些发展比较快的小国的经验，如韩国实施工业化的经验，爱尔兰实施跨越式发展的经验，芬兰和以色列重视

[①] 国务院发展研究中心课题组：《未来15年国际经济格局变化和中国战略选择》，《中国经济时报》2019年3月18日。

发展科技、教育的经验，荷兰发展高效农业的经验，等等。借鉴这些国际经验，曾为我国经济持续健康发展提供有益帮助。未来，我国现代化经济体系建设仍需认真向各国学习有益经验，充分吸纳各国人民的智慧。

第三章　建设现代化经济体系的域外经验

"他山之石，可以攻玉"。目前，诸多西方发达国家和地区的经济体系已经具备鲜明的现代特征，各新兴国家也都在积极构建现代经济体系，并且取得了大量有益经验。分析国际经验，总结共性规律，可以为我国建设现代化经济体系提供参考和帮助。

一　官产学研紧密结合的创新为国家发展提供不竭动力

（一）国家安全和发展的需求形成创新的巨大拉动力

以色列、美国等国是在创新方面表现突出的国家。就以色列经验看，民族安全、国家发展和人民福祉带来的巨大需求，是以色列创新的强劲动力。以色列地处沙漠，通过创新解决水资源匮乏问题成绩瞩目，开发太阳能技术居于世界领先地位，以科技创新打造出了"沙漠奇迹"。与以色列相类似，美国的创新也是为国家安全和发展服务，并由此形成完善的军民科技成果转化机制。政府与军方的政策与资金扶持发挥了重要的作用，如"阿波罗计划""民兵"导弹等军方项目的实施，给硅谷一些初创企业提供了大量资金支持。计算机、互联网、卫星导航系统等信息技术最初的发起者都是美国军方研究实验室，军事研发成功后，就快速转民用，而军民融合又进一步推动了军事领域技术的更新换代。可以说，军民深度融合及技术迭代成长，是硅谷由产生到不断发展壮大的根本原因。

（二）教育体系以市场和国家需求为导向，为创新提供人才和科研成果

美国基础教育重视培养打破思维定式的能力，培养有想法、能思辨、有自主创业能力的孩子。职业教育和业余教育推动全民创新，鼓励成人学生选修经济社会发展所急需的最新高科技课程。高等教育注重创业创新能力的培养，采取培养主动创新能力的教育方式，每个大学成立孵化器进行资金资助，高校机构在商界也十分活跃。典型的就是美国斯坦福大学及其在硅谷的产业园的建立，形成了大学与企业紧密结合的产学研创新体系及产业链。在风险投资的推动下，大学研发的技术与企业紧密结合，并快速实现产业化，进而带动新一代产品的研发需求。斯坦福大学的教授和学生大多在硅谷设立公司，使得科研教学与产业化融为一体，这里不少着装一般、生活简单的教授都有千万甚至上亿美元的身价。硅谷的企业，大多为私营中小企业，凭借灵活的管理方式，企业之间在竞争中合作，形成一套共存共生、具有生命力的科技创新生态系统。

以色列实施"磁铁计划"和"磁子计划"来推进产学研结合。为解决高等院校、科研团队与国家经济发展需求相脱节的问题，1993年以色列推出"磁铁计划"，政府设置并依据经济优势、出口和就业潜力、革新技术和共性技术、企业参与程度等指标，对高校和科研团队进行项目评估和支持，"磁子计划"主要面向急需技术支持的小企业，促使产学研三路科研大军密切合作、优势互补。

（三）构建创新政策法规体系，发挥政府的"后台服务器"作用

美国建立了一套完善的鼓励创新、保护创新的法律体系，为鼓励研发，推进科技创新，美国在透明公开竞争、科研成果转化、财税制度等方面建立起较为完善的法规政策体系，形成包括《拜杜法案》《专利法》《商标法》《版权法》《反不正当竞争法》等在内的一大批法律文件。特别是《拜杜法案》明确私营企业享有联邦自主科研成果的专利权，这给企业带来了研发创新和科研成果转化的强大激励。以色列建立了支持创新的法制体系,为扶植、激励创新实施了诸多政策和措施,包括《鼓励工业研究与开发法》《以色列税收改革法案》《天使法》《产权法》等。并由科技部、经济部等13个政府部门组成国家科技决策体系,负责制定科技政策、设计发展规划和确定重点项目,因此,以色列政府发挥了创新"后台服务器"的作用。①

(四)多渠道筹集资金,为创新提供经费支持

一是巨额风投资金的支持。硅谷是美国风险投资最为活跃的地方之一。在斯坦福大学附近的沙丘大街3000号,集中了上百家风险投资公司,在此聚集的风投资金占美国风险投资总量的三分之一。在美国,风险投资是科技成果转化成高科技企业绝佳的孵化器。2015年7月,美国国防部在硅谷设立国防创新试验小组,通过军民结合共同完成国防科技研发工作,就是利用风险投资的模式来支持实施的,由此,科技成果得到有效转化。二是通过国际创新合作,获取创新资金支持。从以色列的经验看,近50%的科研经费源于国外,政府帮助企业进行跨国研发,与其他国家建立了一系列科学研究基金会,积极拓展对外研发创新合作渠道。政府通过各种办法开展国际合作,引进、改造外国先进技术,争取全世界犹太侨民的支持。

(五)政策吸引创新创业人才

硅谷浓郁的创业文化已成为经典与标杆,但背后仍是政府持续地挖掘更多的可能性,来激发创新创业潜力。美国移民极富创造与创新能量,2012年奥巴马政府一上台,首先积极推动"创业美国计划",提供了20亿美元,主要支持创新创业资金、业师辅导团队、私营部门合作网路等生态系统建置。同时,"国际创业家规范",吸引国外企业家赴美创业。世界各地有潜力的创业家都有相同机会在美国发挥潜

---

① 潘光:《以色列的创新成功之路》,《中国中小企业》2016年第1期。

力，此项新政策的海外人士创业资格包括：外国创业者必须具备15%拥有权且为企业运作核心角色、潜在的高速成长企业，此外，必须取得至少10万美元的政府补助，或来自美国本土投资者至少34.5万美元的投资，而美国本土投资者必须具备成功投资企业的记录。若仅符合部分上述资格者，则可以提供企业成长潜力的相关证据来取得创业停留。符合条件的国外企业家，最初能获得两年的签证，但若企业能持续在美国的公共利益上创造显著贡献，如大幅增加资本的投资、收入、就业等，则能再获得最多3年的签证。

二 现代化产业体系需要构建世界一流金融支撑体系

我国金融结构中间接融资比重较大，而直接融资占比较低。扩大直接融资比重是完善我国金融结构，提升金融效率的关键所在。借鉴英美直接融资发展经验，有助于我国现代化经济体系的建设。英美法律体系造就了世界一流大学、一流直接融资中心、一流创新中心，与欧洲大陆和日本形成了鲜明的对照，其中的经验和奥秘值得我国长期深入研究和认真汲取。

（一）伦敦发展现代金融的经验

一是经商环境良好。伦敦金融城有一套严格的管理体系，是"城中城"（金融城又称伦敦城）。商业纠纷是在伦敦金融城自有的法庭上裁决的，金融城的市长和高级市政府官员是经过商场多年打拼，获得了金钱、信誉、名望的商贾。金融城市长的职责就是专心让他的"子民"做好生意。因为经商环境良好，金融城吸引了大量跨国公司的总部和功能性分支来此"安家落户"。

二是拥有精通业务的国际化专业人才、灵活而不失稳健的就业市场以及适度宽松的监管机制、完备的法律体系和国际仲裁机制。在这方面，伦敦金融城的经验十分突出，因此，伦敦金融城也被看做是目前全球机构经营的最佳地点。①

三是在伦敦金融业组成中,金丝雀码头是伦敦金融城的有效补充。伦敦金融城被世界金融巨头奉为"全球的力量中心",金丝雀码头曾经只是一个装卸蔬菜水果的废弃码头区,1987 年之后才逐渐转变成伦敦第二个金融城,并发展为伦敦金融城的有效补充。

(二) 纽约发展现代金融的经验

一是强大的综合国力和美元的国际地位。纽约成为全球金融中心与美国的综合国力和美元的国际地位有密不可分的关系,它们互相促进,互为条件。

二是成熟的法律和监管。法律在美国社会中的地位举足轻重。因此,美国就发展现代金融建立一整套完善的法律法规机制,并且形成一个有法可依并且严格实行的法律和监管环境。特别是其英美法系的私法、商法,包括公司法、证券法、合同法严密且明确,这些法律为保护私有产权和投资者权益起到了关键作用,是金融活动必不可少的条件。②

三是规则的建立和完善。纽约之所以成为世界金融中心,主要是在其成长过程中,一系列的规则制度不断试错,不断被创造出来,大型清算中心建立,更成熟的商业运作框架和模式开始崭露,道·琼斯指数问世,现代会计制度出现等③,使得华尔街在 19 世纪 90 年代完成转型。

四是生活环境和商业环境。优越的、相对低成本的生活条件,发达的教育、文化、艺术、医疗设施,先进的交通和通信基础设施,这

---

① 周华起:《跨国公司地区总部区位选择与中国经济发展研究》,博士学位论文,吉林大学,2009 年。
② 宗良、温彬、陆晓明:《纽约金融中心建设的经验与启示》,《国际金融》2013 年第 8 期。
③ 张卫华:《纽约是怎样成为世界金融中心的》,《经济》2007 年第 1 期。

些都是纽约吸引全球高端金融人才和机构的重要条件。①

三　以制造业为核心建设现代化产业体系

党的十九大提出，要着力加快建设实体经济、科技创新、现代金融、人力资源协同发展的产业体系。实体经济是现代化经济体系的"底座"和"根基"，制造业在实体经济中占主导地位，德国、日本和韩国都积累了丰富的经验。

（一）以需求为导向的科研创新和技术立国战略助力攻克制造业核心技术

1. 科研创新是德国制造业发展的内在核心动力。德国政府高度重视科技创新集群政策，促使技术创新、研发与市场需求形成链条式合作。2018年德国启动慕尼黑机场创新园区建设，拟吸纳航空航天、数字化、能源等领域的大型跨国企业、初创企业、高校、研究机构、投资机构。② 另一方面，德国公共应用技术服务体系较为完备，无论是赫尔姆霍茨协会（16个研究所）、莱布尼茨学会（86个研究所），还是弗劳恩霍夫学会（66个研究所），都对中小企业科技创新作出重大贡献。赫尔姆霍茨协会的经费来源70%来自政府，30%来自竞争性经费。弗劳恩霍夫学会有2.2万名科学家和工程师，在七大领域帮助中小企业解决缺材料怎么办、缺工艺怎么办、缺零部件技术能力怎么办等问题。

2. 政府以"技术立国"战略推动制造业企业技术创新。20世纪60年代后，日本政府强调技术立国，制定面向未来的产业振兴计划，通过财政补贴、税收和贷款优惠等经济资助政策，及委托式、联合式

---

① 宗良、温彬、陆晓明：《纽约金融中心建设的经验与启示》，《国际金融》2013年第8期。

② 任泽平、华炎雪：《中国发展先进制造业的国际借鉴：德国制造》，《金融时报》2018年5月14日。

和重点资助式等组织协调政策,引导企业与科研机构开展集中、联合攻关,推动产业振兴计划贯彻实施,提出消费安全理念,引导国人消费国货等,推动原创产品依靠国内市场支撑持续创新。

3. 政府组织实施"官产学"一体化进行重点产业核心技术攻关。为了应对国际竞争,1976—1979年在政府引导下,日本开始实施超大规模集成电路的共同组合技术创新行动项目(VLSI)。该项目由日本通产省牵头,由日立、三菱、富士通、东芝、日本电气五大公司,以及日本通产省的电气技术实验室(EIL)、日本工业技术研究院电子综合研究所和计算机综合研究所共同参加,实施半导体产业核心技术的研发攻关。投资规模达到720亿日元。VLSI的操作方式,不仅集中了五家大公司和知名科研院所的人才优势,而且促进了平时在技术上"互相戒备"的公司之间的相互交流、相互启发,形成合力,共同推动半导体、集成电路技术研发水平,这为日本半导体企业的进一步发展提供了重要支撑,这也是日本在微电子领域上的技术水平与美国并驾齐驱的关键一招。项目实施的4年内共取得了约1000多项专利,日本公司借此抢占了VLSI芯片市场的先机。同时政府在政策方面也给予了大力支持。日本政府早于1957年就颁布《电子工业振兴临时措施法》,支持日本企业积极学习美国先进技术,发展本国的半导体产业;于1971年、1978年分别颁布了《特定电子工业及特定机械工业振兴临时措施法》《特定机械情报产业振兴临时措施法》,进一步巩固了以半导体为核心的日本信息产业的发展。

4. 支持制造业企业以消费者需求为导向进行创新设计。为推动出口战略实施和规避贸易摩擦,日本企业创新项目集中在消费者需求量大、需求紧迫、收益高的项目,以新技术的高附加值与巨大的市场规模获利来支撑新技术研发投入,保持技术领先,不断提高产品竞争力。

(二)国家引导以制造业为核心发展实体经济

1. 国家引导。2014年6月,韩国正式推出了被誉为韩国版"工业4.0"的《制造业创新3.0战略》;2015年3月,韩国政府又公布了经过进一步补充和完善后的《制造业创新3.0战略实施方案》。这标志着韩国版"工业4.0"战略的正式确立。韩国"制造业创新3.0"在整体上参考了德国"工业4.0"战略的基本理念,其方案系统完整,内容详细具体,是一份针对性较强的制造业转型升级方案。

2. 制造业与信息技术融合。韩国作为信息科技强国,具备制造业和信息科技业融合的基础。因此,韩国极力推动制造业与信息技术相融合,并意图由此孕育创造新产业。在2020年之前,韩国将打造10000个智能生产工厂,将20人以上工厂总量中的1/3都改造为智能工厂。通过实施"制造业创新3.0"战略,韩国计划到2024年制造业出口额达到1万亿美元,竞争力进入全球前4名,超越日本,仅次于中国、美国和德国。①

3. 拒绝完全的"拿来主义"。因为百分之百的"拿来主义",只会导致"水土不服",因此在战略设计上,韩国坚持基于基本国情推进制造业发展。在充分考虑到韩国中小企业生产效率相对较低、技术研发实力不足等特点的情况下,韩国采取了由大企业带动中小企业,由试点地区逐渐向全国扩散的"渐进式"推广策略。②

4. 政府搭台,企业唱主角。韩国政府特别重视引导企业在创新中发挥关键性作用。韩国政府认为,推进制造业转型升级,广大企业是"主力军",而政府的作用主要体现在致力于搭建营商环境,切实消除阻碍制造业发展的政策限制。韩国将扶持和培育相对处于弱势地位的中小企业作为重点方向之一,主要是对中小制造企业进行智能化改造。③

(三) 培养和供给制造业所需的多层次的创新人才

1. "双轨制"教育体系培育出优秀的制造业者。德国制造业的发展离不开大批具有发展活力的"隐形冠军",能够把一件产品做

---

① 《聚焦:总理开启访韩之行中国能向韩国制造业创新3.0学习什么?》,新华网 http://www.xinhuanet.com/politics/2015-11/01/c_128381490.htm。

② 同上。

③ 同上。

到极致，是"工匠精神"和"工程师精神"的典范。高质量的技术工人是帮助德国制造摆脱"抄袭者"标签的关键因素。德国的职业教育体系完善，涵盖各个专业，对应300多个职业岗位。[①] 以产业为导向，校企合作，学生工厂培训时间长，是德国职业教育的典型特征。

2. 注重通用技术人才培养。20世纪80年代，全球正处于美国主导下的电子信息技术快速发展时期。为推进日本企业以核心零部件为主的电子技术发展，在意识到电子信息技术渗透到各行各业，且与传统钢铁、重化工行业技术研发路径不一样后，日本政府坚持把诱导技术研发的重点变更为加强劳动力培训与通用人才开发，仅对影响社会变革的技术给予定向支持，开展专项攻关和联合创新，实现了电子信息技术的快速发展。当前引导人工智能、大数据等产业发展，日本非常强调通用技术人才培养投入与数据共享。

3. 政府扶持，引导人才的使用和发展。20世纪80年代后，韩国政府开始大力扶持集成电路制造，将芯片列为影响国家竞争力的核心技术，从资金、人才等方面给予支持，并提供强大知识产权保护机制。在政府的吸引下，曾在欧美国家留学的韩国学子陆续回国，三星借此招聘百余名人才，正式建厂并量产。1999年，韩国教育部为建设研究型高校发起"BK21"计划，对580所大学或研究所进行专项支持，并将大学能否和企业有机结合纳入核心评价指标。韩国大学由此掀起半导体专业热，为企业输送大批人才。三星作为"韩国芯"的代表则在美国建立研发中心，并配置相同生产设备，高薪雇用当地人才培训本土工程师，经培训的工程师再回本部工作。现在，三星已建成覆盖全球数十个国家和地区的三星综合技术院（SAIT），派遣优秀人才出国，也引入海外人才。[②]

[①] 任泽平、华炎雪：《中国发展先进制造业的国际借鉴：德国制造》，《金融时报》2018年5月14日。

[②] 彭茜、陆睿：《"韩国芯"成长带来的启示》，《中国国门时报》2018年5月17日。

（四）货币政策、住房制度和全球布局稳定制造业成本

1. 德国长期实施低通胀的货币政策、长效机制的住房制度，间接控制制造业成本。在1990—2011年期间，德国真实房价（房价涨幅减去物价涨幅）累计涨幅下跌了2.0%；但人均国民收入（GNI）增长了3倍有余。而同期可比发达国家（美、英、法）房价的平均累计涨幅为52.7%。德国保持房价长期稳定，主要是因为：实行以居住为导向的住房制度设计，房价收入比低，[1] 居民的生活成本低。在德国，采用法律形式对这种"房子是用来住的"制度加以保障，与此密切关联的是，提供充足稳定的住房供给，建立起规范发达的租赁市场，因此，德国住房拥有率低、租房比例高。同时，德国严厉遏制投机性需求和开发商暴利行为，并保证合理稳定的住房投资回报率。德国的货币政策以控通胀为首要目标，实行长期稳定的房贷政策。由此德国城市体系是多核心且均衡发展。[2]

2. 全球布局消化日元升值带来的压力。例如，全球布局的丰田公司自1950年至2010年以来保持了58年的长期盈利，用全球研发、全球生产和全球市场来消化日元升值带来的压力。

四 公共服务均等化和社会公平是现代化经济体系的重要标志

按照党的十九大报告精神，体现效率、促进公平的收入分配体

---

[1] 只有与居民收入水平和支付能力相适应的房价，才是合理的房价水平。世界银行1998年对96个地区的统计资料显示，家庭收入在999美元以下的国家，房价收入比平均数为13.2；家庭收入在3000美元—3999美元的国家，房价收入比平均数为9；家庭收入在10000美元以上的国家，房价收入比平均数为5.6。按照相关专家的观点，中国的房价收入比在6—7之间比较合理。据Numbeo收录的全球257个主要城市中的统计，中国深圳（44.36）、北京（33.75）、上海（32.62）、广州（25.1）的房价收入比都在25以上。

[2] 任泽平、华炎雪：《中国发展先进制造业的国际借鉴：德国制造》，《金融时报》2018年5月14日。

系，是促进现代化经济体系发展的激励机制和平衡机制。形成公平合理的收入分配关系，推进基本公共服务均等化，逐步实现共同富裕，这是现代化经济体系建设有实质性进展的重要指标。

（一）加大税收调节力度

社会公平主要体现为再分配上，在北欧地区，加大税收调节力度的政策被普遍施行。以芬兰为例，低收入者与高收入者在缴税方面差别很大。20世纪90年代，高收入者的最高税率曾达65%，现在最高税率仍达56.1%。[1] 这一高收入高税收政策，使社会成员的收入差距趋于平衡，社会财富趋于均等化。据统计，芬兰中等收入者占全国总人口的80%左右，富人和穷人占总人口的比例都很小，基尼系数在0.25—0.26之间，属于收入差距最小的国家之一。[2] 整个社会财富分布呈现出葫芦状的结构。

（二）培育社会组织

目前我国香港特别行政区的上千家福利服务机构，绝大部分是民间社会福利服务组织，政府通过购买服务的方式让社会组织提供公共服务。

（三）制定法律政策

政府为非政府组织提供公共服务制定了相应的法规，体现了政府对非政府组织的控制，规范了社会组织机构行为。

（四）提供资金支持

我国香港特别行政区政府以合约形式把部分公共服务转移到非政府机构。经费方面以政府提供为主，民间筹措为辅。服务方面民间提

---

[1] 徐学谦：《国外解决收入差距问题的几点经验》，《红旗文稿》2011年第8期。
[2] 同上。

供为主，政府提供为辅。①

（五）监察服务表现

我国香港特别行政区政府建立了完善的服务表现监察制度。每一项受资助的服务都需要政府与服务机构签订津贴和服务协议，列明双方的责任和服务所需的质量、数量、结果指标。服务质量标准共有16项。所提供的服务成效与拨款分配相挂钩。② 机构如需继续获取政府资助，便要达到这些指标要求，否则资助会被取消。

（六）构建伙伴关系

建立政府与提供社会服务的非政府机构之间的"伙伴"关系，"政府的职责是掌舵而不是划桨，直接提供服务就是划桨"，把公共服务的决策职能与执行职能适度分离。

五 发展生态文明 建设人与自然和谐发展的现代化经济体系

人类社会经历了农业文明、工业文明，当前正进入生态文明发展阶段。建设现代化经济体系需要符合生态文明发展要求，构建良好的生态环境。要牢固树立"绿水青山就是金山银山"理念，实践绿色循环低碳发展、人与自然和谐共生，形成人与自然和谐发展现代化建设新格局。日本发展生态文明的历史较长，主要表现为其节能减排的路径，可以大致分为三个阶段。第一阶段为规制阶段（1973—1979年）。该阶段主要实施强制性的节能减排政策。第二阶段为补贴阶段（1979—2004年）。日本从1978年起开始执行大规模的节能技术开发计划，即"月光计划"。通过对节能技术的研发进行大规模补贴、制

---

① 参见杨兰《香港、台湾、新加坡之非政府组织与政府关系的比较研究》，硕士学位论文，复旦大学，2008年。

② 同上。

定节能标准、开展国际合作等方式，广泛运用多种财税手段，支持节能减排事业发展。1992年日本将原来的月光计划和其他几个相关计划合并建立了"新阳光计划"，积极加强企业节能为主的节能战略，加强对节能减排企业的财税支持和金融支持。第三阶段为投资阶段（2005年至今）。2005年2月《京都议定书》生效，之后，日本政府进一步加强实施节能和新能源的开发利用工作，政府战略的重点由节能转为减排。2006年，日本经济产业省编制了《新国家能源战略》，进一步提出2030年单位GDP能耗与2003年相比进一步降低30%的战略目标。如果实现这一目标，日本的能源效率将达到1973年第一次石油危机时的两倍以上。[①]

[①] 雷鸣：《日本节能产业政策体系的发展与借鉴》，《企业技术开发》2011年第22期。

第四章 建设现代化经济体系的基本思路

党的十一届三中全会召开以后，我们党把工作重心转移到了经济建设方面，并逐步提出了社会主义现代化建设三步走战略。也即，第一步，实现国民生产总值比1980年翻一番，解决人民温饱问题。这个任务已基本实现。第二步，到20世纪末，使国民生产总值再增长一倍，人民生活达到小康水平。第三步，到21世纪中叶，人均国民生产总值达到中等发达国家水平，人民生活比较富裕，基本实现现代化。现代化三步走战略是中国特色社会主义理论的一个重要内容，有力地指导着我国的现代化建设实践。

党的十九大把握中国特色社会主义新时代发展大势，提出决胜全面建成小康社会、开启全面建设社会主义现代化国家新征程的战略目标：到2020年，全面建成小康社会；到2035年，基本实现社会主义现代化；到本世纪中叶，把我国建成富强民主文明和谐美丽的社会主义现代化强国。这与三步走战略是一脉相承的，并对现代化建设描绘了符合新时代发展要求的清晰的路线图。同时，提出建设现代化经济体系。在现代化建设大背景下，建设现代化经济体系已经提上日程。因此，需要对现代化经济体系建设的思路步骤进行探讨。

一 建设现代化经济体系的总体思路

党的十九大报告明确提出，贯彻新发展理念，建设现代化经济体系。同时还提出，我国经济已由高速增长阶段转向高质量发展阶段，正处在转变发展方式、优化经济结构、转换增长动力的攻关期。建设现代化经济体系是跨越关口的迫切要求和我国发展的战略目标。[①] 这个关口就是由量到质,即由高速增长转向高质量发展的关口,就是完成转变发展方式、优化经济结构、转换增长动力三大任务的关口,就是为实现建成社会主义现代化国家的伟大目标,实现中华民族伟大复兴的中国梦奠定新的坚实基础的关口。

因此,建设现代化经济体系,就是以"创新、协调、绿色、开放、共享"五大发展理念为指导,坚持质量第一、效益优先,通过深化供给侧结构性改革、加快建设创新型国家、实施乡村振兴战略、实施区域协调发展战略、加快完善社会主义市场经济体制、推动形成全面开放新格局6个途径和手段,推动经济发展质量变革、效率变革、动力变革,提高全要素生产率,不断增强我国经济创新力和竞争力。概括起来,就是坚持"一条主线",建设"一个产业体系",构建"一套经济体制"。

"一条主线",就是深化供给侧结构性改革。建设现代化经济体系涉及方方面面,必须抓住主线,做到牵一发而动全身。当前,我国经济发展矛盾的主要方面是供给侧、结构性和体制性问题。必须在已有成效的基础上,紧紧扭住深化供给侧结构性改革不松劲,把发展经济的着力点放在实体经济上,以提高供给体系质量作为主攻方向,显著增强我国经济质量优势,增强供给结构对需求结构的适应性和配套性,实现供需动态平衡。

"一个产业体系",就是着力加快建设实体经济、科技创新、现代金融、人力资源协同发展的产业体系。产业是现代经济运行的内核,建设现代化经济体系必须有现代产业体系作为重要支撑。实体经济是我国经济的主体,也是产业体系的根本。加快建设协同发展的产业体系,就是抓住我国经济发展中最关键、最活跃的要素,推动科技、资本和人力资源向实体经济聚集,协同推进我国产业体系优质高效发展。

[①] 习近平:《决胜全面建成小康社会 夺取新时代中国特色社会主义伟大胜利——在中国共产党第十九次全国代表大会上的报告》,人民出版社2017年版,第30页。

"一套经济体制",就是着力构建市场机制有效、微观主体有活力、宏观调控有度的经济体制。正确处理好政府和市场的关系,发挥好"两只手"的作用,是我国市场经济体制改革的核心问题。构建市场机制有效、微观主体有活力、宏观调控有度的经济体制,这是未来一个时期推进经济体制改革的关键,目的就是要加快完善社会主义市场经济体制,使市场在资源配置中起决定性作用,更好发挥政府作用,破除束缚微观主体活力的障碍,从体制和机制上保障我国经济的创新力和竞争力。

二 建设现代化经济体系要妥善处理的几个关系

建设现代化经济体系是目标与过程的有机统一。单从过程的角度看,建设现代化经济体系是实现经济转型升级的艰巨历程,在这个过程中要坚持处理好四个辩证统一关系:

(一)要处理好增长与发展的辩证统一,在稳增长基础上建设现代化经济体系

我国经济已由高速增长阶段转向高质量发展阶段。建设现代化经济体系是实现高质量发展的关键所在。其中可能会出现三个问题,一是过度强调经济建设的 GDP 或人均 GDP 的增长速度,而忽视了经济建设与生态文明、精神文化、政治文明、社会文明建设之间的协同发展;二是过度强调经济建设的量的积累和扩张,而忽视经济建设的质的变革和飞跃;三是过度强调现代化经济体系的一次现代化性质,而忽视新时代的重点是破解人民日益增长的美好生活需要和不平衡不充分的发展之间的矛盾。这个阶段要突出阶段性和全面性两大特征。阶段性特征就是强调规模和速度的时代已经过去,我国发展已经进入了满足人民日益增长的美好生活需要的新阶段。全面性特征是指要体现经济、政治、社会、文化、生态方方面面,要体现在产业、创新、市场、城乡、区域、绿色、开放、体制机制等方方面面。建设现代化经

济体系就是要推动质量变革、效率变革、动力变革，形成增长新动力。

（二）要处理好生产力和生产关系的辩证统一，在两者成为有机整体的基础上建设现代化经济体系

党的十九大报告指出，实现"两个一百年"奋斗目标，实现中华民族伟大复兴的中国梦，不断提高人民生活水平，必须坚定不移把发展作为党执政兴国的第一要义，坚持解放和发展社会生产力，坚持社会主义市场经济改革方向，推动经济持续健康发展。习近平指出，推进自主创新，最紧迫的是要破除体制机制障碍，最大限度解放和激发科技作为第一生产力所蕴藏的巨大潜能。因此，解放和发展社会生产力，就必须全面深化改革，营造建设现代化经济体系所需要的市场环境、投资环境、营商环境、创新环境和政策环境。其中的一个关键环节就是全面深化政府改革。凡是市场机制能够起决定性作用的领域，政府要坚定不移地退出来，凡是市场机制不能起决定性作用的领域，要更好发挥政府的作用。只有政府、市场和社会形成合力，才能够建设现代化经济体系。其中，推动治理体系和治理能力现代化，满足全社会对公共产品和公共服务供给的需要，是建设现代化经济体系的重要内容和题中之义。

（三）处理好平衡与不平衡、充分与不充分发展的辩证统一，建设现代化经济体系是在动态的、相对的、渐进的过程中，逐步解决发展中的不平衡不充分矛盾

建设现代化经济体系是解决当前不平衡不充分发展矛盾的最有效的手段和途径。然而，我国发展中的不平衡不充分矛盾会长期存在，实现平衡和充分发展是相对的、动态的、渐进的过程。因此，一方面，要积极建设创新引领、协同发展的产业体系，统一开放、竞争有序的市场体系，体现效率、促进公平的收入分配体系，彰显优势、协调联动的城乡区域发展体系，资源节约、环境友好的绿色发展体系，多元平衡、安全高效的全面开放体系，解决开放、生态、区域、城乡、居民收入等领域的发展不平衡问题,产业、市场、开放、就业等发展不充分问题。另一方面,不平衡和不充分本身就是一对矛盾。建设现代化经济体系,很好满足人民日益增长的美好生活需要,就是在相对平衡的基础上,实现相对充分的发展,在动态渐进过程中实现更加平衡和充分的发展。

(四) 处理好效率与公平的辩证统一,在兼顾效率和公平基础上建设现代化经济体系

所谓效率,主要是资源配置、再配置效率以及投入产出效率。提高效率,需要进一步解放思想,通过体制和机制改革,不断提高土地、资本、劳动力、能源矿产资源、信息等要素的有序流动和市场化配置、再配置效率,推动生产力和生产关系相互适应,有机统一。所谓公平,主要是收入分配格局更加合理,人民生活更加幸福美好。现代化经济体系包括构建体现效率、促进公平的收入分配体系,其本质上就是要求在初次分配中体现效率,劳动力、资本、技术等各类要素按贡献参与分配,实现投资有回报、企业有利润、员工有收入、政府有税收。在分配过程中,要加强政府对收入分配的调节,保证合法收入,调节过高收入,取缔非法收入。通过强化税收调节整顿分配秩序,特别是,再分配要更加向低收入困难群体倾斜,把收入差距控制在一定范围之内,防止出现严重的两极分化。由此,最终形成科学有序的分配关系和"橄榄形"的收入分配格局。同时,现代化经济体系还要求教育、就业、医疗、养老、居住、保障等公共服务供给数量、质量和均等化水平进一步提高,法制环境和社会治理环境更加健全,确保全体人民更加公平地享受经济发展成果,走上共同富裕的道路。

三 建设现代化经济体系的实施步骤

十九大报告对现代化建设提出了两步走的战略,即第一步,到2035年实现在2020年全面建成小康社会的基础上,建设社会主义现代化国家；第二步，到2050年把中国建成一个富强民主和谐美丽的社会主义现代化强国。针对这一战略目标，需要构建一个现代化经济体系，使我国从一个经济大国转变为一个经济强国。

（一）按照不同区域发展水平确定建设现代化经济体系的具体部署

按照一次现代化和二次现代化的划分，在将来不同阶段，需要我国东中西部各地区分别实现二次现代化、一次现代化的省市（区）数量日益增多，没有实现一次现代化的省市（区）数量为零，如此保证综合现代化水平大幅提升。具体地说，当前处于创新驱动阶段（按2017年研发强度大于2.4%）的地区，到2050年要全部实现二次现代化，当前处于投资驱动阶段（按2017年研发强度介于1%—2.4%区间）的地区，到2050年全部实现一次现代化的基础上，大部分地区迈入二次现代化。当前处于资源驱动阶段（按2017年研发强度小于1%）的地区，全部实现一次现代化。这从根本上需要通过深化供给侧结构性改革，着力发展实体经济，实施创新驱动，在开放的大背景下，实现由过去40年的重点依赖"三来一补"加工贸易模式转向依赖自身实力增强参与全球贸易的模式，使全国各地创新能力不断提升，实体经济实力不断增强，尤其是全国制造业的水平和质量不断提升，以此推动全要素生产率不断提升，国民收入水平日益提高。

（二）按照三个时间节点确定具体目标

按照2020年、2035年、2050年三个重要时间节点，从全国整体上看，第一步是到2020年，进入工业化后期阶段，全面建成小康社会。全社会研发强度达到2.5%，基本实现工业化，制造业大国地位进一步巩固。重点行业单位工业增加值能耗、物耗及污染物排放明显下降。全面消除贫困。人均收入超过世界银行划定的高收入线（这个高收入线随时间变化由世界银行划定，每年不同。如2016年为人均12236美元，2017年为人均12056美元）。全要素生产率增长的贡献达到30%。

第二步是到2035年建设社会主义现代化国家。基本建成现代化经济体系。我国基础能力进一步强化，找准路径进入轨道。经济实力、科技实力将大幅跃升，跻身创新型国家前列。制造业整体达到世界制造强国阵营中等水平。创新能力大幅提升，全面实现工业化。全要素生产率增长的贡献跃升到50%。人民平等参与、平等发展权利得到充分保障，法治国家、法治政府、法治社会基本建成，各方面制度更加完善，国家治理体系和治理能力现代化基本实现；社会文明程度达到新的高度；人民生活更为宽裕，中等收入群体比例明显提高，城乡区域发展差距和居民生活水平差距显著缩小，基本公共服务均等化基本实现，全体人民共同富裕迈出坚实步伐，中国将跨入高收入国家的行列。现代社会治理格局基本形成，社会充满活力又和谐有序；生态环境根本好转，美丽中国目标基本实现。

第三步是到2050年，把中国建成一个富强民主和谐美丽的社会主义现代化强国。我国物质文明、政治文明、精神文明、社会文明、生态文明将全面提升，经济、社会、文化全面实现现代化，制造业大国强国地位更加巩固，综合实力进入世界制造强国前列。全要素生产率增长的贡献跃升到70%，达到具有发达工业化经济特征的水平。实现国家治理体系和治理能力现代化，成为综合国力和国际影响力领先的国家，全体人民共同富裕基本实现，我国人民将享有更加幸福安康的生活，中华民族将以更加昂扬的姿态屹立于世界民族之林。

（三）要准备应对可能遇到的各种风险挑战

建设现代化经济体系面临的不确定因素较多，这个过程绝不是一帆风顺的。从国际看，随着中国经济实力、国际地位和影响力显著提升，国际社会对中国崛起的速度和方式的担忧与质疑与日俱增。美国视中国为对其核心价值观和全球经济主导地位最具挑战性的国家，明确将中国定义为"战略竞争对手"，强调经济安全就是国家安全，中美关系将发生深刻变化，竞争与合作成为常态，美国既想分享中国发展机遇，又会极力围堵遏制中国，两国摩擦和碰撞不可避免。欧日等其他发达国家对中国技术升级与快速追赶也存在疑虑和担忧。与此同时，发展中国家对中国实力快速提升也是期待、质疑、防范等各种情绪相互交织。大国博弈与多方角力，使得建设现代化经济体系的外部环境变得异常复杂。处理好与守成大国的关系，及与其他新兴经济体、发展中国家的关系，仍然是中国面临且必须处理好的重大挑战。[①]

从国内看，我国正处于经济转型和深化改革的关键时期，各种矛盾相互交织、各类风险异常严峻，集中表现在金融风险突出、环境污染严重以及贫富差距明显等方面。

建设现代化经济体系是一个史无前例的伟大工程。这个工程目标远大，前途光明，但也面临复杂多变的国内外环境。要辩证看待国际环境和国内条件的变化，增强忧患意识，继续抓住并用好我国发展的重要战略机遇期，既要树立坚定信心，趋利避害、把握机遇，"逢山开路、遇水架桥"，有迎难而上的精神准备，同时也要保持历史耐心和战略定力，着力练好内功，稳扎稳打，把握好节奏和力度，不能急于求成。这需要在不违背客观规律的前提下不断进行科学探索。

[①] 国务院发展研究中心课题组：《中国应对国际经济格局变化的战略选择》，《中国发展观察》2019年第1期。

第五章 现代化经济体系的体系建设

2018年1月30日，习近平总书记在中共中央政治局集体学习时提出，建设现代化经济体系，就要建设创新引领、协同发展的产业体系，统一开放、竞争有序的市场体系，体现效率、促进公平的收入分配体系，彰显优势、协调联动的城乡区域发展体系，资源节约、环境友好的绿色发展体系，多元平衡、安全高效的全面开放体系，能够有效发挥市场和政府作用的经济体制。[①] 据此，我们认为建设现代化经济体系应着重把握以下十个方面。

一 建设供需动态平衡体系

供需体系是经济体系的基本方面，且按照宏观经济学的一般逻辑，有什么样的需求就有什么样的供给。党的十九大报告明确提出，贯彻新发展理念，建设现代化经济体系，并把深化供给侧结构性改革作为发展主线，对深入推进供给侧结构性改革的基本要求、实现条件、主攻方向和重点领域等方面进行了具体的部署和安排，以期更好地提高供给体系的质量，更好地满足人民对美好生活的需要，推动过去的数量型、速度型发展方式转变为质量型、效益型发展方式，使我国经济由高增长阶段迈入高质量发展阶段。这就需要我们首先考虑如何从需求角度着手，推动建设高质量的供给体系，进而构建供需自我

---

① 习近平：《深刻认识建设现代化经济体系重要性 推动我国经济发展焕发新活力迈上新台阶》，新华网 http://www.xinhuanet.com//politics/leaders/2018-01/31/c_1122349103.htm。

第五章 现代化经济体系的体系建设

不断相互适应、相互匹配的动态体系。这是我国建设现代化经济体系的根本所在。

改革开放40年来，我国市场化改革不断向纵深发展。随之，我国经济增长机理发生了重大变化：一方面，我们自觉不自觉地走上了生产能力迅速扩张的路子，另一方面，近些年来广大居民的需求结构发生深刻变化，从而导致出现供需错配。解决当前经济供求不平衡、不协调、增长乏力问题，实现供需动态平衡，必须对症下药，坚持供给侧结构性改革，从调整需求结构入手，破解内需不足的问题，推动资源向实体经济集聚。

首先，着力提高居民消费率和扩大公共服务消费。我国是一个经济大国，构建供需动态平衡体系主要是要发挥内需的作用，而提高居民消费率是扩大内需的根本手段。这就必须调整收入分配结构，尽快增加中低收入者的收入，特别是增加农民的收入。要增加公共服务的供给，包括养老、医疗、教育、环境、交通、信息等。如果通过实施各项宏观政策，将居民消费率提高到20世纪80年代初的水平，每年将会有10万亿元左右的商品由现在用于投资转变为用于居民消费，不仅可使居民消费水平有一个大幅度提高，而且将对经济增长产生强劲的拉力。[1]

其次，着力发挥社会资本的作用。当前，基础设施等公共产品供给不足成为制约我国经济健康可持续发展的一大"短板"。扩大公共产品有效供给，将释放出巨大的投资需求，满足新型城镇化、人口结构改变带来的消费结构升级需求，不仅是缓解经济下行压力，保持经济中高速增长的关键举措，更是调整经济结构，推动城乡、区域协调发展的有力抓手。有效吸引社会资本参与公共产品生产经营，是供给侧结构性改革的重要抓手。另外，社会资本市场主体，对市场变化的敏感性更强，着力发挥其投资拉动作用，对破除无效供给，培育新动能有实效。

---

[1] 郑新立：《关键是保持稳增长和调结构之间平衡——学习贯彻习近平总书记在中央经济工作会议上的重要讲话精神》，《求是》2015年第4期。

2018年中央经济工作会议指出，积极的财政政策取向不变，稳健的货币政策要保持中性。这为实现供需动态平衡目标创造了宽松的政策环境。政府应适当采取有效措施，例如发行一些长期建设债券，引导社会资本投向，促进结构调整，推进供给侧结构性改革，促进供需良性循环，着力推动实体经济发展。

二 建设创新引领的国家创新体系

1987年，克里斯托弗·弗里曼在研究日本技术创新过程中，首次提出了"国家创新体系"概念。国家创新体系是政府、企业、大学、研究院所、中介机构之间寻求一系列共同的社会和经济目标而建设性地相互作用，并将创新作为变革和发展的关键动力的系统。[1] 根据OECD对国家创新体系的定义，国家创新体系是指，参加新技术发展和扩散的企业、大学、研究机构及中介组成的为创造、储备及转让知识、技能和新产品的相互作用的网络系统。我国国务院2006年颁布的《国家中长期科学和技术发展规划纲要（2006-2020年）》指出：国家创新体系是以政府为主导、充分发挥市场配置资源的基础性作用、各类科技创新主体紧密联系和有效互动的社会系统。[2]

我国在创新体系建设中，以政府、大学、科研院所三位一体的支持机制来解决企业的核心技术创新的短板。应加大对国防研发和基础研究的投入，统筹人才培养与引进政策，让人才培养和引进与需要密切相关，现代的教育体系要改革，要大量培养科技人才，而不是让大部分的精英优秀人才去做金融和房地产。鼓励创新的后端补贴优惠政策法规对所有企业一视同仁，提高产品的标准，让优质优价、有核心技术和自主知识产权的产品得到市场认可，让企业能回收创新投入的成本，加快发明专利的认定速度，保护创新产品的知识产权。

---

[1] 冷瑞华：《基于遗传算法寻优支持向量机模型的城市创新能力评价研究》，《中国管理信息化》2012年第17期。

[2] 吴滨、朱光：《我国节能技术创新体系现状研究》，《中国能源》2019年第4期。

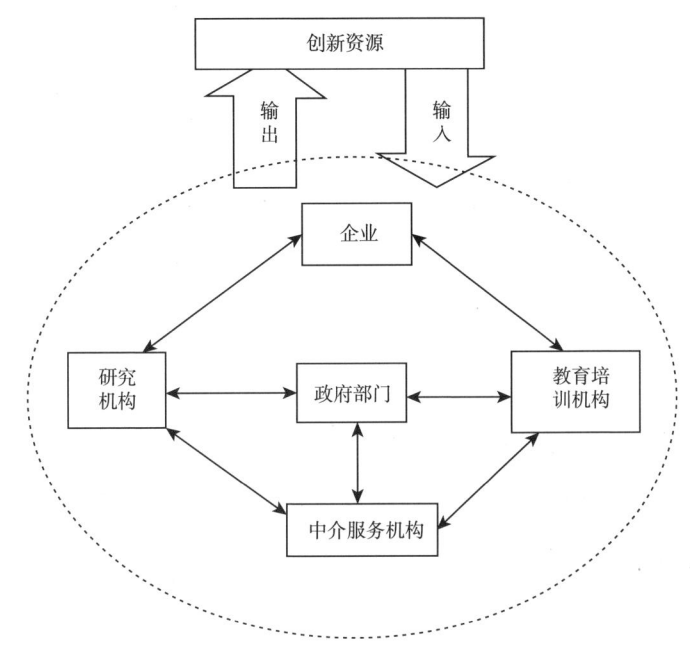

图 5-1　国家创新体系基本结构

（一）政府要在建构国家创新体系中起主导作用

一是核心技术依靠自主创新，市场无法换来核心技术，注重引进、吸收、消化、再创新。中国已经到了下决心依靠自主创新的阶段，目前从高速度转向高质量发展必须依靠高科技。十八大以来，习近平总书记在不同场合多次强调科技创新的重要性，并明确指出核心技术受制于人是最大的隐患，而核心技术靠化缘是要不来的，只有自力更生，只有把核心技术掌握在自己手中，才能掌握真正的竞争和发展主动权。1994年联想公司的两大核心人物柳传志和倪光南产生了严重的分歧，总工程师倪光南院士主张走技术路线，选择芯片为主攻方向；而总裁柳传志主张发挥中国制造的成本优势，不做研发做组装，加大产品的打造[①]。柳倪之争后来被认为是代表了中国企业"贸工技"和"技工贸"两种模式的竞争。不能否认，柳传志立足我国本土

---

① 史凯：《从PC的联想，到服务的联想》，《销售与市场》（管理版）2012年第3期。

市场，大力发展民族品牌，不断改革创新，在与国际个人电脑巨头竞争中赢得胜利，带动了民族信息技术企业的创新发展，[①] 但到目前中国依然没有自己的芯片和操作系统。没有高科技支撑就没有高质量发展。目前面对美国对中兴的制裁，我们很被动，核心的芯片完全掌控在发达国家的手中。中兴事件就给了我们警示，最核心的技术用市场是根本换不来的，只有那些将要被淘汰的技术，甚至落后一二十年的技术才会卖给我们，最核心的技术只能依靠自主创新，从这个角度来讲，我们必须要有清醒的认识。

共性技术的研发难度非常大，本身技术难度大，资金投入大，市场对技术的选择也是问题，"核"指的是核心电子器件，"高"指的是高端芯片，"基"是指基础软件，比如高端芯片和操作系统的开发，都存在市场选择的问题，发达国家和地区有成熟的技术，规模量产以后价格较低，对市场产生垄断，我们在成本上也竞争不过他们。操作系统全球都在用 window，我们自己开发出的操作系统很难在市场上推广和应用。华为的芯片也主要依靠台积电，我们自己目前生产不了。

二是科技管理部门要明确创新的重点领域和关键核心技术。创新要以经济社会发展需求为主要导向。找准我们的软肋和关键核心技术所在，不能为了创新而创新，创新的目的是促进经济社会发展，使创新资源协同推动实现国家战略目标。市场可以发挥作用的领域交给市场去做，对市场失灵的部分，只能是政府强力推动和投入。20世纪50年代的两弹一星，是中央请各领域的科学家和部队领导人座谈，最后选出必须要依靠自己来搞的领域，用举国体制搞出"两弹一星"，如果没有两弹一星就没有中国当时和现在的国际地位。那时的一批科学家报效祖国的精神永远值得大家学习。首先科技管理部门要召集权威专家研讨，并开展研究，明确中国未来二十年的核心关键技术是什么，哪一些核心技术对全国的经济和产业发展有带动作用，这些技术是企业没有能力独立去完成，中国的软肋到底是什么，是什么制约了中国创新能力的提升。未来的世界经济将以电子信息技术为代表，重

---

① 《中关村视线》，《中关村》2019年第1期。

点发展生命科学、新材料、新能源和高端制造业,这些领域的核心技术应重点支持。

三是从根本上破解科技和经济两张皮的问题。按照党的十九大报告,现代化经济体系建设需建立实体经济、科技创新、现代金融、人力资源协同发展四位一体的产业体系。核心技术的创新需要紧紧围绕实体经济的发展需求,严防房地产、金融等领域的暴利示范作用,引导更多的资源投入创新研发。高等院校培养更多的科技人才,不应让过多的精英人才都去从事金融、房地产等高收益行业。科研管理制度必须改革,目前的科研资金管理制度见物不见人,资金大都被用来购买国外大型设备,拉动了国外科研设备商的发展,而没有充分调动高端科研人员的积极性;对科研成果的评价主要看重论文发表,而不看重其对经济、社会和国家的贡献,因此,要加强科技创新对经济和产业发展的驱动作用。

四是加大政府对国防研发和基础研究的投入。第一,加大国防研发投入,推动军民融合。世界科技强国大都是从国家安全的角度大量投入做国防科技创新,军用技术逐步转为民用。国防研发所需投入大,市场风险巨大,单个企业很难完成。基础研究短期内看不到效益,企业投入意愿不高。但国防研发和基础研究对国民经济的长远发展有很多的溢出效应,能推动众多产业的技术创新,形成新的经济增长点,应该成为政府增加投入的优先领域。[①]

第二,加大基础研究的支持力度。我国与发达国家在基础研究的投入方面,投入占比小,基础研究是核心技术创新的源动力,应加大基础研究的投入力度。建设一批高水平科研基地和平台,培养造就一批"高精尖缺"人才,营造鼓励探索、科学诚信、宽松包容的学术氛围,让科技工作者心无旁骛、潜心研究。

第三,鼓励有责任心、有实力、有战略眼光的企业加大核心投入。核心技术的研发需要大量的投入,需要保持一定的强度,资金来

---

① 高洪善、张健:《美国国家创新体系构成特点分析》,《全球科技经济瞭望》2014年第10期。

源可以是多方面的，基础研究由国家负担，同时也鼓励一些有责任心、有实力、有战略眼光的企业加大科技投入，像美国的贝尔实验室每年都会出大量的创新成果和核心技术的突破，真正实现了产学研的结合，比如阿里在做人工智能的芯片，应该鼓励。

五是鼓励创新的减免税收优惠政策法规对所有企业一视同仁。在美国没有高新技术企业认定机制，所有企业均能享受研发费用税收减免政策。创新涉及生产生活每一个方面，本身没有高低贵贱大小之分。满足市场的创新，就是我们生活中需要的、应该鼓励各行各业的技术创新，政府不要当判官，人为将产业分三六九等，应由市场机制决定优劣。另外，从政策支持上，直接对企业创新实行税收减免扶持政策，可减少政府对研发经费的再分配环节和挪用现象。把鼓励创新的利润直接交给企业，这最能调动企业的创新热情和自主创新意识。[①]

六是激发核心科技人才的积极性，让从事科技事业的人才得到社会和国家的认可。通过科技入股、专利抵押贷款、风险投资等方面给予支持。让优秀的科研人员衣食无忧，一名演员一年可以收入几个亿，从事金融行业的年轻人年收入可超过100万，贡献巨大的科学家和优秀的科技人员也应该得到社会认可，也应该有良好的薪酬和回报，只有这样才能吸引更多的精英人才从事核心技术的研发。改革对人才的考核制度，不能总以论文的发表数量为评价依据，深化科研制度的管理办法，让科技人员专心从事科研工作。

七是给自主知识产权的产品市场竞争的激励。严格保护创新成果的自主知识产权，只有保护才能让大家有创新的积极性。尽量采用后端补助的支持政策，让自主知识产权的新产品被市场采用，比如首台套的支持政策，补贴消费端，可以给予自主创新产品参与市场竞争的激励。自主研发的产品只有在市场上大规模应用，才能回收研发成本，才能不断快速迭代升级。

学习借鉴美国知识产权保护的方法，调整对有核心竞争力创新产

[①] 高洪善、张健：《美国国家创新体系构成特点分析》，《全球科技经济瞭望》2014年第10期。

品的保护方式,加大保护力度。比如重建中医药审批管理办法,改变用西药管理办法审批中药的方式,避免再次出现中国人发现青蒿素、中国人首次人工合成胰岛素,但没有及时进行保护,而让外国大型药企获取巨额利润的情况。加大针对糖尿病、心脏病、癌症等慢病中医药创新产品的保护和支持力度,应将有效治疗慢病的中医药创新产品纳入重大战略储备资源,及时启动国家一级保密配方进行保护,从根本上吸引有战略眼光、社会责任的大型企业研发出更多的杀手锏技术和产品。

八是严控房地产等产业对实体经济创新资金的挤压。房地产业不能成为中国的支柱产业,必须保持房价长期稳定,只有这样企业家才可能踏踏实实在制造业领域进行创新。实行以居住为导向的住房制度设计,房价收入比回归正常范围,居民的生活成本低,并以法律形式保障;提供充足稳定的住房供给,规范发达的租赁市场,鼓励租房;确定合理稳定的住房投资回报率,严厉遏制投机性需求和开发商暴利行为;城市体系建设要多核心且均衡发展;货币政策首要目标是控通胀,物价长期平稳;实行长期稳定的房贷政策。

(二) 大学为科技创新提供人才和成果

一是有目的地围绕核心技术培养精英人才。目前清华、北大的优秀学生很大比例是学习金融专业,很少人学习科技、数学、工程等科技创新所需的专业,需要降低教育的趋利性,针对国家确定的重点战略科技创新领域,重点选拔和培养一批精英人才,可以依托国家的力量去所在领域最发达的国家和最先进的组织中深造。

二是以创新为目标对人才培养和引进实施统筹管理。是否真正拥有创新人才是能否构建起国家创新体系的关键。基础教育要着重培养创新意识和创新思维。要秉持开放心态,保障学术公平与自由,加强学术交流,人才引进要围绕创新的战略目标,不能为人才引进而引进,关键是搭建公开的竞争平台,实施赛马机制,展开充分竞争,同时,要对竞争者一视同仁,避免歧视,防止因引进少数人而挫伤多数人的情况出现。

三是让大学和研究院所为当地经济发展贡献力量。目前大学的考核评价机制是封闭的，是以发表文章、出书和评奖为目标。大学的人才培养和科技创新与产业和经济发展关系不大，大学没有为实体经济和区域经济发展贡献力量的动力。借鉴美国的经验出台政策，要求大学在选择研究领域时，要以能够服务于地区经济的发展为目的，而且大学必须为所在地的人才提供实用性的培训课程，促使大学的研究"接地气"，研究成果也能够更好地转化为实际需求。

（三）企业担当核心技术研发的主体是有条件的

政府、大学、科研院所、企业在创新中的作用发挥，是四位一体的框架，企业担当核心技术研发的主体是有条件的。美国的国家创新体系有值得我们借鉴的方面，美国国家创新体系的特点主要有：以企业为主体，由市场驱动，企业有成本约束，企业有竞争的压力，企业不能被推到核心技术创新的最前沿，要通过政府、大学、科研院所三位一体的支持机制来解决企业的短板，如果创新完全让市场和企业起作用是不负责任的。企业广纳全球创新人才；政府发挥关键作用，构建良好的创新环境；引进民间资本参与；严格研发经费管理。人才引进和培养与整体经济发展密切相关，政府、大学和科研院所为企业创新提供有力支持，企业才能够成为核心技术研发的主体。

三 建设创新引领、协同发展的产业体系

建设创新引领、协同发展的产业体系，重点应是建设实体经济、科技创新、现代金融、人力资源四位一体协同发展的产业体系，使科技创新在实体经济发展中的贡献份额不断提高，现代金融服务实体经济的能力不断增强，人力资源支撑实体经济发展的作用不断优化。[①] 其中，实体经济是纲，任何偏离实体经济的发展都应纠正。科技创新

---

① 刘志彪：《建设创新引领协同发展产业体系》，《辽宁日报》2018年3月8日。

是实体经济发展的第一要素驱动力。现代金融业不仅是资本密集型产业成长的血液系统,也是知识经济时代支撑科技创新的风险资本来源。人力资源则是建设现代化经济体系中各行各业都需要的第一生产力。①

一是壮大实体经济。改革开放之初,我国依靠廉价的劳动力优势,发展代工加工经济,融入全球价值链,推动全球产业链格局发生重构。可以说,过去,我们参与全球分工,优势是要素低成本,特别是劳动力的低成本。现在,我国人口老龄化趋势日趋严峻,劳动力成本在逐渐提高,能源、土地等关键要素成本也在迅速上升。产业发展需要更多地依靠技术、人力资本、现代制度等,最终提升劳动生产率和全要素生产率。简而言之,产业发展需要由过去的"汗水"驱动、投资驱动转向知识驱动、制度改革驱动、创新驱动,实现经济结构大转型大提升。这种国民经济中投入要素的转换必须落实到实体经济上,处理好实体经济与虚拟经济之间的协调均衡关系。特别是,要尊重虚拟经济服务实体经济的客观规律和经济发展原则,改变过去那种资源过多流入虚拟经济(典型的如房地产)的情况,转为鼓励金融服务实体经济,尤其是运用现代金融机制,推动实施金融服务科技创新,实现经济增长动力转换。这是建设实体经济、科技创新、现代金融、人力资源协同发展的产业体系的要义所在。

二是提高科技创新对实体经济发展的贡献度。长期以来,我国科技创新对实体经济发展支撑严重不足。受传统科研管理体制影响,我国科研呈现一种近乎自我封闭的运行状态,也就是说,科研人员搞科研,注重的是发论文、申请专利等,论文发表了,专利申请完了,成果也就束之高阁了,几乎很少能去实现产业化,去创造市场价值。从论文发表和专利申请数量质量情况看,近些年来,我国科研创新水平与发达国家的差距越来越小,有些领域的科研水平甚至在世界范围内已处于领先水平。然而,我国的实体产业,特别是制造业的发展水平

---

① 刘志彪:《建设实体经济与要素投入协同发展的产业体系》,《天津社会科学》2018年第3期。

却远远落后于西方发达国家水平。近几年,西方发达国家纷纷发展实体经济特别是制造业,目的是为摆脱2008年国际金融危机的影响,重振国内经济,同时保持其在全球价值链的高端位置。为此,以美国为代表的西方发达国家发动贸易摩擦,其主要意图是将我国实体产业在全球价值链中的位置遏制在中低端。因此,从国内情况和国际形势看,我国科技创新与实体经济脱节或两张皮的现象已然十分突出。建设现代化经济体系必须解决这一突出问题,以提升科技创新对实体经济的贡献份额。

从具体实践来看,加强科技创新与实体经济的衔接,关键的就是推进科研成果产业化。并非所有科研活动环节都能产业化,因此,可以将科研与实体经济的互动,分为两个方面,一是把产业提供的资金变成科研成果,这是科研工作人员的事情。二是把科研成果变成产业发展的支撑,这是产业里企业家们的事情。因此,需要分别制定这两个阶段的鼓励政策和保障政策。在第一个阶段,应该强调鼓励是科研的独创性、应用性。但在第二个阶段,应强调科研成果的产业化,或者产业发展的科技支撑。只有把这两个阶段打通衔接好,那么实体产业与科技创新,进而整个经济的自我循环就成为现实,科技创新对实体经济的贡献份额也就会真正提高。

三是增强现代金融服务实体经济的能力。当前,我国实体经济与现代金融的矛盾,主要体现为金融过度膨胀而制造业逐步衰退,呈现金融发展脱离实体经济、压制实体经济的不良状态,实体经济因此也出现"空洞化"现象。分析这一问题的深层次原因,主要是相比金融等虚拟经济,近些年来我国实体经济的利润率过低。实体经济由于产能过剩,资本收益率持续低下,令投资者的投资意愿不断下滑。因此,大量资金不能进到实体经济,而在金融领域内空转,金融服务实体经济的效率不高。这种低效率除了与金融体制自身存在诸多不足相关,还与我国金融经济运行中的"资产缺乏",也就是资产供应不足,有直接关系。所谓"资产缺乏"主要表现为,我国大量的居民储蓄在转化为投资理财过程中,面临有限种类的金融资产选择。因此,这些有限的资产的价格不断被拉高。在实体经济利润率低下的情况下,资产价格居高不下意味着实体经济发展的环境是在持续恶化。典型的比如，由于资产选择的缺乏，我国居民和企业购买房地产的意愿和数量持续高涨，导致房价不断攀升，甚至出现房地产泡沫。结果出现房地产挤压实体经济的状况。因此，增强金融服务实体经济的能力，需要大力推进金融供给侧结构性改革，增加金融有效供给，特别是为社会提供更多可供投资理财选择的优质资产。

四是不断优化人力资源对实体经济发展的支撑作用。除了难以吸引到资金，我国实体经济发展也难以吸引到人才，实体经济壮大也就难以得到优秀人才的支撑，因此，亟需调整我国丰富的人力资源与较为落后的实体经济的对接关系。很长一段时间以来，我国大学毕业生和归国人才，尤其是从国内外名牌高校毕业的学生，都不太愿意去实体经济领域就业，他们往往更愿意去证券、基金、银行等虚拟经济领域，或者去政府机构。这从个人选择来说是无可厚非的，但从国家战略层面上看，一个年轻人不愿就业或不看好的行业，是没有光明前途的。人力资源与实体经济之间的错配，是我国振兴壮大实体经济遇到的最大难题之一。解决这个问题，要从根本上提高实体经济的盈利能力，为吸引年轻人就业创造更好的物质条件。[①] 不可否认，年轻技工是我国制造业的骨干力量，代表着"中国制造"的未来，除了需要大幅度提高制造业中技术工人的待遇以外，关键的是要增强制造业工人的专业化水平，以专业人才吸引专业人才，形成以专业化推进创新的企业文化。实施首席技工制度，并鼓励技术工人持有企业股份，真正使员工个人发展与企业成长形成命运共同体。如此，年轻技工及工匠们将会过上真正体面的社会生活，不断加强自身专业技能提升，争做技术能手、创新能手，安心于工作岗位。这样，我国实体经济就一定能实现振兴壮大。

总之，在建设创新引领、协同发展的产业体系过程中，必须牢记习近平总书记的指示，坚决把壮大实体经济作为筑牢现代化经济体系的坚实基础。实体经济是一国经济的立身之本，是财富创造的根本源

---

① 刘志彪：《建设创新引领协同发展产业体系》，《辽宁日报》2018年3月8日。

泉，是国家强盛的重要支柱。在具体工作中，要继续深化供给侧结构性改革，加快发展先进制造业，推动互联网、大数据、人工智能同实体经济的深度融合，推动资源要素向实体经济集聚、政策措施向实体经济倾斜、工作力量向实体经济加强，营造脚踏实地、勤劳创业、实业致富的发展环境和社会氛围。

四 建设统一开放、竞争有序的市场体系

国内外的经济理论和实践都证明，市场是组织经济活动的好方法。市场作用的有效性直接决定和影响着全社会的生产效率，决定一国的国际竞争力。改革开放以来，我国建设社会主义市场经济体系，已经取得明显成就。从发挥市场在资源配置过程中的基础性作用，到发挥市场在资源配置中的决定性作用和更好发挥政府作用，说明了党和国家对市场作用的认识在逐步深化，重视程度也在增强。市场发挥作用的效果如何与其完善程度成正比，而这种完善程度主要体现在市场的"统一开放、竞争有序"上。从经济发展的历史看，新中国成立前，我国经济主要是以自然经济为主。新中国成立后，我国发展了数十年的计划经济。改革开放后，我国开始注重发展商品经济。在商品经济基础上，我们党又提出发展社会主义市场经济。从时间上算，迄今，我国社会主义市场经济也只有20多年时间。在这短短的20多年里，市场体系已经成为我国经济体系不可或缺的重要组成部分，但与新时代建设现代化经济体系的要求相比，完善市场体系的任务仍相当繁重。因此，今后亟需建设统一开放、竞争有序的现代市场体系，来支撑现代化经济体系建设。

第一，要继续完善全国统一的市场。市场的统一是商品和生产要素自由流动的重要条件。统一市场的覆盖范围有多大，先进的生产力就可以在多大的范围内取代落后的生产力。欧盟十几个国家能够建立一个统一的大市场，就是其成员国看到了统一的大市场所带来的好处。近几年，我国通过发展市场经济，东中西部建立起互相联动的经

济关系，资金、技术由东部地区大量向中西部流动，劳动力从中西部向东部沿海地区流动，全国统一的大市场已经显露雏形，中西部地区投资和经济增长速度明显加快。但我国统一的大市场建设也存在诸多问题，比如电力、通信、石油和市政设施等一些基础产业领域或多或少仍存在歧视性准入门槛，煤炭、矿山开采、冶金等资源性行业的准入标准设置不尽合理，造成资源利用效率低、能源消耗和安全隐患高等问题。当前，我国地区市场分割现象依然存在，部分地区为保护自身发展利益，滥用行政权力干预市场体系，通过检验检疫、认证制度、技术标准等手段人为设置市场壁垒。各个地区、各部门都应当把撤除市场藩篱、积极推动全国统一大市场建设作为根本任务。

第二，要进一步提高开放型经济水平。经过改革开放以来数十年的实践探索，我国对外开放政策取得了明显成效。2017年，我国进出口总额305010亿元，约占我国国内生产总值（GDP）的33.9%。2018年，我国实际使用外资1349.66亿美元（合8905.67亿人民币），同比增长30%，全年利用外资规模达到历史新高。当前我国已成为拉动世界经济增长贡献最大的国家。在当前我国市场对外开放达到较高水平的基础上，下一步工作的着力点应当是提高开放型经济水平。在新时代我国经济进入高质量发展阶段的情况下，要改变传统的依靠出口的开放方式，转向主动扩大进口，提高出口的科技含量和知识含量，优化贸易结构，提高对外贸易的质量和效益，支持经济的持续平稳增长。在利用外资上，要构建与国际接轨的制度规则，争创世界一流的营商环境，提高利用外资的效益和水平，重点吸引科技、知识密集型产业投资，鼓励外商投资研发创新、服务外包等领域，投资到我国中西部地区。开放是一把"双刃剑"，往往在带来收益的同时也伴随巨大的风险。因此，在复杂多变的国际环境下，构建开放型新经济，要更加重视经济安全问题，重点防范国际资本非正常流动对我国汇率和经济的冲击。

第三，健全公平竞争、优胜劣汰的机制。市场经济理论和国内外实践都表明，只有在公平竞争机制的推动下，市场才能充分发挥其发现价格、反映市场供求关系和资源稀缺程度、引导资源优化配置的功能。不能否认，在我国市场体系逐步建立过程中，一些政府部门出台政策措施，排除、限制竞争的现象仍时有发生。政府对市场的不当干预仍然过多，不仅是没有处理好政府与市场的关系，从长远和全局看更是扭曲了市场资源配置，抑制了社会创新活力。部分企业滥用市场优势地位，制造垄断，限制公平竞争。一些领域通过协议联盟限制竞争。进行不合理的价格战、恶意诋毁、倾销、商业贿赂等恶性竞争问题常有发生，以及变相捆绑销售、搭售等非市场竞争行为仍然存在。市场发展所必须的诚信环境和制度建设仍严重滞后，市场主体的信用水平有待提升，企业信用管理体系不健全，市场存在比较明显的信息不对称、不完善，消费者维权意识不强，维权手段不足。社会信用管理中介服务业不发达，全社会信用监管体系有待进一步提升。要深化垄断行业改革，发展混合所有制经济，引入决策竞争机制。在财税、信贷等各项政策上，要解决非公有制经济发展面临的准入难、融资难等问题。鼓励先进企业兼并落后企业，通过市场竞争淘汰落后生产能力，使先进市场主体得到充分发展。

第四，要建立规范有序的市场秩序。市场是联系生产和消费的纽带。企业生产的产品只有通过市场才能实现其价值，企业的个别劳动才能转变为被消费者承认的社会劳动。有没有良好的市场秩序，决定着市场的选择作用能否得到有效发挥，决定着生产质优价廉产品的企业能否得到应有的回报，决定着消费者的利益能否得到保障。多年来，我们不断整顿市场秩序，打击假冒伪劣产品，打击不正当竞争行为，取得了明显成效。但市场秩序仍不能令广大群众满意，必须继续努力。当前应把整顿市场秩序的重点放在确保食品、药品质量安全以及环境保护上，通过建立农产品标识制度、原产地可追溯制度、质量检验制度、污染排放监测制度，把不合格产品和企业逐出市场。要切实保护知识产权。加大执法力度，发挥市场中介组织在维护市场秩序中的作用。[1] 这些问题在我国被提出已有数十年，至今仍未完全解决，

---

[1] 郑新立：《从制度上更好发挥市场在资源配置中的基础性作用》，《求是》2007年第22期。

甚至未引起足够重视。

五 建设体现效率、促进公平的收入分配体系

兼顾效率和公平是现代化经济体系的内在要求，是衡量现代化经济体系发展水平的重要标准。

一是进一步解放思想，通过体制和机制改革，不断提高要素的有序流动和市场化配置效率，努力提高全要素生产率。这方面，华为员工持股的经验值得借鉴。

创新是支撑华为成长的强大内生动力。30余年来，华为一直坚守信息技术研发和产品开发，形成了一套成熟的以市场为导向的研发体系。目前，18万华为员工中，有接近一半的人从事研发工作，因此，华为拥有全球规模最大的研发团队。华为从创立之日起就长期坚持将销售额的10%以上用于研发，其中的30%投入基础研究领域，且允许基础研究有很高的失败率。过去30多年，华为的研发经费累计达到3900亿元人民币。

华为斥巨资投入研发并取得显著成效，关键在于华为始终秉持给知识劳动者定价优于给股东定价的做法，通过股权收益、奖金分红等方式深度激发员工积极性。多年来，华为员工年收入之和，包括工资、奖金+福利，平均达到股东分红的3倍，就是说，华为收入分配中劳资比例为3∶1，且过去30多年创始人和高层管理团队不断稀释自己持有的股权，任正非目前只拥有1.4%的股权，其余98.6%的股权为9万多员工持有，而且没有任何外部财务股东，这一举措极大提升了企业各层级员工的积极性。

华为按劳资3∶1的比例实行收入分配，采取员工持股，使差不多一半的员工持有公司的股份。这种机制下，员工是企业真正的主人，他们不仅有当年奖金工资的高收入，更有股份投资回报，员工们会竭尽全力地工作。华为的做法不仅实现了劳动者的劳动联合与资本联合相结合，而且改变了资本雇用人才的传统做法，实现了人才雇

资本。华为的这种股份合作制是对资本主义私有制的积极扬弃，是公有制的一种实现形式。这样一种所有制实现形式能在我国出现，说明它与社会主义初级阶段基本国情相适应，体现了社会主义制度的优越性。我们的国有企业将来逐渐国有控股，员工持股，特别是骨干层、核心层要持股，国有企业也能够建立一些像华为一样的研发投入的激励机制，我们的民营企业也建立起像华为这样的研发激励机制，这样全国形成几十个、上百个华为这样的公司，我们的现代化体系建设就有了坚实的微观基础。①

二是调整收入分配格局，提升公平性。完善按要素分配的体制机制，促进收入分配更加合理和有序，扩大中等收入群体；履行好政府再分配调节功能，加快推进基本公共服务均等化，山东临沂山区解决得很好，其经验值得借鉴。积极发挥发达地区帮扶落后地区的带动作用，增强高收入群体和企业家的社会责任意识，鼓励他们给予贫困地区和居民适当的帮助。

六　建设城乡融合发展体系

城乡发展差距大，是当前我国经济结构中最突出的矛盾。世界上所有进入高收入行列的国家，都是在城乡收入差距大体消灭之后实现的。目前，我国大幅度减少乡村人口和缩小城乡收入差距，面临着千载难逢的历史机遇：第一，劳动力转移有出路；第二，市场对优质农产品需求旺盛；第三，农用工业能够提供充足的农用生产资料；第四，各级财政对"三农"的年投入已达几万亿元以上。

应加大农业科技创新力度，建立现代化农业体系，通过推进农业现代化和规模化经营，把农业劳动生产率提高到社会平均水平，消除城乡收入差距。同时，推进农民工市民化。做好这些事，城市化率将有一个明显提高，城乡收入差距将基本消除。由此可激发出城乡建设

---

① 綦鲁明、谈俊：《华为员工持股制度的经验与启示》，《全球化》2018年第12期。

和消费的巨大潜力。①

七 建设区域协同发展创新体系

　　区域协同是现代化经济体系的应有之义和空间特征，也是优化我国宏观调控水平、改善经济运行效率的重要方面。就全国来看，我国沿海地区已进入工业化中后期阶段，中西部地区尚处于工业化的中期或初中期阶段。区域发展上的差距，除历史原因外，主要在于行政区划阻碍了生产要素的自由流动。习近平总书记说，要打破自己"一亩三分地"的思维定式，就是针对行政壁垒讲的。缩小区域发展差距，要充分发挥市场对资源配置的决定性作用，同时运用行之有效的帮扶机制、合作机制。突出抓好"一带一路"、京津冀一体化和长江经济带的发展，形成区域各有分工、相互协调的发展格局。②

　　在当今经济全球化的大背景下，区域创新能力愈发重要，成为促使区域经济发展的关键因素。随着我国国内生产总值稳步增长，区域创新能力也不断增强，但仍然存在以下问题，一方面，各区域的创新资源存在明显差异，从R&D经费支出层面看，东部地区约为中部地区或西部地区的5倍，约为东北地区的16倍；从投入强度层面看，东部地区约为西部地区或东北地区的两倍。另一方面，各区域创新成果也存在明显差异，从专利申请受理数层面看，东部地区约为中部地区或西部地区的4倍，约为东北地区的20倍。

　　差异生合作。一是处于创新驱动阶段的地区，聚焦重大科技创新攻关领域的重大突破，建设创新引领的现代化经济体系。学习"两弹一星"历史成功经验，集中力量重点突破，特别是抓关键技术和核心技术，如芯片、生命科学、AI等。抓重点需要基础研究、应用研究、创新体系共同发力，抓重点的同时，政府和社会要依法办事，要有条

---

　　① 郑新立：《关键是保持稳增长和调结构之间平衡——学习贯彻习近平总书记在中央经济工作会议上的重要讲话精神》，《求是》2015年第4期。

　　② 同上。

件和标准的限制，避免一窝蜂现象。科技靠"化缘"化不来，马上见效也不可能，环境很重要，要深化科技体制改革，建立以企业为主体、市场为导向、产学研深度融合的技术创新体系，努力把科技工作者的积极性调动起来，推动实现科技与经济的深度融合。把发展经济的着力点放在实体经济上，增强金融服务实体经济的能力，借鉴国际经验促进我国产业体系向全球的产业链、价值链的中高端攀升，培育若干世界级先进制造业集群。实施人才强国战略，紧贴产业需求和发展需要，加快培养和聚集企业经营管理人才、技能人才、创新型人才，特别是尖端人才。坚持区域协同、城乡融合、陆海并重，在协调发展中拓宽发展空间。以京津冀一体化和深度参与"一带一路"建设为重点，发展贸易投资新业态新模式，深化国际产能合作，推广复制自由贸易试验区成熟经验，探索建设自由贸易港。实施绿色生产和消费革命，建立健全绿色低碳循环发展的经济体系。在商事制度、行政审批、土地制度、城乡规划、户籍管理、预算管理等方面继续深化体制机制改革。

二是处于投资驱动阶段的地区，聚焦提高研发投入，建设质量效益双提高的现代化经济体系。以创新驱动为支撑，主动加大研发投入力度，对接"中国制造2025"，融入工业4.0时代，加强创新的产业关联度，驱动关键产业实现"从模仿到创新"，通过密集的知识投入形成自主创新能力，在创新的"国际坐标系"中占有一席之地。大力发展数字经济时代下的"互联网+""平台经济""共享经济"等新业态、新模式。通过加大对内对外开放，实现国际国内要素的流通，让生产要素从低效率领域转移到高效率领域，进一步推动制造业与服务业融合发展，实现制造业与服务业"联动升级"。在"十三五"时期产业转型升级要形成三大体系：高端产业集聚的产业体系、高端要素集聚的平台体系和以高端服务集聚的服务体系。应着重从集聚提升高技术产业、打造平台助推、孵化培育新兴主体创业创新三个方面加强工作，助推产业转型升级。第一，集聚提升高新技术产业，振兴制造业。主要举措包括：发挥开发区示范引领作用，重点培育特色集群，以提升和延伸产业链为主要抓手，强化产业、服务配套功能，提高聚集效应。第二，打造转型升级新平台，助推产业转型升级。需要抓好"工业与信息化融合"为标志的核心装备制造工程、建构全新的现代农业工程、工业技术研究院等几个公共平台。以企业为创新主体的研究所、孵化器、产业基地三位一体的新兴产业聚集体系，促进创新链、产业链、资金链的有效对接，促进科教优势向产业优势转化，助推产业转型升级。第三，孵化培育新兴主体创业创新，奠定产业转型升级微观基础。建议采取多种举措，包括深入改革地方国企、科研院所民营化、大力鼓励并购或企业间的参控投、充分发挥大学孵化器作用、给予创业优惠政策支持等，促进微观主体良性发展，孵化培育新兴企业、产业，为创新创业注入新的市场活力。[①]

通过城市户籍、住房补贴等超常规措施，引导人才回流，深度挖掘人口的"二次红利"。强化生态环境保护，形成生态与发展并重局面。充分抓住"一带一路"建设和长江经济带战略实施带来的开放机会，加快打造内陆开放高地。大力改善营商环境，积极推动"双创"、科技成果转化、农村产权制度等关键的改革领域走在全国前列。引导社会投资关注薄弱环节、重点领域和前沿产业，加快供给侧结构性改革，推动消费升级。

三是处于资源驱动阶段的地区，聚焦产业转型升级，建设投入产出高质量组合的现代化经济体系。适度扩大研发投入，重点以城市和产业园区为载体，打造结构优化、技术先进、节能环保、附加值高，吸纳就业能力强的现代产业体系。走新型工业化道路，带动三次产业整体联动，城乡互动。促进农业由生产型向经营型转变，由数量型向效益型转变，提高土地产出率、资源利用率、加工增值率和劳动生产率，确保农产品竞争力有效提升。营造企业家脱颖而出的环境，让更多的创业者能成为优秀的企业家，培养懂经营会管理能驾驭市场经济的企业家群体。加大对老少边穷地区的扶持力度。以"一带一路"建设为统领，推进基础设施互联互通，推进产业合作，建立自由贸易区网络，形成双向互济的开放格局。

[①] 周芳等：《开门编规划共谋"十三五"》，《湖北日报》2015年10月28日。

四是形成不同区域的创新联动，实施现代化再平衡战略。创新驱动阶段的地区大多为东部省市，需要充分发挥过去40多年改革开放带来的雄厚基础，通过开放参与全球创新，提高自身国际竞争力和综合能力，占据全球创新制高点。投资驱动阶段的地区大多为中部地区，应把握已经形成的对外开放良好基础，准备承接由东部发达地区转移过来的国际投资贸易机会，复制东部地区的先进制度和发展经验，打造人才、资本等要素的储备地和生产制造基地。资源驱动阶段的区域大多为西部地区，需要紧紧抓住"一带一路"建设机遇，建立与"一带一路"的复合关系，从而形成全方位国际合作。由此，通过开放，形成以中部地区作为制造业支点，东部地区转向市场研发和高端现代服务业，西部地区依托"一带一路"优势、劳动力优势、资源优势发展的现代化再平衡格局。发挥香港自由贸易港作用，特别是充分发挥和利用香港一流大学、世界一流直接融资体系及全球影响力的国际金融中心作用，在内地借鉴和推广其良好的市场环境、投资环境和治理环境经验。由此，实现内部循环和外部循环"双循环"的良性发展。

通过创新合作推动区域协同发展，努力使目前以资源密集型、劳动密集型产品为主转变为以技术密集型、知识密集型产品为主，降低单位GDP的能源原材料消耗，提高产品的附加值和技术含量。为此，要加大创新驱动战略的实施力度。在这方面，各个城市都应当向深圳学习。深圳市发布的《2017年知识产权发展状况白皮书》显示，2017年PCT国际专利申请量20457件，占全国的43%；每万人发明专利拥有量近90件，是全国平均水平的9.2倍；有效发明专利维持5年以上的比例达86%，居全国大中城市首位；截至2017年底，深圳累计有效注册商标70万余件。[①] 为什么深圳在技术创新上能遥遥领先，关键在于形成了鼓励创新的文化氛围，建立了有效的激励创新的体制机制，创建了容忍失败的社会环境，培育了一批风险投资企业，构建了吸引国内外顶尖人才的制度，政府对技术创新给予一视同仁的

---

① 黄思：《深圳市发展"独角兽"企业策略分析》，《特区经济》2019年第4期。

支持。深圳支持创新的经验为落实创新驱动战略带来很多启示，全国各地应当给予足够重视，并根据自身实际情况，学习借鉴深圳经验发展创新，使创新成为引领发展的第一动力。

八　建设绿色发展体系

近年来，世界各国面临的一个突出共性问题就是经济发展和环境保护之间的"两难"选择。为突破这一困境，全球主要发达国家开始实施绿色发展，提升碳生产率、能源生产率、原材料生产率等，并且取得了明显进展。但对发展中国家而言，在技术水平低下的情况下，实施绿色发展，改变能源结构、控制温室气体排放面临巨大压力。但展望未来，要实现可持续发展目标和推动世界发展，控制污染、实现低碳转型的绿色发展已经成为世界各国经济社会发展的一种潮流。[①]

过去几十年，我国经济社会发展成就辉煌，资源环境代价也大。改革开放初期阶段，中国的能源消费增长速度持续低于经济增长速度，能源消费总量也保持缓和上升。随着经济飞速发展，第二产业在国民经济总量的占比提升，我国能源消费快速增加，单位GDP能耗在2002—2005年间出现了大幅度的上升，2007年能源消费即达到26.56亿吨标准煤，占世界能源消耗的比重为16.8%，其后2010年中国成为世界上最大的能源消费国。虽然"十二五"和"十三五"以来，我国政府出台了一系列节能减排政策，环境保护观念开始深入人心，但2016年能源消费总量依然达到了43.6亿吨标准煤。长期粗放式的高能耗增长方式也带来了沉重的环境压力，我国是受到气候变化影响最为严重的国家之一，资源约束加剧、环境问题日益突出，我国已面临经济可持续发展的重大瓶颈制约。

---

① 国务院发展研究中心课题组：《未来15年国际经济格局面临十大变化》，《中国发展观察》2019年第1期。

近些年来，环境污染问题日益严重，已成为突出的社会问题。特别是大气污染、水污染，已经严重影响到人民的生命健康。一些地区PM2.5超标问题突出，冬季空气污染频发高发状况依然严峻，部分城市建成区黑臭水体未得到有效解决。与此同时，一些地区生态环境和生态资源遭到严重破坏，国土空间开发保护制度和空间治理体系有待进一步加强。[1]

研究表明，若中国不改变发展路径，2035年的预期值将赶超高能耗的美国模式，能耗和排放将远远超越英国模式和日本模式。借鉴发达国家和发展中国家经验，中国未来的路径策略：调整能源结构，增加清洁能源使用。节约低碳，推动能源消费革命。注重能源科学转型。升级产业结构，转换新的增长动能。聚焦科技创新，提高绿色企业的自主创新能力。重视园区建设，推进园区绿色循环发展。完善规制体系，强化环境污染防治。进一步健全市场激励型工具。优化制度供给，完善生态文明制度。

治理污染，要做到市场和法律手段并用。通过建立谁污染、谁付费和第三方治理制度，形成吸引社会资金投资环保产业的市场机制，把治理污染变成新的经济增长点。当前，我国治理污染已经拥有成熟的技术，包括脱硫、脱硝、除尘、污水处理等。关键在于所有企业要有压力和动力去使用这些技术，使污染治理责任落到实处，而不是敷衍了事、应付检查，特别是要走出一条路，加大环境保护法惩罚力度，提高违法成本，加强对污染物排放的法律监督和对违法者的惩处，提高违法成本。

九 建设全面开放体系

构建全面开放格局，是建设现代化经济体系的内在要求。

首先，扎实推进"一带一路"国际合作。"一带一路"建设是以

---

[1] 毕吉耀、原倩：《建设现代化经济体系》，《宏观经济管理》2018年第10期。

新型区域合作促进我国全面开放的关键抓手，是推进经济全球化向纵深发展的重要途径。在当前经济全球化遇到波折的情况下，更应紧抓"一带一路"建设契机，加快构建全方位开放新格局；强化"一带一路"建设的纽带作用，团结国内外一切可以团结的力量，维护和建设更为稳定、紧密、互利的双边和区域经贸关系，扩大朋友圈，拓展国际经贸合作新空间。

推进"一带一路"建设，需重点推进基础设施互联互通，推进企业、产业合作及服务贸易合作，在"一带一路"沿线国家建立多个自由贸易区并形成自由贸易区网络联系，形成互动互济的开放格局。优化区域开放格局。赋予自由贸易试验区更大改革自主权，探索建设自由贸易港。创新对外投资方式，促进国际产能合作，形成面向全球的贸易、投融资、生产、服务网络，加快培育国际经济合作和竞争新优势。要通过主动扩大进口优化贸易结构，提高对外贸易的质量和效益，支持经济的持续平稳增长。要提高利用外资水平，重点吸引技术、知识密集型产业投资，鼓励外商投资科技研发、服务外包等领域和中西部地区。要重视开放条件下的经济安全问题，防范国际资本非正常流动对我国经济的冲击。

其次，通过主动扩大进口优化贸易结构。从近期中美贸易摩擦问题复杂性、艰巨性和长期性及其逐步解决中可以看出，从积极扩大出口转向主动扩大进口，促进经常项目收支平衡，是新时代中国建设现代化经济体系的必然要求。建设现代化经济体系，主动扩大进口，有如下抓手可用。一是通过中欧班列提升全球采购网络和能力建设。截至2018年1季度共发出7600班列，抵达了欧洲13个国家。如通过"一带一路"建设中的中欧班列，中国企业在"一带一路"沿线的支点城市和港口构建全球采购体系，把"一带一路"沿线的优质、特色和优势产品采购回来，将不断提升中国企业的全球采购网络和能力，主动扩大进口的措施最终将增进利益攸关各方的经济福利。二是通过创造性模仿和科技创新倒逼贸易转型。我国过去几十年的贸易发展，不仅在珠江三角洲、长江三角洲等地区形成了世界上最完备的产业链、价值链和供应链，而且通过创造性模仿，开始形成内生性的创新生态链。建设现代化经济体系要求全面创新,特别是科技创新取得实质性进展。这对从"三来一补",通过大力发展保税进口、保税展示、保税加工、保税物流,逐步实现从加工贸易出口转向一般贸易进口、服务贸易进口、跨境电商贸易进口,提出了现实紧迫要求。

再次,发挥香港作为重要的境外投融资平台作用。一是香港可以参与整体框架的设计评估,积极联络全球金融资源。发挥香港在法律制度、市场规则以及语言文化等方面与国际接轨的优势,建立一套具有国际标准的商业模式和合作框架,[①] 支持中国提高在"一带一路"沿线区域内金融监管的影响力。巩固提升香港金融管理局基建融资促进办公室(IFFO)的作用,[②] 加强其与亚洲基础设施投资银行、丝路基金等虚实、内外结合的作用,撬动全球金融资源参与"一带一路"建设。

二是构建以香港为基地的融资和金融服务体系。充分发挥香港金融市场的多元化优势,聚集全球金融市场资源为"一带一路"建设提供贷款、债券、股权等不同类型资金,满足不同客户的多元化资金需求,实现资金与项目的对接。利用香港投资者众多的优势,可考虑在香港面向全球发行"一带一路"建设债券,积极引导主权国家、标志性项目、境内外优质企业到香港市场融资。此外,香港可以建立"一带一路"建设专业化市场,对项目资金作证券化、信托化管理,对资金进行风险管理,为投资者提供多层次的进退方案,做好风险应对准备。

三是为"一带一路"建设输送国际性、专业性人才。"一带一路"倡议在基建项目推进过程中,将会面临景气变化、市场环境、地缘政治以及宗教冲突等因素影响,投资合作过程将面临各种不确定性。香港具有大量的国际性、专业性人才,在"一带一路"基础设施建设过程中可以发挥积极作用,包括进行基建投资项目评估、尽职调查、商业谈判、工程咨询、法律服务、财务顾问等,提升成功机会,减少失

[①] 宋立义、李世刚:《构建"一带一路"中长期投融资机制研究》,《开发性金融研究》2018年第12期。

[②] 同上。

误和损失。未来香港可继续培养和引入更多的国际性、专业性人才，以便更好地服务"一带一路"建设，同时分享发展带来的共同利益。①

四是助力人民币国际化进程。首先，巩固香港在境外人民币融资市场的优势地位，利用好香港最大人民币离岸市场优势，在为沿线国家贸易往来、基础设施建设、产业转移提供金融服务时，鼓励采用人民币计价、结算、支付和清算，扩大人民币区域贸易结算范围。利用香港综合优势，扩大香港离岸人民币市场资金循环和跨境流通规模，提升人民币在"一带一路"贸易融资、项目投资以及跨境贷款中的使用比例，实现人民币国际化与"一带一路"建设的有机结合与互动共进。其次，扩大香港在离岸人民币市场的领先优势。香港具有广泛的清算网络和高效的流动性管理能力，为境外地区提供人民币头寸和资金调剂，在此基础上进一步推动香港以人民币计价的 RQFII、股票、债券等产品发展，鼓励内地企业在香港进行人民币 IPO，并考虑以大宗商品为基础，推出更多以人民币计价的大宗商品期货产品，强化离岸人民币市场的风险对冲和投融资功能。②

十　创建高标准的营商、法治和社会环境

一是促进政府职能转变，处理好政府与市场的关系。强化企业市场主体地位，创新行政管理方式。政府明确标准规范并保持政策的灵活性、连续性和稳定性，探索以政策引导、企业承诺、监管约束为核心的承诺制管理模式，为企业创造最少审批、最优流程、最高效率、最好服务的营商环境，提升政府政策的弹性纠错调整能力。

二是突出对标对表，以法治化、国际化、便利化为工作导向。坚持依法行政，依法加强市场监管，维护公平交易和自由竞争秩序，提高政府法治化水平；坚持国际标准，在科技、人才、贸易、园区建设

---

① 巴曙松、王志峰：《"一带一路"：香港的重要战略机遇》，《人民论坛·学术前沿》2015 年第 9 期。

② 同上。

等多个领域与国际标准对接，进一步提升做事规则的国际化水平；以企业便利为出发点，为企业投资、贸易、生活等方面提供便利服务，不断提高政府服务效率。

三是深化"放管服"改革、推进服务业扩大开放、加快"智慧政务"建设。推广浙江"最多跑一次"经验。坚持简政放权、放管结合、优化服务，在简化审批、下放权限的同时，强化事中事后监管，提高综合服务能力；深入推进"互联网+政务服务"，创新服务方式，推进数据共享，最大程度利企利民，让企业和群众少跑腿、好办事、不添堵。

四是推进产权保护法治化，营造公平竞争、健康发展环境的法治保障。公有制经济财产权不可侵犯，非公有制经济财产权同样不可侵犯。要健全归属清晰、权责明确、保护严格、流转顺畅的现代产权制度，依法严格保护各种产权主体的资产不受侵犯。要完善知识产权制度，加大对侵犯知识产权不正当竞争行为的惩戒力度。要健全产权保护的法律法规，提高执法公正性，推进产权保护法治化。要正确认识和处理产权保护法治化和企业家精神的关系，依法保护企业家财产权和创新收益，激发企业家精神。

五是创造良好的社会环境。应当用好社会和谐之手，创造社会治理优势。学习佛山经验，推广"政经分离""政社分离"模式，推进基层管理体制改革，建立基层管理协同共治机制和经济发展利益共享机制，完善基层民主制度。

第六章 现代化经济体系的重大支撑

建设现代化经济体系涉及社会经济活动的各个环节、各个层面、各个领域，涉及它们相互间的关系和内在联系。按照新时代中国特色社会主义伟大征程的战略部署，建设现代化经济体系是一篇大文章，需要一体建设，一体推进，需要构建相应的重大支撑。

一　产业支撑

产业为本。产业体系是生产力的载体，也是现代化经济体系的物质基础。现代化经济体系必须要有现代产业作支撑。

（一）大力发展制造业，推进制造业转型升级

1. 推进传统产业、重大装备制造业和战略性新兴产业之间协调发展

应紧紧抓住"制造强国"战略目标，重点提升制造业基础能力和创新能力，推进现代信息技术、互联网技术与制造技术深度融合，推动传统制造业改造升级，加快发展新型装备制造业以及战略性新兴产业发展。

首先，加快推动制造业的数字化、网络化、智能化、服务化转型。制造业转型升级的过程实质上是一个制造生产改进、进而提供高质量、高技术含量、高附加值制造业产品的过程。可以预见，现代信息技术与制造业融合是将价值链微笑曲线拉平的关键所在，两者融合的程度将直接影响甚至决定制造业发展的质量和效益。因此，需要在

新一轮科技与产业变革背景下,充分把握数字化发展趋势和智能化发展趋势,从战略高度统筹调动各种新技术,推动我国制造业向数字化、网络化、智能化、服务化的方向转型。为推动制造业上述转型,一方面需要发挥政府作用,从价值链全过程的角度,支持制造环节水平提升。另一方面,需要发挥企业作为市场主体的作用。从美国、德国等发达国家的经验看,通过激发企业积极性,使创新成果产业化问题得到有效解决。企业作为市场主体,大大推进了供需对接和技术分享,弥合了研发与生产之间的鸿沟。因此,随着社会主义市场经济不断发展,借鉴发达国家这一经验,强化企业作用,使之加大对生产设备的信息化改造,设立智能车间和智能工厂。随着我国人口老龄化加剧,劳动人口下滑,从政策上,需要鼓励企业引入智能生产方式,鼓励企业与科研院所等深度合作,减少信息不对称,推进数字化、智能化改造。目前,我国广东佛山等地已经出现这一趋势。随着这种探索不断深入,需要摸索制定出一批适合我国产业发展特点的智能制造落地方案,制定制造业与信息产业统一的标准体系,建立跨领域新产品认证制度,推进融合产品市场化。①

其次,加快发展新型装备制造业。实施高端装备创新发展工程,提升自主设计水平和系统集成能力。②加强关键共性技术攻关突破,加快高端重大装备的研制,提升装备基础发展水平,提升供给保障能力;推动装备制造全流程智能化,加快应用自主智能装备推进企业装备升级,积极推动"装备制造业+互联网"创新,强化智能制造标准、工业电子设备、核心支撑软件等基础;培优扶强品牌企业,提升市场竞争力;优化区域产业发展布局,打造特色产业集群,健全产业基地服务功能,提升特色发展水平。

再次,促进战略性新兴产业发展。支持新一代信息技术、新能源汽车、生物技术、绿色低碳、高端装备与材料、数字创意等领域的产

---

① 刘明达、顾强:《从供给侧改革看先进制造业的创新发展——世界各主要经济体的比较及其对我国的启示》,《经济社会体制比较》2016年第1期。
② 《中华人民共和国国民经济和社会发展"十三五"规划纲要》,中国人大网 www.npc.gov.cn。

业发展壮大;① 加强前瞻性布局,在空天海洋、信息网络、生命科学、核技术等领域,培育一批战略性产业;构建新兴产业发展新格局支持产业创新中心、新技术推广应用中心建设,支持创新资源密集度高的城市发展成为新兴产业创新发展策源地;完善新兴产业发展环境,发挥产业政策导向和促进竞争功能,构建有利于新技术、新产品、新业态、新模式发展的准入条件、监管规则和标准体系。②

又次,借力信息技术,推动传统产业改造升级。信息技术与制造业融合发展促进了前沿技术与共性技术的应用,推动了生产方式的变革。将机械、船舶、航空、电子、轻工等制造业产业与人工智能、大数据、云计算、现代物流和信息技术深度融合,形成工业互联网、智能制造、现代化供应链、个性定制等产业新形式、新业态,为制造业信息化、智能化发展和制造业结构调整和转型升级提供了强大动力。应借力大数据,传统制造业实现智能化转型。其一,实现生产智能化。通过信息物理系统(CPS)实现工厂/车间的设备传感和控制层的数据与企业信息系统融合,使得生产大数据传到云计算数据中心进行存储、分析,形成决策并反过来指导生产,从而实现智能生产。③其二,实现销售智能化。运用信息技术,通过数据采集、数据管理、订单管理、智能化制造、定制平台等,实现大规模定制。如果定制数据达到一定的数量级,就可以实现大数据应用,通过对大数据的挖掘,实现流行预测、精准匹配、时尚管理、社交应用、营销推送等。同时,利用这些大数据进行分析,带动仓储、配送、销售效率的大幅提升和生产运营成本的大幅下降。

2. 推进绿色制造

建设绿色发展体系是现代化经济体系的核心要求之一。作为绿色发展体系的重要产业支撑,绿色制造是在"低能耗""低污染"和"可循环"等绿色发展观念指导下,我国制造业所呈现出的高效、清

---

① 《中华人民共和国国民经济和社会发展"十三五"规划纲要》,中国人大网 www.npc.gov.cn。

② 同上。

③ 王喜文:《大数据驱动制造业迈向智能化》,《物联网技术》2014年第12期。

洁、低碳、循环的新型生产体系。例如在引入节能环保技术后实现低污染、低能耗生产和绿色增长的化工、建材、钢铁等传统高污染行业。再如能源利用率高、资源再生能力强、原材料共享技术发达、再生产体系成熟的循环制造业，以及由绿色产品、绿色工厂、绿色园区、绿色供应链、绿色监管等要素共同构成的绿色制造体系。推进绿色制造是满足人民对美好生活和优质环境需要的重要抓手。

（二）大力推进农业现代化

1. 以技术提升、装备升级推进农业现代化

在农业生产过程中应用先进技术和现代化装备，可以有效加大农业创新力度、提升农业生产效率、改善农产品质量、增强农业现代化水平。应用绿色增产增效技术、高效育种技术、全程机械化生产、"互联网+""物联网+"、智能作业等先进技术和现代化装备支持乡村产业振兴。做强农产品加工业，大力发展休闲农业与乡村休闲旅游，促进农村一二三产融合，提升产业融合发展带动能力。大力支持发展农产品产地初加工。推进初加工全链条水平提升，加快农产品冷链物流发展，实现生产、加工、流通、消费有效衔接。全面提升农产品精深加工整体水平。加强与健康、养生、养老、旅游等产业融合对接，开发功能性及特殊人群膳食相关产品。充分发挥乡村的生态与文化功能，依靠观光农业、体验农业、创意农业等新业态发展，推进农业与服务业融合发展。由此，使农业生产形成诸多新业态、新模式，这不仅是农业现代化体系的重要组成部分，也为现代化经济体系提供有力支撑。

2. 以农产品结构优化和区域结构优化支持农业现代化

产品结构优化的目标产业，如玉米、大豆、马铃薯等种植业，草食性畜养殖、高效环保农饲等畜牧业，绿色循环高效渔业和多样化新品种农林业等；以及区域结构优化的目标产业，如北方粳稻和南方双季稻、南方水网地区生猪养殖业等有效结合区域自然环境和农产品生产特点进行生产规划的产业，在改善农业生产结构的同时，也为农业现代化发展提供可持续动力。

3. 以开放推动农业现代化

在农机、农药、种子、化肥等投入品产业和加工、仓储、物流等产业链环节，通过外资、外贸、跨国生产、跨国合作等形式，开展技术、产品等方面交流与合作，有效提升农业核心技术水平，发挥农业传统优势，增强农业生产能力，提升农业国际竞争力，构建现代化的开放农业体系。

（三）以协同理念推动产业融合发展

实践证明，协同发展是提升产业整体能力的关键。比如，以个性化定制、制造业服务链条、制造业服务平台和生产性服务业为代表的服务型制造产业加快了传统制造业的转型升级，促使我国制造业向国际价值链高端迈进。又如，农业与精细加工、深加工、运输通道、电子商务、互联网+物流体系、绿色生态循环机制、乡村文化旅游等产业在功能、技术、业态等方面深度融合，在加快推进农业现代化的同时，也促进了现代化经济体系的协调发展。再如，适应和运用区域产业特征和区域水土资源条件的现代化农业（以京津冀农业协同发展、南菜北运等为代表），能够充分利用区域农业生产优势、有效组织农业区域间合作，保证了现代化经济体系区域结构的合理性。

因此，需要进一步改善产业结构，促进制造业、现代服务业和现代农业协同发展，提升产业整体生产效率、产品生产质量、产业生产动力。

（四）形成一批具有国际竞争力的跨国公司

具有核心竞争力的跨国公司是现代化经济体系的关键主体。具有核心竞争力的跨国公司具有稳定国内市场需求和海外市场发展能力，盈利能力良好、创新能力雄厚、产品质量高、品牌效应强，具备人力资本优势和自主知识产权，能够提升企业和行业整体价值与形象，能够建立全球产业链体系并融入全球价值链体系，能够有效推动原始创新、协同创新和集成创新，从而支撑经济体系的全面开放。

从我国企业的实际情况看，要成为国际一流跨国公司，亟需做好三方面的工作。首先，必须构建形成良好的国内产业基础。国内企业要想在激烈的国际竞争中站稳脚跟，并引领国内产业发展，创造产业的国际竞争力，必须要抓住新一轮科技与产业变革历史机遇，积极利用国内外市场、产业（企业）、规则、管理等方面的协同效应，打造企业发展的综合实力，深深嵌入国际产业链。其次，要着重提升创新能力。当今时代，能否实施创新驱动发展，是一个企业乃至一个产业能否在全球化竞争中胜出的关键所在。中美贸易摩擦具有不可忽视的长期性和复杂性，在此背景下，科技创新将成为绕不开的竞争焦点。国内大企业要引领国内产业发展，要深度参与国际竞争，必须有持续的研发投入能力，有持续的开展国内外合作创新的能力，进而推动研发创新产出能力和水平不断提升。再次，要着重提升风险防控能力。随着逆全球化势头抬升，打造国际一流跨国公司，更需要加强国内大企业"走出去"的战略性谋划，本着廉洁、绿色、可持续发展精神原则，加强与当地的和谐关系建设，树立企业良好形象。

不可否认，人才是支撑企业迈向国际一流跨国公司的根本所在。为此，我国公司必须转变观念，拓宽国际视野，注重建立符合全球标准的人才选用和培育机制，择天下英才而用之。改革科研管理体制机制，形成科学合理的人才评价和激励机制，使真正的人才能够发挥能动性和创造性。

二　科技支撑

十九大报告明确指出，创新是引领发展的第一动力，是建设现代化经济体系的战略支撑。这一新论断赋予创新驱动发展战略新的历史定位。从各类科技创新的特点看，基础研究需以科学家深厚的学术积累和知识创新能力为基础；应用基础研究则以聚焦问题，锁定目标，在短时期内实现工业技术突破为重点；关键共性技术开发则侧重以科学原理的拓展应用和产学研协同创新。以国家实验室为代表的科研院所是实施这些研究的主体。新时代，建设现代化经济体系要瞄准世界科技前沿,强化基础研究,实现前瞻性基础研究、引领性原创成果重大突破,需要强有力的科学技术支撑作为现实驱动。

(一) 强化基础研究

基础研究是整个科学体系的源头,也是建设科技强国的根基。从功能上看,在创新过程中,基础研究主要为技术研究提供先导性科学原理,同时也为知识创新提供路径、思路和方法等方面的指导。因此,基础研究可有效减少技术探索中的盲目性,提升技术研究的效率。基础研究探索性强,有的基础研究不具有直接的现实有用性,与现实经济生活距离较远,但因其对技术和经济的长远影响却往往是决定性的。因此,一些基础研究有时需要远离经济利益且与现实生活保持一定的距离。[①] 这就需要我们在推动科学发展时,尊重和倡导科学家的自由探索,鼓励科技工作者基于好奇心驱使的研究。营造鼓励创新、宽容失败、良性竞争、信任激励的生态环境。要改革科技评价制度,建立健全以创新能力、质量、贡献为导向的分类评价体系,对前沿基础研究应坚持国际化和同行评价,从根本上解决一刀切、人情化、数论文、数奖项等突出问题,改变"短平快"和"跟班式"等不良现象。[②]

(二) 坚持问题导向强化应用基础研究

与基础研究不同,应用基础研究大多是与人类所需要解决的问题特别是重大问题紧密联系。从经济管理的角度看,社会最终消费需求往往就代表人类所需要解决的重大问题。因此,以社会最终消费需求作为目标动力,发展应用基础研究,是符合经济规律的。按这一原理部署工作,当前应加紧发展以提供干净的空气、干净的水、优质的食物、康养产品等老百姓亟需的健康、安全、方便的生活用品为导向的

[①] 王岳森:《以科技创新为建设现代化经济体系提供战略支撑》,《河北日报》2017年12月1日。

[②] 汪克强:《强化科技创新对建设现代化经济体系的战略支撑》,《中国科学院院刊》2018年7月。

应用基础研究，破解人民追求美好生活过程中的重大科学技术难题。

为此，要瞄准科技前沿，强化对应用基础研究的前瞻布局和稳定支持，构建以中央财政为主、企业和民间资本多元参与的投入机制。一是发挥政府的制度化优势，采用集中力量办大事的方式，集中突破一批"卡脖子"短板项目。二是强化政府和市场相结合的优势，加大力度持续推进应用基础研究，形成长效政策机制。三是坚持发挥市场化机制的优势，以培养一大批专精特的"世界隐形冠军"企业和龙头企业为抓手。在这个过程中，需要打造良好的产业创新发展环境。推进科技供给侧结构性改革，科技创新模式从需求驱动转向需求和供给交互驱动，提升原始创新能力，在部分领域实现前瞻性、原创性、引领性重大科技突破，逐步从科学技术的"跟随者""追赶者""并跑者"向"创新者""领跑者"转变。[1]

（三）致力于关键共性技术、前沿引领技术、现代工程技术、颠覆性技术创新

在科学技术高度发达的今天，对经济体系真正起支撑作用的往往不是某一单项技术，而是一个庞大的技术系统。因此，在打造科技支撑过程中，除了要完成夯实基础、强化主干的任务外，还应通过深化关键共性技术、前沿引领技术、现代工程技术、颠覆性技术研发创新，来实施和完善科技系统创新。为此，要从技术体系不平衡特性中寻找改进和创新的突破口，这往往能有新的发明和创造。在整个技术体系中可能有某些方面先进，某些方面落后。如果将落后的技术加以改进，整个行业和经济体系可能会发生质的飞跃和变化。[2] 而这些突破性的技术就是关键共性技术、前沿引领技术、现代工程技术、颠覆性技术开发的方向。突破制约国家和民族工业发展的关键共性技术等4类技术，是一个系统工程，必须以系统思维实行全方位且广泛深入

---

[1] 国务院发展研究中心课题组：《未来15年国际经济格局变化和中国战略选择》，《管理世界》2018年第12期。

[2] 王岳森：《以科技创新为建设现代化经济体系提供战略支撑》，《河北日报》2017年12月1日。

的产学研协同创新。在这个协同创新过程中,生产企业拥有靠近市场、了解市场行情的巨大优势,知道哪类技术对产品满足市场需求最为关键。科研院所和高等院校是技术开发主体,需要适应知识经济时代需要,争创一流,在重大、关键、核心技术的研发上给企业提供技术支持。政府作为公共产品提供者和宏观调控主体,在推进产学研协同创新方面,特别是在4类技术的科技政策改进方面的和优化科学技术发展布局方面,具有不可或缺的重要作用。因此,要改革完善产学研协同创新体制机制,有效发挥生产企业、科研院所、政府三者作用,调动创新要素充分流动,激发创新要素活力,增强创新要素配置效率和质量。

4类技术中,颠覆性技术创新具有开辟新的技术方向和市场价值体系、形成"非对称"能力和实现竞争格局突变等优势,在突破美国等发达国家对我国科技封锁中具有不可估量的作用。应高度重视,加大颠覆性技术创新的培育和发展力度。这需要区分一般技术与颠覆性技术,把握规律、精准支持,并从学科建设、人才队伍建设、创新生态构建、创新文化培育等方面综合施策、厚植土壤。更要充分发挥我国市场巨大的优势,支持创新创业,为颠覆性技术创新提供坚实支撑和保障,推动应用基础领域实现跨越式发展。

(四)提高创新主体的先发突破能力,培育世界一流科研院所

从16世纪初至今约500年的时间里,世界科技中心先后在意大利、英国、德国、法国和美国之间转移,大约100年转移一次。世界科技中心的每次转移,都大大推动了大国的崛起和世界格局的深刻变革。美国成为世界科技中心是在20世纪40年代左右,至今已有80年。当前,新一轮科技革命和产业变革正风起云涌,世界科技中心也快到了转移的时候。纵观世界科技发展历史,每次科技中心的转移和科技强国的出现,都离不开一流科研机构的支撑。因此,需以国家实验室为引领,全力打造国家战略科技力量,加快世界一流科研院所和大学建设,加快重大科技基础设施集群建设。系统整合国家研究中心、国家重点实验室、国家技术创新中心等创新平台,培养造就战略科技人才、科技领军人才、青年科技人才和高水平创新团队。要以突破型、引领型重大任务攻关为主线，统筹全国优势资源，探索建立适应国家重大目标和战略任务需求的运行管理机制。

三 人才支撑

人才是生产力中最活跃的因素，是实施创新驱动的根本动力。建设现代化经济体系，实现实体经济、科技创新、现代金融、人力资源协同发展，就必须培养造就一大批具有国际一流水平的科技创新人才和创新团队。为此，要完善人力资源开发和人力资本培养体系，重点做好培养层次提升、知识结构更新、适应市场需求变化、优化服务管理等方面，构建人才链、创新链，源源不断满足各行业对创新型人才的各种新需求。

表6-1　　　　　　产业结构、技术技能水平和教育匹配

产业层次深度	技术能力水平	人才技能需求	教育体系
低水平，主要是面向国内市场的简单装配和加工活动	掌握简单装配技术，复制简单设计和修理机器的能力，但缺乏改进工艺的能力	读写能力、计算能力和简单的技术操作、业务管理	国民基础教育
中等水平，包括轻工业中以出口为导向的活动	有一定的工艺改进和产品改造能力，但缺乏原创型研发设计能力	基本的科学和工程技术素养，成形技术的应用能力	职业技能教育和教学型高等教育
带有一定纵深的产业结构，主要体现为技术密集型产业	能够消化吸收先进技术并实现再创新	高度专业化的技能，一定的复合学科背景	研究型大学为主体、研究应用相结合的高等教育体系
引领全球的产业体系，不断孕育催生新产业、新模式	建立独立自主的技术创新体系	以全球科技、产业领军人才为先导，高素质劳动大军为基础	以世界一流大学和一流学科为基本特征的教育强国

（一）提升培养层次

第一，培养高端创新人才。要瞄准国际先进水平，聚焦一流创新

型人才培养，特别是重点培养有创新意识、创新能力、创新胆识，能够从事并带领团队进行重大原创性、开拓性、攻关性创新的"关键少数"人才队伍。因循全球产业链调整新趋势，改革高校和科研院所人才培养模式，在坚持国家教育体系公益属性的前提下，构建有利于少数顶尖创新人才在青少年时期加快脱颖而出的体制机制，让人才链、创新链及产业链有机结合起来。根据实体经济创新发展需求，全面创新高端人才选拔培养方式，提拔和培养产业发展所需的高端人才。加大经济社会资源对高端人才培育的支持力度，树立崇高的工作追求目标，创建优越的工作生活条件，留住中国本土培养的大师名家，增强对海外人才吸引力，不断强化"人才吸引人才""名师出高徒"的人才队伍建设良性循环，营造专业社群，形成高层次人才群体自主集聚效应。

第二，提升全社会整体人才培养层次。在培育高端人才的同时，要坚持全社会整体提升人才培养层次。突出"四个自信"，将社会主义核心价值观贯穿于人才培养的全过程，全面提升社会道德水准，增强个人道德修养。大力弘扬工匠精神，培养一大批掌握关键技术和工艺，善于长期钻研、乐于永久奉献的劳动者大军。创造有利于发挥企业家精神的体制和机制，塑造一批富有冒险精神、懂得科学管理、拥有交易诚信的企业创建者和职业经理人。

（二）更新知识结构

第一，更新基础教育的知识结构。加快教育现代化，推动城乡义务教育一体化发展，普及高中阶段教育。紧跟新一轮科技与产业革命成果和变化趋势，调整义务教育阶段课程设置，构建中小学生合理的知识结构，自幼形成科技素养、创新思维和经济思维，增强全民运用信息技术，适应以数字化变革、生物技术为代表的新一轮科技与产业变革的能力。

第二，完善为产业发展服务的职业教育和培训体系。大力发展职业教育，社区教育、继续教育，大力发展公共职业技能培训，提升教育培训质量，在加强传统产业人才支撑的同时，着力增强职业技术人才适应人工智能发展新趋势，有效应对机器替代人，更好推进劳动者就业与数字化变革相结合，提升高水平就业和多样化就业的能力。由此，在劳动力数量减少的同时，推动产业发展转向以创新优势和质量优势支撑的高质量发展。

第三，加快一流大学和一流学科建设。以"双一流"建设，促进高等教育体系优化，重点培养高水平创新型人才、学科交叉复合型人才、国际化工作人才。明确教育培养方案，丰富第二学位、辅修课程及特色专业设置，推动大学生形成自主选学、自我驱动的研习意识。办好继续教育，加快建设学习型社会。[1]

第四，提升"三农"人才科技素养和现代化治理能力。提升"三农"人才把握和利用现代信息技术和数字技术能力，积极发挥在线教育和网络知识库作用，增加"三农"劳动年龄人口受教育时间，缩小地区间教育质量和效果的差距。重点培养造就一批兼具现代科技素养和现代化治理能力的"三农"工作队伍，为"三农"事业发展保驾护航。

（三）适应市场需求

第一，坚持以市场为导向培养人才。中美贸易摩擦背景下，把握全球产业链调整新趋势，适应全球制造业格局新变化，充分利用"一带一路"建设契机，强化我国世界制造业重心的地位，瞄准世界级先进制造业集群目标，培育一批适应全球化发展新趋势的研发设计和运营管理人才。着力发挥人才市场作用，更好利用猎头公司等机制模式，推进人才供需的精准匹配，尤其是要建立市场一线的需求信号与高校、科研院所等人才培养培训单位相互间的正反馈机制。

第二，培养制造业高质量发展的急需人才。中国正在实施制造业高质量发展，从重点产业领域的人才需求看，缺口很大，需要加大培养力度。为此，需根据产业结构的升级趋势，增大新兴产业特别是先

---

[1] 张曼茵、李扬帆：《现代化经济体系下产业结构升级与人力资源培养协同思路》，《宏观经济研究》2018年第1期。

进制造业相应学科的人才培养。同时加大存量调整力度，撤销一批落后于市场需求的学科和专业。改革高等院校和国家科研机构的创新型人才培养模式，引导推动人才培养链与创新链、产业链有机衔接。

第三，鼓励培训新模式和新业态。借鉴京东大学和淘宝大学的经验，加强企业主导的人才培训体系建设。加强企业与职业院校的合作，鼓励采取模块化定制、课程外包等方式，形成"企业有需求、高校有方案"的快速反应型教育培训产业，促使更多高层次应用型人才在岗学习。推动课堂上实施创新创业教育，吸纳企业人员讲授生动的业务实践案例。提升高校学生职业发展机构的服务水平，训练大学生自主规划设计职业生涯发展道路的能力。

第四，科研机构选择服务实体经济的研究方向。鼓励科研人员以知识产权参与市场化改革，通过提供市场所需的咨询服务、技术专利等方式，更多接触和了解市场真实需求，成为懂市场、接地气的基础研究人才。更好发挥智库机构作用，围绕实体经济的转型升级开展研究，培育一批知识面宽广、前瞻判断能力强、善于应对新事物新挑战的"参谋家"，输送到实体经济所需要的岗位上。

四 金融支撑

金融体系是现代化经济体系的重要组成部分，对于优化资金和资源配置、促进经济提质增效具有重要作用。建立支撑现代化经济体系建设的金融体系，需要完善和健全金融机构体系，加强金融与科技的融合，促进资本市场公开透明和健康发展，提高直接融资比重，健全货币政策机制，深化金融监管体制改革，健全现代金融体系，提高金融服务实体经济效率和支持经济转型的能力。

（一）完善和健全金融机构体系

改革开放40多年来，我国金融业改革发展取得了显著成效，现代金融结构已基本形成，市场在金融资源配置中的作用日渐增强。但相对当前实体经济发展的实际需要来看，金融供给仍显不足。需要深化改革，优化金融结构。一是优化金融市场结构。增大直接融资比重，建立多层次资本市场，拓宽企业融资渠道。二是优化金融企业结构。借鉴国际大型金融机构经验，推进银行业改革，破除国有"一股独大"的股权结构，建立股权多元化混合所有产权结构，推动产品服务创新，降低服务门槛，提升金融机构特别是银行的服务能力和效率。

建立创新转型政策性金融。创新是引领发展的第一动力。实体经济特别是制造业转型升级必须依靠创新驱动来实现。并且这属于中长期的经济问题。因此，应借鉴我国开发性金融等政策性金融的经验，建立创新性政策性金融，专门专项支持实体经济转型升级。

健全商业性金融、开发性金融、政策性金融、合作性金融等分工合理、相互补充的金融机构体系。构建多层次、广覆盖、有差异的银行机构体系，吸引民间资本进入银行业。建立普惠性金融体系，以惠民为导向，支持小微企业、"三农"和扶贫事业，开发适应性强的金融产品支持"双创"。规范发展互联网金融。稳妥推进金融机构开展综合经营。推动民间融资阳光化，规范小额贷款、融资担保机构等发展。提高金融机构管理水平和服务质量。着力推动金融与科技相互融合，创造新的金融业务模式、新的金融业务流程和新的金融产品，实现金融功能的优化，建立起以服务实体经济为宗旨、以科技创新为支撑的现代金融体系。

（二）促进公开透明、健康发展的资本市场，提高直接融资比重

形成融资功能完备、基础制度扎实、市场监管有效、投资者合法权益得到有效保护的多层次资本市场体系。稳妥推进股票发行注册制，发展多层次股权融资市场，深化创业板、新三板改革，规范发展区域性股权市场，建立健全转板机制和退出机制。完善债券发行注册制和债券市场基础设施，加快债券市场互联互通。开发符合创新需求的金融服务，稳妥推进债券产品创新，推进高收益债券及股债相结合的融资方式，积极推广融资租赁服务。健全利率、汇率市场决定机

制，深化利率和汇率市场化改革，更好发挥国债收益率曲线的定价基准作用。推动同业拆借、回购、票据、外汇、黄金等市场发展。积极稳妥推进期货等衍生品市场创新。

（三）增强金融服务创新驱动的支撑能力

科技创新离不开金融创新的有力支撑，历史上的每一次产业革命的出现都离不开金融产品、服务与制度创新的支持。当前我国科技创新能力亟待提升，这是我国这个大国经济的"阿喀琉斯之踵"。金融需要加强配合创新型国家战略的实施，不断增强金融服务科技创新的能力。为此，应当构建金融支持科技创新的政策体系，大力培育和发展服务科技创新的多元化金融组织体系，针对处于种子期、初创期、成长期的科技创新企业不同特点创新金融产品和服务方式，有效增加科技创新的金融供给，有效促进资金链、创新链及产业链有效融合，加快形成有利于创新发展的投融资体制，更好地促进创新型国家建设。此外，创新驱动要求走资源节约型、环境友好型的发展模式，绿色发展是应有之义，因此需要构建环境友好型与资源节约型的金融服务体系。发展绿色经济，推动产业结构与生产方式的绿色化，构建和改善绿色金融服务体系，助力加强生态环境保护和生态文明建设。

（四）金融服务区域协调发展战略，引导金融资源跨地区优化配置

金融发展要配合区域协调发展战略的实施，引导金融资源在区域产业分工与合作、对接城镇化发展及支持企业跨地区经营发展等方面加大支持力度。首先，加大金融业支持区域产业分工与合作的力度。做到金融资源调整优化与区域产业集群、产业转移相适应，发挥好资金配置的导向功能，推动形成更符合比较优势的区域产业布局。其次，强化金融对接城镇化发展。加快城镇化进程，提高人口、产业的空间集聚水平，是推动区域协调发展的有效举措。金融需要创新城镇化建设的投融资方式，加大对城乡产业融合发展、城市基础设施建设、城镇人口转移等领域的支持力度。最后，金融业应加强支持企业跨地区发展。在区域协调发展的进程中，优势企业将会通过并购重组、产权置换等方式开展跨区域经营。需要建立和完善区域金融要素交易市场，为企业开展股权等要素的跨地区交易搭建平台；建立统一的、跨区域的企业信用信息收集与评价体系，为企业向异地金融机构获得融资提供信息支撑；拓展并购贷款等金融业务，支持企业跨地区开展并购重组。

（五）支持乡村振兴战略实施，大力发展普惠金融

实施乡村振兴战略的目标是实现农业农村现代化，这就要求大力发展普惠金融，提升金融服务覆盖率和可得性，让农民、小微企业、低收入人群、残疾人和老年人及时获取价格合理、便捷安全的金融服务，加大对农业农村现代化的支持力度。首先，金融需要支持农业现代化。积极开发符合农业专业化、集约化生产经营需求特点的金融产品，推进基于土地流转权、宅基地使用权、林权等农村产权的融资创新，支持现代农业产业园区、科技园区、创业园区建设，促进农村优势产业集聚和规模化经营。其次，金融需要支持生态宜居乡村建设。不断扩大金融服务农户的覆盖面，加大对危旧房改造、农村人居环境整治、信息基础设施建设等项目的金融支持，着力补齐农村生活条件、居住环境等方面的短板。[①] 最后，金融应支持提高粮食综合生产能力。保障国家粮食安全，需要构建粮食安全金融服务体系，加大对农田水利兴修、粮食基地建设、农业科技推广的信贷支持力度，完善针对巨灾、大灾的风险分散和保险机制，使金融成为提高粮食综合生产能力的有力支撑。

（六）构建金融服务新体制，提升全球服务能力

实行高水平的贸易和投资自由化便利化政策，大力促进跨境贸易和投资活动：一方面要求加快人民币金融基础设施建设，发挥人民币

[①] 饶雨平、王建明：《建立以服务实体经济为导向的现代金融体系》，《中共太原市委党校学报》2018年第10期。

业务优势，推动人民币全球循环使用，建立人民币流出去与流回来的良性循环机制，帮助企业降低汇兑成本、规避汇率风险；另一方面要求加快推动资本市场双向有序开放，提高跨境资本和金融交易可兑换程度，便利境内外主体跨境投融资、降低跨境融资成本。扩大服务业对外开放，营造有利于外资进入金融领域的营商环境。加快实行"准入前国民待遇加负面清单"的管理制度，大幅度放宽市场准入，提高服务业对外开放水平。创新对外投资方式，需要完善企业"走出去"的金融支持体系。加快构建和完善境外投资的金融支持体系，推进中资金融机构国际化布局，开展"外保内贷""双向资金池"等跨境融资方式创新，推动金融业和实体产业协同"走出去"，增强服务全球产业链的能力，健全"一带一路"金融服务体系。

五　体制机制支撑

改革开放40多年来，经济体制改革在推动经济体系发展过程中一直发挥着"逢山开路、遇水搭桥"的开辟性作用。我国经济发展取得的历史性成就、发生的历史性变革，很大程度上就是我们始终坚持经济体制改革的结果。特别是党的十八大以来，作为全面深化改革的重点，经济体制改革走向深入，在财税体制、金融体制、外贸体制、国企国资等领域，出台实施了一系列重大改革措施，并获得突破性进展，推动国民经济持续稳中有进、稳中向好发展。2017年我国国内生产总值突破80万亿元大关，经济增速达6.9%，实现2011年以来的首次增长提速，尤其是其背后体现出的经济运行质量、效益和结构都较以前有了明显提升和改善。可以说，这些成绩，正是我们锐意进行经济体制改革的结果。

经济体制改革实质上就是经济体制机制创新。我国经济发展充满强大的韧性，其原因除了经济本身蕴含的巨大发展潜力，更重要的是我们总能通过体制机制创新，在经济发展的关键时刻做出恰当的适应性改变，从而不断释放经济发展的潜力。正是如此，当我国经济发展进入了新时代并已由高速增长转向高质量发展阶段时，继续发挥体制机制创新的先导作用，为建设现代化经济体系提供支撑自然是题中应有之义。

打造推动建设现代化经济体系的产业体系、创新体系、市场体系、收入分配体系、城乡区域发展体系、绿色发展体系和全面开放体系、构建高水平营商环境等等，无一不需要依靠经济体制改革的作用。也就是说，紧紧围绕建设现代化经济体系这一主题，以体制机制创新来不断完善经济体制，既促进每个体系自身的良性发展，又将各个体系有机串联起来，与经济体制一起，作为一个统一整体，一体建设、一体推进。

在建设现代化经济体系中，体制机制创新的目标是建设充分发挥市场作用、更好发挥政府作用的经济体制。要实现这一目标，具体来看，就是要通过体制机制创新，从实现市场机制有效、微观主体有活力、宏观调控有度三个方面去落实。

市场机制有效，就是要始终坚持使市场在资源配置中起决定性作用。尊重市场规律，各项经济改革举措都应以充分发挥市场机制的作用为根本目标，并以市场机制的作用是否得到有效发挥作为衡量改革成果的依据。因此，需要通过继续深化简政放权、放管结合、优化服务改革，进一步增强经营管理自主权，正确处理政府与市场的关系，在放手让市场机制有效发挥作用。管好政府这只"有形的手"的同时，也要更好地发挥政府作用。

微观主体有活力，就是要充分发挥和调动各类微观主体积极性。在我国经济体系中，不同所有制的企业是互为补充的，是在竞争中合作的，因此，要加大所有制改革力度，构建公平、公正、法治的营商环境，一视同仁地依法全面保护各类产权，激发国有企业、民营企业各具创新活力、协同发展的良好局面。此外，推进基本公共服务均等化，不断提高保障和改善民生水平，进一步增强人民群众的获得感、幸福感，对于提高微观主体活力也具有积极意义。

宏观调控有度，就是要坚持稳中求进工作总基调，创新和完善宏观调控方式方法。从发达国家的经验看，各主要发达国家的宏观经济调控大都是国家治理体系的重要组成部分，是政府与市场、社会各主体共同处理宏观经济事务的过程，其功能是防范宏观经济风险，推进经济整体健康持续发展，维护社会公平正义。从我国的实际情况看，我国的宏观经济调控除了具有国际上各主要发达国家通行的一般意义外，更有自身独特的新时代特质。我国新时代背景下的宏观经济调控是适应新时代中国特色社会主义要求，适应百年未有之大变局需要，适应充分发挥市场决定性作用和更好发挥政府作用需要，适应高速增长转向高质量发展过渡阶段需要的现代化调控。

综合国内外两方面的情况，为更好与国际治理相互衔接协调，同时更好适应国内情况变化，在世界经济一体化的大趋势下，创新和完善宏观调控方式首先是要构建开放的体系。随着全球经济规则变化，如世贸组织改革；宏观经济协调变化，如美日欧调整变化的货币政策，采取减税措施；以及国际公共产品供给变化（如美国退出巴黎气候协定等），中国宏观调控都将受到深刻影响。要构建有效的开放调控体系，必须坚持中国特色社会主义方向，根据中国所处发展阶段实情，着力推进实施规制化法治化治理，做到法定责任必须为，同时要建立统筹协调机制。

第七章 政策建议

按照党的十九大部署，建设现代化经济体系是实现高质量发展的关键所在，是完成发展方式转变、经济结构优化、新旧动能转换的迫切要求，是建成社会主义现代化国家新征程的战略目标。建设现代化经济体系是一个复杂的系统性工程，为有效推进现代化经济体系的建设，提出如下政策建议。

一 坚持供给侧结构性改革主线，加快新旧动能接续转换

牢牢把握住以信息技术为代表的新技术革命和绿色发展带来的机遇，加强数字技术基础设施建设，加快推动云、网、端等数字基础设施建设，提高数字基础设施普及水平，加快推进工业互联网平台建设和推广，以此壮大实体经济，改造提升传统产业，发展战略性新兴产业，融入全球范围内正在兴起的新一轮科技革命和产业变革。

继续破除无效供给。用市场化法治化手段，严格执行环保、质量、安全等法规标准，化解过剩产能、淘汰落后产能。把去产能与深化国有企业改革等结合起来，加大"僵尸企业"破产清算和重整力度，妥善处理企业债务，并做好人员安置。在房地产领域，根据一二线城市与三四线城市的不同情况，因城施策去库存，大力发展住房租赁市场，加快建立健全房地产基础性制度与长效机制。去杠杆应着力控制货币信贷总量，防止宏观杠杆率快速上升，积极推进市场化法治化债转股，加大股权融资力度。严格控制地方政府债务数量，稳妥处

置现有隐形债务。发展壮大新动能。全面提升人力资本质量，提高经济社会发展各个层面劳动者的素质；加强知识产权的保护和激励，培养和造就一大批具有国际水平的战略科技人才与高水平创新团队，促进各类人才的合理流动，更大程度调动企业家、科学家、技术人员等各类人才的积极性。做大做强新兴产业集群，实施大数据发展行动，加强新一代人工智能研发应用，在医疗、养老、教育、文化、体育等多领域推进"互联网+"。发展智能产业，拓展智能生活。运用新技术、新业态、新模式，大力改造提升传统产业。

二 建立健全创新激励体制机制

深化科技管理体制改革。推动政府职能从研发管理向创新服务转变。改革科研经费管理和中央财政科技计划管理制度，完善计划项目生成和实施机制。建立统一的科技管理平台，健全科技资源共享机制，提升企业家在国家创新决策体系中的参与度。实行科技项目分类管理制度，市场导向型项目应由企业牵头负责。扩大高校、科研院所等单位的自主权，建立中长期目标导向的考核评价机制，增加原创价值、研究质量以及实际贡献的考核权重。完善科技成果转化和收益分配机制。深入推进科技成果使用、处置和收益管理改革，强化对科技成果转化的激励。提升创新成果转化效率，全面下放科技成果的处置权、使用权和收益权，提高科研人员成果转化收益的分享比例，支持科研人员以多种形式参与科技成果转化。完善技术转移机制，促进科技成果转化产业化和资本化。营造激励创新的市场竞争环境。增加财政对科技的支持力度，重点支持基础前沿、社会公益和共性关键技术研究。

三 大力推进创新人才建设

第一，出台鼓励人才创新的激励政策。完善产权保护制度，强化知识产权创造、保护、运用，实行以增加知识价值为导向的分配政策，加强对创新人才的股权、期权、分红激励。激发和保护企业家精神，鼓励更多社会主体投身创新创业。努力使科技创新在实体经济发展中的贡献率不断提高。依法界定个人、集体、国家在创新活动中的贡献，合理分配科研成果的经济社会效益。出台中国版《拜杜法案》，催生专职从事科研成果转化的专业人才队伍，科研创新收益在科研团队、资助单位和成果转化团队间分配，激发创新活力，营造良好创新环境。

第二，实施积极开放的人才引进政策。适应全球高层次人才市场的激烈竞争态势，实施更积极、更开放的人才引进政策，为港澳台胞、海外侨胞提供公平、便利的就业定居条件，健全外国人永久居留制度和社会保障制度，放宽技术技能型人才取得永久居留权的条件。优化来华留学生结构，完善培养支持机制。

第三，在国家机关、国有企业建立职称评聘和职级任用的国际化接轨方案。推荐优秀人才到国际组织长期任职，加强与国际组织合作，积极参与国际教育质量标准研究制定。畅通海外高层次人才回国任职通道。坚持将人民对美好生活的向往作为人力资源服务体系建设的根本目标。

第四，建立多元化职业成就评价体系。树立积极的舆论导向，改变职业层次差异的传统观念，形成脑力与体力劳动者同享尊重的社会风气，营造"人人皆成才、行行出状元"的多元化职业成就评价体系。进一步完善专业技术职称评定和职业资格认证体系，逐步消除由任职单位、最高学历客观造成的"职称天花板"问题，让长期坚守基层岗位的劳动者有更多获得感。

第五，强化生活保障和加强人才交流。加强区域产业规划与城市规划的协调，控制特大城市的居住成本，完善面向人才的住房保障制度。增加对全民健身事业和社会医疗保障的财政投入，充分发挥中医药在治未病的作用，实施预防关口前移，提高人民身体素质和生活品质。开展东部沿海地区与中西部地区、东北等老工业基地人才交流和对口支援。

第六，出台积极老龄化的人才政策。面对人口老龄化加速的趋势，鼓励有条件的老年人发挥余热、灵活就业，实现老有所养、老有所用。构建老年人参与社会活动的支持系统，出台老年人创业和就业促进政策，制定老年人就业雇用制度，鼓励知名学者、经济学家、老艺术家等高端人才到智库等单位工作。建立保持老年人工作积极性的规制体系，建立完善老年人才机构。建立老年人才就业市场，创造适合老年人工作就业的环境。

四 建立健全城乡融合发展的体制机制和政策体系

全面深化农村产权制度改革。落实第二轮土地承包到期后再延长30年的政策。探索宅基地所有权、资格权、使用权分置改革。结合美丽乡村和特色小镇建设，统一改造整理农民的宅基地，让农民获得财产性收入，以此使农村和城市劳动力、土地、资本等生产要素在统一市场中自由流动，加快农业劳动力向第三产业和城市转移，提高城市化率。改进耕地占补平衡管理办法，建立新增耕地指标、城乡建设用地增减挂钩节余指标跨省域调剂机制，所得收益全部用于脱贫攻坚和支持乡村振兴。

深化粮食收储、集体产权、集体林权、国有林区林场、农垦、供销社等改革，使农业农村充满生机活力。改善供水、供电、信息等基础设施。稳步开展农村人居环境整治行动，推进"厕所革命"。促进农村移风易俗。健全自治、法治、德治相结合的乡村治理体系。

培育多元化乡村振兴主体。强化家庭农场、农民合作社、龙头企业在农业发展与乡村振兴中的基础作用。促进农民合作社规范发展，引导大中专毕业生、新型职业农民、务工经商返乡人员以及各类新型服务主体兴办家庭农场、农民合作社，发展农业生产、农产品加工、流通、销售，开展休闲农业和乡村旅游等经营活动。培育壮大农业产业化龙头企业，引导其在乡村振兴中发挥引领示范作用，重点发展农产品加工流通、电子商务和社会化服务。鼓励和支持工商资本投资现代农业，促进农商联盟等新型经营模式发展。促进小农户和现代农业发展有机衔接。统筹兼顾培育新型农业经营主体和扶持小农户，采取有针对性的措施，把小农生产引入现代农业发展轨道。培育各类专业化市场化服务组织，推进农业生产全程社会化服务，帮助小农户节本增效。发展多样化的联合与合作，提升小农户组织化程度。

着力推进农业转移人口市民化。农业转移人口市民化是新型城镇化的关键。加大对农业转移人口公共服务的覆盖与保障程度。在新型城镇化的形势下，推进户籍制度改革，推动非户籍人口在城市落户，对不能得到就业和居住所在地的户口的需实现基于居住证制度的基本公共服务全覆盖，农民工在教育、医疗、住房保障等配套政策方面全面跟进。推进农民工随迁子女在流入地的公办学校接受义务教育，完善农民工子女幼儿园入园、医疗保障、养老保险等制度。地方政府要将农业转移人口及其他常住人口随迁子女义务教育纳入公共财政保障范围，统一城乡义务教育经费保障机制，实现"两免一补"资金和生均公用经费基准定额资金随学生流动可携带。支持创新城乡基本医疗保险管理制度。加快落实医疗保险关系转移接续办法和异地就医结算办法，整合城乡居民基本医疗保险制度，加快实施统一的城乡医疗救助制度。支持完善统筹城乡的社会保障体系。加大对农业转移人口就业的支持力度。中央和省级财政部门在安排就业专项资金时，要充分考虑农业转移人口就业问题，将城镇常住人口和城镇新增就业人数作为分配因素，并赋予适当权重。县级财政部门要统筹上级转移支付和自有财力，支持进城落户农业转移人口中的失业人员进行失业登记，并享受职业指导、介绍、培训及技能鉴定等公共就业服务和扶持政策。建立农业转移人口市民化奖励机制。中央财政建立农业转移人口市民化奖励机制，奖励资金根据农业转移人口实际进城落户以及地方提供基本公共服务情况，并适当考虑农业转移人口流动、城市规模等因素进行测算分配，向吸纳跨省（区、市）流动农业转移人口较多地区和中西部中小城镇倾斜。

高质量兴农，树立"产能安全"的新粮食安全观。在三大主粮产量稳定在5亿吨后，粮食政策的重点即应从产量安全转向"产能安全"，在生产结构上做文章，同时致力于提高土地生产率，藏粮于地，藏粮于技，依靠良种、科技、机械化等提高粮食产能。具体而言，全面落实永久基本农田特殊保护制度，加快划定和建设粮食生产功能区、重要农产品生产保护区，完善支持政策。大规模推进农村土地整治和高标准农田建设，稳步提升耕地质量，强化监督考核和地方政府责任。加强农田水利建设，提高抗旱防洪除涝能力。实施质量兴农战略，制定和实施国家质量兴农战略规划，建立健全质量兴农评价体系、政策体系、工作体系和考核体系。深入推进农业绿色化、优质化、特色化、品牌化，调整优化农业生产力布局，推动农业由增产导向转向提质导向。

五 实施区域协调发展战略

分区施策，促进东中西部协调发展。首先，东部地区实施创新引领战略。东部地区是我国经济发展先行区，对全国经济发挥着重要的增长引擎和辐射带动作用。东部地区率先实现优化发展，必须在加快创新引领上实现突破，充分利用和拓展创新要素集聚的特殊优势，吸引全国乃至全球高端人才，打造具有国际影响力的创新高地。率先实现产业升级，引领新兴产业和现代服务业发展，打造全球先进制造业基地。率先建立全方位开放型经济体系，更高层次参与国际经济合作与竞争，增创扩大开放新优势。设立适度规模的技改专项资金，创新使用方式，提高使用效率，改善使用方向，支持轻工、纺织、机械等传统行业技术改造，加快东部地区产业升级，实现创新引领。其次，中部承接产业，聚集人才等要素。中部地区具有连接东西、贯通南北的区位条件。中部地区崛起，需要进一步发挥比较优势，加强交通体系和物流设施建设，利用东部地区"腾笼换鸟"的机会，承接产业转移，发展现代农业、先进制造业和战略性新兴产业，培育一批具有国际竞争力的产业集群。支持中部地区主动对接东部地区，探索建立产业对接合作机制，开展互派干部挂职交流和定向培训，学习先进地区培育发展新兴产业的先进经验和做法。最后,西部融入"一带一路"实现大发展。"一带一路"建设是西部地区加快发展的重大机遇。融入"一带一路",加快建设内外通道和区域性枢纽,完善基础设施网络,提高对外开放和外向型经济发展水平。加快培育发展符合西部地区比较优势的特色产业和新兴产业,增强产业竞争力。进一步加大对西部地区一般性转移支付和社保、教育、就业、保障性住房等领域财政支持力度,为西部实现大发展提供坚实保障。

推进京津冀协同发展、长江经济带发展。京津冀协同发展,核心是疏解北京非首都功能。加快北京城市副中心建设,优化空间格局和功能定位。推进交通、生态、产业三个领域率先突破,构建一体化现代交通网络,扩大环境容量和生态空间,优化产业布局,建设京津冀协同创新共同体。按照"世界眼光、国际标准、中国特色、高点定位",扎实推进雄安新区的规划与建设。长江经济带发展的政策导向应把修复长江生态环境摆在压倒性位置,共抓大保护、不搞大开发。实施好长江防护林体系建设等生态保护修复工程,建设沿江绿色生态走廊。以畅通黄金水道为依托,建设高质量综合立体交通走廊,推进产业转型升级和新型城镇化建设,优化沿江产业和城镇布局,实现长江上中下游互动合作和协同发展。

陆海统筹,加快建设海洋强国。加快发展海洋经济,优化海洋产业结构,发展远洋渔业,推动海水淡化规模化应用,扶持海洋生物医药、海洋装备制造等产业发展,加快发展海洋服务业。促进海洋产业成为支柱产业,拓展蓝色经济空间。加强海洋资源生态保护。深入实施以海洋生态系统为基础的综合管理。推进海洋主体功能区建设,优化近岸海域空间布局,科学控制开发强度。严格控制围填海规模,加强海岸带保护与修复。严格控制捕捞强度,实施休渔制度。加强海洋资源勘探与开发,深入开展极地大洋科学考察。统筹运用各种手段维护和拓展国家海洋权益,维护好我国管辖海域的海上航行自由和海洋通道安全。

加大对老少边穷地区的扶持力度。改善老少边穷地区的基础设施条件,增加基础设施投入,提高公共服务能力,培育发展优势产业和特色经济，加强生态环境建设，为老少边穷地区加快发展创造良好的条件。加大对老少边穷地区转移支付的倾斜力度。加大精准脱贫力度。深入推进产业、教育、健康、生态扶贫，补齐基础设施和公共服务短板，激发脱贫内生动力。强化对深度贫困地区支持。攻坚期内脱贫不脱政策，新产生的贫困人口和返贫人口要及时纳入帮扶。加强扶贫资金整合和绩效管理。

实施新型城镇化战略促进区域协调发展。以城市群为主体构建大中小城市和小城镇协调发展的城镇格局。强化大城市对中小城市的辐射和带动作用，逐步形成横向错位发展、纵向分工协作的发展格局。完善城市群协调机制，推动城市间产业分工、基础设施、生态保护、环境治理等协调联动。

六　适应新形势推进高水平对外开放

一是创造优良的营商环境，进一步提升对外开放层次和水平。进一步扩大服务业和高端制造业开放，完善外商投资环境。不断提高贸易投资便利化水平，主动降低关税。对标国际高标准经贸规则，进一步提升自由贸易试验区开放水平，充分发挥自贸试验区的压力测试和先行先试作用，并加快创新经验的复制推广，不断增强自贸试验区的辐射带动作用。

统一内外资法律法规，对在我国境内注册的企业都要无差别对待，保护外商企业的投资合法权益。提高自由贸易试验区的建设质量，赋予自由贸易试验区更大的自主权，探索建设中国特色自由贸易港。建立跨境电子商务等新型贸易方式的体制，全面推进国际贸易单一窗口、一站式作业、一体化通关和政府信息共享、口岸风险联防联控。健全服务贸易促进体系，发挥贸易投资促进机构、行业协会商会等的作用。提高贸易和投资自由化便利化政策水平，全面实行准入前国民待遇加负面清单管理制度，放宽市场准入限制，提高服务业对外开放水平。完善外商投资国家安全审查制度，简化外资企业设立程序，商务备案与工商登记"一口办理"。完善境外投资发展规划和以区域、国别区分的专项规划，完善以备案为主、核准为辅的对外投资管理体制，提高对外投资的服务和便利化水平。扩大金融业双向开放水平，有序推进人民币资本项目可兑换进程，稳步推进人民币国际化进程。逐步建立外汇管理负面清单制度。推进资本市场双向开放，提高股票、债券市场对外开放程度。提高金融机构国际化水平，加强海外网点布局，完善全球服务网络，提高国内金融市场对境外机构开放水平。构建"一带一路"中长期投融资机制。提升规划引领、顶层统筹作用。

二是加强全面开放服务保障。积极参与全球经济治理机制合作，推动国际经济治理体系改革与完善，维护和加强多边贸易体制，维护WTO在全球贸易投资中的主体地位，促进全球贸易和投资自由化和便利化，反对贸易保护主义，提倡通过平等协商解决贸易争端。继续强化区域和双边自由贸易体制建设，积极推动与"一带一路"沿线国家自由贸易区建设，加快推动与加拿大、欧亚经济联盟、欧盟等经济体建立自贸关系，同更多国家签署高标准的双边投资协定、税收协定以及司法协助协定，争取同更多国家互免或简化签证手续。构建高效有力的海外利益保护体系，维护我国公民和法人海外合法权益。健全反走私综合治理机制，完善反洗钱、反恐怖融资、反逃税监管措施，完善风险防范体制机制。提高海外安全保障能力和水平，完善领事保护制度，提供风险预警、投资促进、权益保障等便利服务。强化涉外法律服务，建立知识产权跨境维权援助机制。鼓励和支持发展中国家参与全球经济治理，促进国际货币体系和金融监管体制改革，加强各国宏观经济政策的协调性，维护全球经济平衡、安全和稳定。

三是提升对外谈判和应对贸易摩擦能力。加强对外谈判的组织协调机制，通过提升授权与沟通协调的层级，提高工作效率；完善涉外经济管理体制改革与重大涉外谈判的第三方评估机制；大力加强应对贸易摩擦能力建设，应对经贸摩擦长期化、常态化趋势。

七 完善要素市场化配置体系，降低制度性交易成本

一是加大改革，着力解决土地、资本、劳动力城乡二元结构分割，建立城乡要素自由流动、平等交换、优化配置的体制机制。建立城乡人口合理流动的体制机制，使农村人口愿意"留下来"建设家乡，也能够吸引城市人口愿意"走进来"建设农村。深化户籍制度改革，逐步消除户籍壁垒，推动城乡人口合理流动与有序分布。全面建立职业农民培育引进机制，积极培养新型农业经营主体，优化乡村人口结构，提高农村教师队伍、农村科技人员队伍的素质和水平。促进城市成功人士、科技人员返乡回乡创新创业。推动人才管理职能部门简政放权，保障和落实基层用人主体自主权。加强城乡人才市场合作，搭建人才联合培养、互换培养平台，建立人才信息发布、人才信息成果共享制度等，为城乡人力资源合理流动和优化配置提供制度基础和政策保障。

重视城乡资本要素的双向合理流动，确保农村农业发展对资金的需求。政府财政加大向农村倾斜力度的同时，积极引导城市工商资本进入农村农业领域。通过建立健全多元投融资体制机制，吸引城市富余资金进入农村。改革财政投入机制，提高财政资金的集中度和使用效益，发挥好财政杠杆作用，撬动更多金融和社会资本投向乡村振兴。完善农村金融体制，规范发展农村民间金融组织，建立健全农业保险体系和农村信用体系。创新农村金融模式，积极引导互联网借贷、移动支付、互联网理财等互联网金融在农村的规范发展。实施利益联结机制，既要加强产权保护，稳定投资者预期，也要加强风险防控，维护好农民主体地位权益，促进城市工商资本嫁接农村农业，填补农村农业投资洼地。

深化土地制度改革，在兼顾效率和公平的基础上，建立规范的、富民优先的、城乡统筹可持续的土地供给需求制度。深化农村集体产

权制度改革，发展壮大集体经济，不断探索农村集体经济组织法人治理，赋予农民更加充分而有保障的基本权益。加快农村产权交易流转市场建设，建立公开、公正、规范运行的城乡土地交易平台和公共信息平台。优化城乡建设用地布局，健全土地流转监管机制，促进城乡土地要素合理有序流动、公平公正交换，使广大农民的合法权益得到合理的价值体现。

二是继续深化"放管服"改革，改善营商环境。全面实施市场准入负面清单制度。在全国推开"证照分离"改革，重点是照后减证，各类证能减尽减、能合则合，进一步压缩企业开办时间。大幅缩短商标注册周期。例如，开办企业时，名称预先核准改革一步到位，变行政部门主动审核为企业自主审核。公司设立登记"无纸化"及提交材料精简一步到位。所有设立过程网上完成，不再提交纸质材料。审视哪些材料是必需的，哪些材料是可以省略的（如公司章程和决议等）减少材料递送量，加快审批环节。打破垄断，推动效率变革。在行政性垄断突出的领域，重点在石油天然气、电力、铁路、电信、金融等行业进入并加强竞争，提高服务效率，以降低实体经济运营的能源、物流、通信和融资成本，提高发展实体经济特别是制造业的吸引力、竞争力。以"获取电力"服务为例，具体可进行如下改变：（1）将主要服务流程及承诺时间标注清楚，若无法给出具体时间，则需提供一个时间范围供用电申请者参考。同时，还要明确各个部门的职责，让用电申请者可以找到相关负责部门进行咨询。（2）明确各个窗口职责，方便用户有针对性地进行咨询和业务办理。（3）推动用电服务网络化程度，提高业务办理的网络化水平，完善网上电力局网站，及时更新信息，使得用户不但可以在网上提交用电申请，并能够在网上查看业务进展情况。

三是以保护产权、维护契约、统一市场、平等交换、公平竞争为导向，完善相关法律法规。健全归属清晰、权责明确、保护严格、流转顺畅的现代产权制度。推进产权保护法治化，依法保护各种所有制经济权益，依法界定企业财产权归属。完善农村集体产权权能，规范农村产权流转交易。全面落实不动产统一登记制度，加快构建自然资源产权制度,确定产权主体,创新产权实现形式,保护自然资源所有者权益。完善国有企业国有资产管理体制,以管资本为主加强国有资产管理,提高资本回报率。健全国有资本的合理流动机制,推进国有资本布局的战略性调整,引导国有资本投向关系国家安全和国民经济命脉的行业和关键领域。加强对国有资本的经营预算管理,对资本和领导人员实行审计全覆盖。支持非公有制经济发展,废除各种不利于非公有制经济发展的不合理规定,消除各项隐性壁垒,保证非公有制企业依法平等地参与竞争,公平使用生产要素,同等受到法律保护。加快建立城乡统一的建设用地市场,依法依规推进农村集体经营性建设用地与国有建设用地同权同价、平等入市。健全集体土地征收制度,规范征收程序;开展宅基地融资抵押、流转和有偿退出试点。推进价格形成机制改革,减少政府对价格形成的干预,全面放开竞争性领域商品和服务的价格,放开电力、交通运输等行业竞争性环节价格,理顺医疗服务价格和完善水价形成机制。

八 积极推进混合所有制改革

在坚持毫不动摇地巩固和发展公有制经济,毫不动摇地鼓励、支持、引导非公有制经济发展的基本前提下,积极稳妥发展混合所有制经济,支持国有资本、集体资本以及非公资本融合发展,引导非国有企业注资参与国企改革,鼓励国有资本入股非国有企业。要分类、分层推进国有企业混合所有制改革,引入非国有资本参与国有企业改革,鼓励发展非公有资本控股的混合所有制企业,建立健全混合所有制企业的治理机制。首先,分类推进国有企业混合所有制改革。稳妥推进主业处于充分竞争行业和领域的商业类国有企业混合所有制改革,有效探索主业处于重要行业和关键领域的商业类国有企业混合所有制改革,引导公益类国有企业规范开展混合所有制改革。其次,分层推进国有企业混合所有制改革。积极引导在子公司层面有序推进混合所有制改革,努力探索在集团公司层面推进混合所有制改革,鼓励地方从实际出发推进混合所有制改革。再次，鼓励各类资本参与国有企业混合所有制改革。鼓励非公有资本参与国有企业混合所有制改革，支持集体资本参与国有企业混合所有制改革，有序吸收外资参与国有企业混合所有制改革，推广政府和社会资本合作（PPP）模式，鼓励国有资本以多种方式入股非国有企业，探索完善优先股和国家特殊管理股方式；探索实行混合所有制企业员工持股，坚持激励和约束相结合的原则，通过试点稳妥推进员工持股。最后，建立健全混合所有制企业的治理机制。进一步确立和落实企业在市场中的主体地位，健全混合所有制企业法人治理结构，推行混合所有制企业职业经理人制度。

九 深化财税金融制度改革，减轻企业税负，加强金融监管

深化财税金融改革。建立事权和财权相适应的制度，适当加强中央的事权和支出责任。综合税收制度改革，综合考虑不同税种的属性，完善增值税中央和地方分配方案，进一步理顺中央和地方的财权划分。完善中央对地方的转移支付制度和资金分配办法，增加一般性转移支付规模，降低专项转移支付比例，健全省以下财力分配机制。建立全面、规范、公开和透明的预算制度。完善政府预算体系，加大一般公共预算、政府性基金以及国有资本经营预算的统筹协调力度，加强社会保险基金预算编制力度，扩大预算的公开范围，进一步细化公开的内容。建立健全政府财产报告制度，改革政府债务管理制度。改善和完善税费制度，逐步提高直接税比值，全面完成"营改增"。清理规范相关行政事业性收费和政府性基金。健全地方性税收，稳妥推进房地产税立法。加快金融体制改革。丰富金融机构体系，扩大民间资本进入银行业，积极推进金融机构开展综合性经营，规范小额贷款、融资担保等机构发展，支持金融机构扩展普惠金融业务，规范发展地方性中小金融机构，着力解决小微企业融资难、融资贵问题。积

极培育公开透明、健康发展的资本市场，深化资本市场改革，提高直接融资比重，完善债券发行注册制和债权市场基础设施建设，加快推进债券市场对外开放，推动债券市场发展。积极稳妥推进期货等衍生品市场创新，丰富金融市场产品。拓展保险市场的风险保障功能。深化利率汇率市场化改革，加强外汇储备经营管理，优化外汇储备运用，保持人民币汇率在合理均衡水平上的基本稳定。

进一步减轻企业税负。改革完善增值税，按照三档并两档方向调整税率水平，重点降低制造业、交通运输等行业税率，提高小规模纳税人年销售额标准。大幅扩展享受减半征收所得税优惠政策的小微企业范围。继续实施企业重组土地增值税、契税等到期优惠政策。大幅降低企业非税负担。进一步清理规范行政事业性收费，调低部分政府性基金征收标准。继续阶段性降低企业"五险一金"缴费比例。

针对营商环境中的纳税事项，可进行如下变革：

首先，分区域总结不同模式，并提出现场纳税服务流程再造方案。结合办税实名制的试点，对现场办税企业的特征（规模、行业、所有制类型）、办税人员类型、办税事项类型进行统计分析，并就典型区域模式（例如，新办微型租赁业代账模式——代开发票事项为主，中小型加工业外联人员模式——申报事项为主）进行梳理总结。针对不同模式，进行流程再造（包括：窗口业务设置、窗口人员培训设置、内部操作系统整合设置、纳税人培训和咨询设置、预约办税等），由现行的按业务类型分类向着以纳税信用评级为基础的绿色通道模式转变。同时，鼓励各省税务机关提供结合本省特点的流程再造典型方案报告，用数据、事实详细介绍宝贵经验。

其次，积极探索专管员向企业税务咨询专家角色转变以及咨询服务外包。建立税务业务领军人才、税务中介领军人才联合咨询研究项目，积极探索并试点专管员向专家型税务辅导干部转变的可行性，使专管员由监督管理向咨询服务转变，并为企业提供税务之外的其他经营、财务、风险管理等建议。专项试点税务机关的咨询业务外包，尤其是网上咨询和电话咨询。

再次,加强对中小企业高层税收风险意识的教育和辅导。各地区对中小企业高层(董事长和总经理)进行税法专项培训,明确"实体法从旧,程序法从新"的原则,对因政策变动所导致的追溯执行事项要充分提示风险,对于政策变动导致企业税负增加要进行充分解释和沟通,并帮助企业想办法从经营层面找出问题。

最后,加强税收代理市场的引导和管理。对现阶段各区域税收中介市场的发展状况进行专项研究,清理和整顿资质不足的代账公司和个人的代理业务。鼓励和引导企业选择高水平税收代理服务,并纳入企业税收风险管理和税收信用评级制度。鼓励行业协会对税收代理机构进行评估,提高行业自律。对专业税务代理人员进行资格考察,对专项税收业务(如申报事项、发票事项等)由具有税收专业资格的人员进行。与此同时,完善税务机关、涉税专业服务的社会组织及其行业协会、纳税人三方沟通机制。推行委托涉税中介网上代理有关税务事宜。

完善适应金融业改革发展的金融监管框架。当前,我国金融风险整体可控,但是在国内外多重因素压力下,当前和今后一个时期经济金融结构不平衡的问题仍较突出,既要防止"黑天鹅"事件发生,也要防止"灰犀牛"风险发生,维护好金融体系稳定运行。应加强金融宏观审慎管理制度建设,改革并完善适应现代金融市场发展的金融监管框架,明确监管职责和风险防范处置责任,构建货币政策与宏观审慎政策相协调的双支柱调控框架。统筹协调监管系统重要性金融机构、金融控股公司和重要金融基础设施,强化功能监管和行为框架监管。完善中央与地方金融管理体制,坚持中央统一规则,压实地方监管责任,加强金融监管问责。健全符合我国国情和国际标准的监管规则,建立针对各类投融资行为的功能监管和切实保护金融消费者合法权益的行为监管框架,实现金融风险监管全覆盖。完善国有金融资本管理制度。加强外汇储备经营管理,优化外汇储备运用。有效运用和发展金融风险管理工具,健全监测预警、压力测试、评估处置和市场稳定机制,防止发生系统性、区域性金融风险。

十　创新和完善宏观调控

发挥国家发展规划的战略导向作用，强化规划引导约束，增强国家中长期规划和年度计划对资源配置、公共预算以及国土开发等措施的引导和协调；健全规划体系，增强专项规划和区域规划对总体规划、地方规划对国家规划的支撑。完善以财政政策、货币政策为主，产业政策、区域政策、投资政策、消费政策、价格政策协调配合的政策体系，健全货币政策和宏观审慎政策双支柱调控框架，深化利率和汇率市场化改革，推动货币政策由数量型调控向价格型调控转变，健全金融监管体系，守住不发生系统性金融风险的底线。优化消费转型升级的政策组合，努力增加高品质产品和服务的有效供给，发挥价格机制对促消费、保民生的积极作用，增强消费对经济发展的支撑作用。深化投融资体制改革，发挥好政府产业投资引导基金的撬动作用和投资对优化供给结构的关键性作用，提升资金使用效率和增量资本产出效率。注重引导市场行为和社会预期。强化底线思维，建立健全风险识别和监测预警体系，完善政策分析评估和调整机制；提升服务监管水平，密切关注新技术、新业态、新模式发展，主动优化服务、创新监管；强化社会预期管理，提高政策透明度和可预期性，用重大改革措施落地增强发展信心。

附件一 专题报告

专题一 建设能够支撑现代化经济体系的世界一流大学

现代化经济体系是由社会经济活动各个环节、各个层面、各个领域组成的彼此依存、相互影响、共同发展的系统。企业、大学、科研机构、政府等是现代化经济体系经济活动的行为主体。大学在现代化经济体系建设过程中担当重任，"双一流"《总体方案》的颁布，为我国世界一流大学建设提出了"三步走"战略，推动我国高等教育走以质量提升为核心的内涵式发展道路，最终实现我国由高等教育大国向高等教育强国的历史性转变。近年来，通过实施世界一流大学和一流学科建设（简称"双一流"）等举措，我国大学的教育水平、科研能力整体上都得到明显提升，但与西方发达国家的一流大学的实力相比，我国大学的实力还存在一定程度的差距。考察历年世界大学表现的排名，特别是考察世界大学排名的各项指标，不难看出我国大学教育竞争力方面存在的各种差距和短板。有针对性地解决这些问题，将为我国建设追赶国际一流水平的现代化大学提供有力支撑。

一 四大世界大学排名及其指标分类

目前，国际公认程度较高的四个世界大学排名分别是：上海交通大学世界一流大学研究中心的"世界大学学术排名"（ARWU）、《泰晤士报高等教育增刊》的"世界大学排名"（THES）、英国国防高等教育研究机构的"世界大学排名"（QS）和《美国新闻与世界报道》

的"全球最好大学排名"（UNWR）（以下简称"四大排名"）。将"四大排名"各项指标分为教学、科学研究、国际化、社会服务四个评价领域及 29 个观测点，据此形成本研究的基本框架。其中，"四大排名"共同关注"科学研究"评价，但各有侧重，将其细分为学术声誉、基本科研、卓越科研和科研影响力四个维度（见表专 1-1）。①

THES 与 QS 注重大学整体实力的综合评价，分别涉及了教学、科学研究、社会服务、国际化等四个方面，据此形成基本分析框架，并

表专 1-1　　　　　　　　四大排名中评价指标分类

序号	评价领域	观测点	简称	指标来源	与权重
1	教学	教学环境，具体包括教学声誉调查（15%）、师生比（4.5%）、博士/学士比例（2.25%）、教师中博士学位获取比例（6%）、机构收入（2.25%）等	教学环境	THES	30%
2		师生比	师生比	QS	20%
3	科学研究	学术声誉维度	研究，具体包括声誉调查（18%）、研究投入（6%）、研究产出（6%）等	研究	THES	30%
4			同行评议	同行评议	QS	40%
5			全球学术声誉	全球声誉	UNWR	12.5%
6			区域学术声誉	区域声誉	UNWR	12.5%
7		基本科研维度	被 SCIE 和 SSCI 收录的论文数量	SCIE & SSCI	ARWU	20%
8			论文发表数	论文数	UNWR	10%
9			出版书籍数	书籍	UNWR	2.5%
10			学术会议	会议	UNWR	2.5%
11		卓越科研维度	获得的诺贝尔奖和菲尔兹奖的校友折合数	诺贝尔/菲尔兹校友数	ARWU	10%
12			获得的诺贝尔奖和菲尔兹奖的教师折合数	诺贝尔/菲尔兹教师数	ARWU	20%
13			各学科领域被引用次数最高的科学家数量	高被引科学家	ARWU	20%
14			在《自然》和《科学》上发表论文的折合数	自然/科学杂志论文数	ARWU	20%
15			师均表现	师均	ARWU	10%

---

① 资料来源：张淑林等：《大学排名视角下的我国"世界一流大学"建设现状、差距与路径》，《清华大学教育研究》2018 年第 2 期。

续表

序号	评价领域		观测点	简称	指标来源与权重	
16	科学研究	科研影响力	前10%高被引的高水平论文数	前10%论文	UNWR	12.5%
17			前10%高被引的高水平论文占全部论文的比例	前10%论文占比	UNWR	10%
18			前1%高被引的高水平论文数	前1%论文	UNWR	5%
19			前1%高被引的高水平论文占全部论文的比例	前1%论文占比	UNWR	5%
20			引文引用	引文引用	THES	30%
21			教师引文量	师均引用	QS	20%
22			归一化引文影响（篇均引用次数）	篇均引用	UNWR	10%
23			总引用次数	总引用数	UNWR	7.5%
24	国际化		国际化，具体包括国际教师比例（2.5%）、国际学生比例（2.5%）、国际合作论文比例（2.5%）等	国际化	THES	7.5%
25			国际学生比例	国际学生	QS	5%
26			国际教师比例	国际教师	QS	5%
27			国际合作论文比例	国际合作	UNWR	10%
28	社会服务		产业收入	产业收入	THES	2.5%
29			雇主评价	雇主评价	QS	10%

且主要从文献引用来评价大学科研影响力。ARWU 主要从诺贝尔奖与菲尔兹奖获得者、高被引作者两方面进行科研实力评价。UNWR 主要是从学术声誉、文献计量和卓越研究三个维度设计指标进行科研实力评价。

二　我国大学在世界大学排名中的表现与差距

分析 ARWU（2017）、THES（2017）、QS（2017）、UNWR（2017）中我国大学的入选数量与名次分布（见表专1-2），并对比美、英、德、日等国大学的数据[①]，可以较为清楚地看出我国大学在世界大学排名中的表现和差距。

---

① 张淑林等：《大学排名视角下的我国"世界一流大学"建设现状、差距与路径》，《清华大学教育研究》2018 年第 2 期。

表专1-2 中美英德日大学在四大排名中的入选数量和名次分布比较

人选量		中	美	英	德	日	中	美	英	德	日	中	美	英	德	日	中	美	英	德	日
		41	137	37	38	16	52	148	91	41	69	33	154	71	43	39	87	210	68	55	44					
排名																					
领头力量	1—20	2	1	4	3	9	4	1	2	5	3	7	1	2	3	4	2	1	3	4	7	2.5	43.5	11.8	5.0	3.0
	21—50	0	15	3	0	1	0	15	4	0	0	0	11	5	0	0	0	17	3	0	0					
	51—100	0	16	4	2	1	2	10	3	3	2	3	8	4	2	2	2	18	3	0	1					
前中坚力量	101—200	2	19	1	1	2	0	16	5	6	1	1	13	9	4	3	2	16	3	4	0	9.0	42.5	22.3	19.0	5.0
	201—300	7	21	13	11	2	3	22	20	13	0	3	16	12	7	3	5	24	13	12	3					
后中坚力量	301—400	9	27	7	7	3	3	22	5	10	3	4	14	9	8	4	3	24	10	8	2	15.3	37.3	12.5	12.8	6.8
	401—500	13	21	5	6	3	0	24	14	5	3	4	16	9	5	2	9	20	5	6	4					
	501—600	10	18	4	11	4	5	11	7	2	4	9	19	3	7	3	11	20	3	9	4					
新生力量	601—700						9	15	5	2	1	7	15	4	7	7	6	14	9	5	2	35.3	52.0	27.0	10.0	36.3
	701—800						17	11	25	0	25	1	16	6	5	3	9	23	8	5	2					
	801—900						14	2	3	0	31	1	25	10	0	12	10	14	4	5	6					
	901—1000																18	11	2	1	8					
																	14	9	5	0	12					

注：ARWU 公布世界大学 500 强，THES 公布世界大学前 981 名，QS 公布世界大学前 916 名，UNWR 公布世界大学前 1000 名。平均代表了各国在"四大排名"中 1—100，101—300，301—500，501—1000 区间大学拥有量的均值。

（一）从数量上看，我国上榜大学居世界前列，但与美、英等国相比，仍存在较大差距

2017年，从入选ARWU、UNWR、THES、QS的大学数量看，美国入选的大学数量分别为137所、210所、148所、154所，均是四大排名的第1名，英国入选的大学数量分别是37所、68所、91所和71所，位列全球第3、第3、第2和第2，我国入选的大学数量分别是41所、87所、52所和33所，位列全球第2、第2、第4和第7。

可以看出，我国入选"四大排名"的大学数量不可谓不多，甚至可以说位居世界前列了，但是，与数量排名第一的美国相比，我国入选"四大排名"的大学数量仅为美国入选数量的20%—40%。另外，在ARWU、UNWR排名中，我国入选大学数量分别比英国多4所、19所，但在THES、QS的排名中的，我国入选大学数量分别比英国少39所、38所。总体上看，我国与英国还有一定差距。从数量上看，我国入选"四大排名"的大学数量与德国、日本的水平差不多。

ARWU、UNWR主要评价大学的科研水平及影响力，THES、QS更多侧重显示大学的综合性评价，在ARWU、UNWR排名中我国大学的表现较好，而在THES、QS的评价中表现略微差一些，这从一个侧面反映出，近年来我国大学在论文等科研成果产出上收获较大，相比较而言，其他方面进展有限。这与我国大学以论文发表为导向的评价体系不无关系。

（二）从位次上看，我国大学在ARWU、THES、QS、UNWR中排名整体靠后，且呈越靠后数量越多的态势

ARWU、THES、QS、UNWR四大排名中，排名前20的大学中，美国分别是15所、15所、11所、17所，英国分别是3所、4所、5所、3所，中国、德国没有一所大学进入世界前20名。美、英两国，尤其是美国几乎涵盖了世界所有最好的大学。排名前100的大学中，我国只有两所同时入选ARWU、THES、QS、UNWR四大排名的前100名，能够称得上领头力量。排名前300的大学中，我国上榜AR-

WU、THES、QS、UNWR 的大学平均占比仅为 1.6%，排名前 500 的大学中，我国上榜 ARWU、THES、QS、UNWR 的大学平均占比仅为 1.75%。从排名前 500 的大学情况看，我国与日本相近，但落后于德国。这种情况与我国作为世界第二大经济体的情况是极不相称的。

ARWU、THES、QS、UNWR 四大排名中，从排名前 100 名的大学看，中国、美国、英国、德国、日本的平均数分别为 2.5、43.5、11.8、5.0、3.0；从排名 101—300 的大学看，中国、美国、英国、德国、日本的平均数分别为 9.0、42.5、22.3、19.0、5.0；从排名 301—500 的大学看，中国、美国、英国、德国、日本的平均数分别为 15.3、37.3、12.5、12.8、6.8；从排名 501—1000 的大学看，中国、美国、英国、德国、日本的平均数分别为 35.3、52.0、27.0、10.0、36.3。可以看出，我国作为领头力量的大学稀少，作为前中坚力量和后中坚力量的大学数量较少，作为新生力量的大学数量较多的，在"四大排名"中整体靠后的态势十分明显。

三 我国大学与美英等国排名靠前的大学的差距和不足

根据表专 1-1，从教学领域、科学研究、国际化水平、社会服务四个角度，就我国大学与当前美英德日四国入选"四大排名"的大学进行比照，可以看出我国大学存在的差距和不足。

(一) 教学领域：教学环境好，师生比低

根据 THES 和 QS 的数据比较，从教学环境看，多年来由于我国实施科教兴国战略，十分注重大学教育投入建设，多年来通过持续开展重点高校建设，不断推进科教体制改革，我国大学"教学环境"的表现在世界各国的大学中处于领先地位，并且好于美英德日四国大学的表现。我国大学在博士/本科比例、教师中博士学位获取比例、机构收入和教学声誉调查等"教学"评价指标上取得了长足进步。但另一方面，由于我国人口基数大，近数十年来又实施高等教育扩招等举措，大学学生数量众多，促使我国大学教师与学生的数量比不高。相对美英德日四国的大学，我国大学教师的力量不足。

表专 1-3　我国大学与世界大学在教学领域评价指标的表现

			世界平均				美国				英国				德国			日本			中国					
			1—20	21—50	51—100	101—200	1—20	21—50	51—100	101—200	1—20	21—50	51—100	101—200	21—50	51—100	101—200	21—50	51—100	101—200	21—50	51—100	101—200	201—300	301—400	401—500
THES	教学	数量	20	30	50	101	15	10	16	22	4	3	5	20	3	6	13	1	1	3	2	—	3	—	—	5
		M	85.5	67.1	51.5	41.2	85.6	66.7	55.8	45.1	86	66.6	46.9	36	66.1	52.6	40.6	83.4	70.2	—	81.8	—	53.6	48.4	—	35.3
		σ	5.5	8.4	8.2	8.2	5.6	7.8	6.4	7.3	6	4.7	6.8	4.9	4.8	6.7	4.3	—	—	—	4	—	2.5	5.8	—	6.6
QS	师生比	数量	20	30	51	99	11	8	13	16	5	4	9	12	4	4	7	2	3	3	3	1	3	4	4	9
		M	94.0	69.9	62.8	60.2	95.0	76.4	56.6	73.0	97.3	74.0	57.9	47.7	—	66.4	57.5	93.8	90.5	91.6	72.5	37.3	38.1	40.7	36.5	32.3
		σ	20.7	22.4	25.1	10.2	22.9	22.9	23.4	5.4	12.9	13.2	11.9	—	17.6	20.4	2.2	7.4	6.4	—	11.3	—	19.6	12.6	11.2	6.0

（二）科研领域：发表论文数量多，但质量和经济社会效益不高

根据 ARWU 和 UNWR 的数据比较，我国大学在"SCIE/SSCI""论文数""会议"等评价指标的整体表现十分突出，明显高于世界平均水平，甚至好于美英德日等发达国家。中国大学在国际知名学术期刊上发表论文数量的情况引人注目，但不能因此而说明我国科研水平也同样进入世界前列。美英德日等世界科技强国仍是我国追赶的对象。

分析我国大学出现论文数量与质量这一矛盾状况的原因，主要有以下几点。一是，随着我国经济社会发展，我国上下越来越重视科研投入。据统计，1999—2015 年，我国高校研发（R&D）经费支出从 85.1 亿元增长至 998.6 亿元左右，高校专任教师由 42.6 万人增长至 157.3 万人，年在读博士研究生由 4.8 万人增长至 32.7 万人。随着论文成为大学及教师绩效的重要评价指标，在论文产出消耗时间短的特点支持下，我国迅速成为世界科研论文产出大国。[①] 但是，也正是由于短时间见效快的这一特点，我国大学所发表论文的质量是难以保证的。受传统科研教育体制影响，我国大学师生在发表论文的过程中，大多只注重学术理论或某种理念的探索，缺乏对现实特别是产业化现实的研究和论证，导致产学研结合实现困难。与美英德日等发达国家相比，我国大学科研成果对产业发展的影响力较弱。

（三）国际化领域：论文国际合作多，师生国际吸引力弱

世界一流大学的一个共同特征是具有相当高的国际化水平。这主要体现在师生的国际化水平和科研成果的国际合作程度。我国大学通过国际化追求世界一流目标的过程中，科研成果的国际合作表现要优于师生的国际化合作。根据"四大排名"的数据比较，我国不同层次的大学在国际论文合作上的表现高于世界平均水平，且比英美德日等发达国家的国际论文合作水平还要高不少，然而，我国不同层次大学在吸引国际师生上的表现，则远不如西方发达国家，且低于世界平均水平。

---

① 张淑林等：《大学排名视角下的我国"世界一流大学"建设现状、差距与路径》，《清华大学教育研究》2018 年第 2 期。

表专1-4　　我国大学的科研表现和国际比较

			世界平均				美国				英国				德国				日本				中国			
			1—20	21—50	51—100	101—200	1—20	21—50	51—100	101—200	1—20	21—50	51—100	101—200	1—20	21—50	51—100	101—200	1—20	21—50	51—100	101—200	51—100	101—200	201—300	301—400	401—500
ARWU	数量		20	30	50	100	15	16	19	21	3	4	1	13	2	1	11	1	2	2	2	7	9	13	10
	SCIE SSCI	M	66.0	56.3	49.6	43.5	65.3	53.6	47.6	39.9	72.1	57.5	46.7	40.5	50.8	50.3	37.2	70.0	58.4	48.2	46.4	67.5	59.5	48.8	42.9	30.8
		σ	12.4	11.8	9.7	9.7	13.8	13.6	9.6	6.7	3.7	5.1	—	5.3	1.5	—	3.7	—	—	5.7	5.4	1.1	8.2	6.9	8.5	5.2
	数量		20	31	49	100	17	18	16	24	3	3	3	13	2	4	12	1	1	—	3	2	5	3	9	11
UNWR	论文数	M	97.7	93.2	92	84.9	97.5	90.8	89.3	82.6	99.2	96.2	85.9	85.3	99.4	94.3	87.3		99.4		95.6	97.1	94.6	87	84.3	76.6
		σ	3.0	10.8	6	9.7	3.2	13.5	7.5	5.4	0.4	3	13.4	5.2		1.7	3.1				1.5	0.2	3.8	8.9	4.9	14.4
	书籍	M	95.5	92.8	88.8	80.1	95.2	91.1	90.2	81.4	97.5	99.3	89.4	96.3	88.0	88.1	78.3		88.0		74.6	78.9	59.2	55.8	45.8	38.4
		σ	5.7	10.3	9.2	13.8	5.9	12.5	6.8	11.6	4.2	0.4	15.7	3.0		2.4	9.5				12.7	6.7	14.1	9.5	5.2	9.4
	会议	M	86.7	82.4	75	67.1	85.6	78.7	79.4	53.8	92.5	79.6	58.3	70.0		75.2	65.5		99.4		96.1	98.7	92.8	88.8	94.2	85.8
		σ	16.0	17.8	21.2	23.2	17.2	20.6	18.4	25.9	2.7	12.1	46.8	12.4		16.5	22.7				1.1	1.8	7.3	9.3	9.1	15.4

表专1-5　我国大学国际化水平和国际比较

			世界平均					美国					英国					德国					日本					中国				
			1—20	21—50	51—100	101—200	1—20	21—50	51—100	101—200	1—20	21—50	51—100	101—200	21—50	51—100	101—200	21—50	51—100	101—200	21—50	51—100	101—200	201—300	301—400	401—500
THES	数量		20	30	50	101	15	10	16	22	4	3	5	20	3	6	13	1	1	3	2	2	3	3	9	5
	国际化	M	74	69.4	65.4	67.3	66.9	53.5	51.2	48.9	94.4	92.1	87.4	86.5	64.9	60.8	55	30.6	28.0	16.7	44.9	30.9	34.2			31.7
		σ	15.3	20.7	19	19.1	10	10.6	11.7	9.5	1.7	1.5	3	4.9	2	4.9	5.8	—	—	—	7.7	9.4	15.3			10.2
QS	数量		20	30	51	99	11	8	13	16	5	4	9	12	2	4	7	0	3	3	3	3(1)	4(3)	4(2)		9(0)
	国际教师	M	89.2	76.9	73.9	68.8	81.1	61.4	58.6	45.2	98.1	94.1	90.7	90.5		54.8	49		25.3		54.5	71.0	45.0	46.0		
		σ	18.5	26.3	25.2	25.3	22.1	26	25.2	11.4	1.8	5.5	6.1	8.3		4.8	11.2		—	—	11.7	—	8.6	31.9		
	国际学生	M	85.3	75.2	69.5	60.5	75.1	58.1	62.1	48.1	99.0	95.1	91.8	93.1	51.3		45	26.3		21.9	41.4	23.1	—	26.8		
		σ	14.5	23.4	24.3	25.4	11.8	16.8	24.7	21.1	1.0	8.5	7.8	7	9.2		12.4	—	—	0.5	11.6	—	—	—		
UNWR	数量		20	31	49	100	17	18	16	24	3	3	3	13	1	4	12	1	3	3	2	5	3	9		11
	国际合作	M	85.9	73	68.7	68.1	85.6	75.7	77.2	65.4	87.5	76.6	79.6	63.9	61.9		60.9	89.8		76.3		96.2	88.8	83.1	68.3	55.4
		σ	12.2	16.2	17.4	17.8	13.2	19.1	16.4	23.2	4.0	3.9	16.5	14.8	8.1		14.8	—		12.3		3.6	5.7	15.3	20.0	29.0

附件一　专题报告　　143

表专1-6 我国大学社会服务表现和国际比较

			世界平均				美国				英国				德国				日本				中国				
			1—20	21—50	51—100	101—200	1—20	21—50	51—100	101—200	1—20	21—50	51—100	101—200	21—50	51—100	101—200	21—50	51—100	101—200	21—50	51—100	101—200	201—300	301—400	401—500
THES	产业收入	数量	20	30	50	101	15	10	16	22	4	3	5	20	3	6	13	1	1	3	2	1	2	3		5(4)
		M	60.3	61.3	59.9	53.1	61.4	54.5	46.6	44.8	55.6	37.4	40.7	37.7	86.7	72.0	69.9	53.4	75.1	48.4	99.9	95.7	65.4	84.5		64.1
		σ	21.4	21.1	22.9	19.2	24.2	14.8	14.7	12.5	11.6	4.4	2.8	3.6	23.1	30.4	21.2	—	—	5.8	0.2	—	17.3	9.2		20.7
QS	雇主评价	数量	20	30	51	99	11	8	13	16	5	4	9	12		4	7	2	3	3	3	1	3	4(3)	4(2)	9(2)
		M	95.4	90.8	72.7	58.6	93.4	83.9	65.5	46.8	98.9	96.4	76.9	56.0		86.6	68.9	96.1	67.7	48.4	98.1	95.7	62.0	39.6	31.2	33.5
		σ	8.5	10.3	17.1	17.4	11.1	14.4	14.3	9.6	2.2	4.3	18.3	9.0		12.3	19.4	4.9	10.0	5.8	2.4	—	16.5	6.6	0.5	1.6

之所以出现这种情况，是因为我国大学在追求世界一流的过程中，自觉地并且十分注重向西方发达国家学习科研技术和经验，在国际学术合作上更积极主动，这显示了我国大学师生的谦虚态度和不断追求上进的决心。但由于我国大学实施向西方发达国家开放合作的时间不长，加上西方发达国家有意维护和巩固其大学的世界霸主地位，我国大学对国际教师和学生的吸引力难以快速提高。今后，我国的公共政策应注重解决国际师生吸引力不足问题，但应根据实际情况把握"目标明确、适度引进"原则。所谓"目标明确、适度引进"原则是指，要根据我国经济社会发展需要和现代化经济体系建设需要，本着提升我国大学科教水平及争创世界一流的目标，充分考虑国家财力能力和我国大学实际情况，进行国际师生的引进，避免为了引进而引进的状况，同样也避免不敢引进先进国际人才的状况。

（四）社会服务领域：产出收入表现优异，雇主评价一般

根据THES和QS的数据比较，相比照于美英德日等国家的大学，我国不同层次大学的产业收入表现较好，且优于世界平均水平，但从雇主评价看，我国大学的表现处于美英德日中间水平，与世界平均水平接近，表现一般。

出现这种情况的原因在于，随着我国对科研创新的重视程度不断提升，政府和企业在大学进行科研投入快速提高，大学教师作为科研主力，获得这种投入的数量也快速提高，因此，产业收入表现也相应的快速提升。但这不能说明我国大学对某一产业提供关键性科技支撑的能力同样快速提升。目前我国企业转型仍然困难，从大学获得科技支撑实现产业链跃升仍不明显。

四 建设支撑现代化经济体系的世界一流大学的理念和政策建议

（一）树立大学为现代化经济体系建设服务的理念

现代大学制度是一个历史概念，各国世界一流大学的评价标准也是各有侧重。发端于中世纪欧洲宗教寺院研究机构的大学，以学者的学术兴趣和对知识的探索为目的，形成了大学自治、学术自由、民主管理等大学制度的雏形。19世纪末，德国柏林大学创造了一种教学与

科研相结合的"学术社团型"大学制度,科学研究成为大学的主要职能,人才培养成为大学的主要任务,奠定了现代大学制度的基本框架。1862年美国颁布实施《莫里尔法案》,标志着美国高等教育开始从旧式学院成功地过渡到具有现代意义的大学,丰富了美国高等教育的形式,满足了美国社会经济的发展及工业革命的需要,为美国从一个农业国迅速发展成为一个工业大国注入了活力。以威斯康星大学为代表的美国大学,从大学和大学制度环境的新特点出发,以增强大学对社会的直接服务能力为主题,创造了一种面向市场和社会需求的"社会服务型"大学制度。这种大学制度经过与亚伯拉罕·弗莱克斯纳的"现代大学"、克拉克·克尔的"多元化巨型大学"等大学制度融合后,逐步形成以学术自由、大学自治等理念为指导,包括平衡大学与政府关系的政府管理制度、完善大学与社会关系的社会参与制度,以及提高大学自身管理水平大学内部管理制度等为主要内容的现代大学制度。在新时代的大背景下,中国的大学不能为了建设一流大学而建设大学,大学建设必须要为现代化经济体系提供战略支撑。加快实施创新驱动发展战略,强化世界一流大学对现代化经济体系的战略支撑,重点是要通过强化基础研究,建立健全产学研结合机制,加快推进现代大学制度,使大学可以为现代化经济体系建设提供源源不断的创新人才和基础研究创新。

(二)按高质量发展导向推进大学评价体系改革

与西方发达国家相比,我国大学的教学、科研差距明显,教育理念差异也较大。适应高质量发展要求,加快建设现代化经济体系,要求加快推进大学和教师评价体制改革,形成科教事业发展的"卓越导向"。美、英、德、日大学世界领先,大都拥有科学、先进的科研评价制度作保障,大学教师能够全身心投入教学和高水平科研工作,因此,这些国家对全球最优秀的师生有强大的吸引力。反观我国大学,"科研优先、教学次之"的教育理念普遍存在,科研评价"重数量、轻质量;重应用、轻基础"的导向较为明显,科研中的低水平重复性劳动仍然较多,这不仅降低大学的科研影响力,极大消耗教师精力,使之无法全身心投入"立德树人"相关教育活动中。将来,我国一定要建设多所世界一流大学，就要本着服务现代化经济体系建设的现实目标，创造与世界一流大学相媲美的大学办学理念和管理制度，在加大本土优秀师生的培养的基础上，注重加强国际优秀师生人才引进，形成数量充足的、"本土+国际"兼容并蓄的一流师资队伍和卓越科研团队，同时注重改善"师生比"这一硬性指标，使之保持在合理范围内。要深化大学教师考核评价体系改革，强化师德考核，实化和细化"立德树人"教育成效，突出教育教学业绩评价，扭转教师对教学工作不够重视的现象；还要深入推进科研队伍分类建设和分类考核，弱化科研成果量化指标，全面建立以"代表性成果"和实际贡献为主的评价制度，实现教师的科研产出由"数量"向"质量"转变。

（三）世界一流研究型大学应更加强化基础研究

建立现代化经济体系，需要把科技发展从注重数量为主转向提高质量和效益上来，强化基础研究，着力突破一批重大关键技术，提高原始创新能力，大学在基础研究方面要担当重任。我国大学国际化维度吸引力差、社会服务维度参与性高的现状，要求重新审视二者的利害关系，实现我国高校致力"引智自强、服务国家"。与美、英、德等高等教育强国相比，中国在论文的国际合作方面的得分较高，但在吸引国际师生方面表现较差。此现象说明目前我国大学还需依靠国际合作来产出高水平科研成果、提升科学研究能力，在吸引全球优质师资力量和生源上还有较大提升空间。在开展国际科研方面，要鼓励国内师生积极参加国际重大科研项目和参与解决全球性事务，并力争成为科研成果的主导方而非参与方；在吸引全球优质师生方面，应以提升我国的科研水平为根本目的，而非简单地招揽外籍力量以提升其排名表现，陷入"为排名而国际化""为国际化而国际化"的怪圈。我国大学在社会服务维度上的领先表现，既有其应予肯定之处，也存在诸多值得深思的问题。在企业并未成为创新主体的当下，我国大学需同时肩负基础理论研究、应用技术开发、成果转移转化等多方面任务，其可能有利于产学研深度融合，推进知识转化和技术转让，也可能会挤压大学开展基础研究的空间。从世界范围来看，世界一流大学都是研究型大学，研究型大学是国家从事基础研究的主体部分，需肩负起国家赋予的重大责任，主动对接国家重大战略需求。因此，我国研究型大学应当将更多精力置于基础研究，研发原创技术、共性技术和关键技术，推动突破行业产业技术瓶颈，从而在服务国家重大战略需求及在推动经济社会发展与科技进步中真正起到支撑、引领作用。①

（四）建立健全促进产学研结合的激励机制

现代化经济体系建设需要把创新驱动发展从科研导向为主转向振兴实体经济上来，围绕产业链部署创新链，围绕创新链完善资金链和人才链，建立健全产学研结合机制，推动科技创新与经济社会发展深度融合。大学开展基础研究和科学研究的目的是服务和振兴实体经济，其人才培养和科研工作都要围绕实体经济发展需求开展。美国世界一流大学的建设经验值得借鉴，美国世界一流研究型大学与产业界之间有着天然的密切联系。美国具有大学与社会相融合的传统，即便是公立大学，其自设立之初便是为了满足地方经济之需要，私立大学与产业界的联系更是密切，大部分排名前列的研究型大学都是建立在工业财富之上的，天然使得企业家（实干家）成为了大学的座上宾。20世纪80年代以来，美国联邦政府学术科研资金的波动，更是将大学推向产业合作的主动一方，期望与企业合作能够补充大学研究所需，由此，美国研究型大学也被称为"市场驱动型"大学。在联邦政府科研经费整体下滑的背景下，大学对产业界的需求更是逐渐加深，寻求与产业界合作的动机可以概括为：（1）知识互补。获得产业界所擅长的科技领域知识。（2）提升学生培养质量。产业界资助将为学生扩宽视野，同时为培养学生解决社会关键问题提供机遇。（3）提高获得联邦应用研究经费的概率。与产业界合作更有利于获得联邦应用研究资助。（4）提高就业率。合作可以为毕业生提供可能的就业岗位。（5）吸收研究经费。与产业界合作，将在一定程度上缓解联邦科研经费不足的困境。②完善中国版的《拜杜法案》使私人部门可以享有政

---

① 张淑林等：《大学排名视角下的我国"世界一流大学"建设现状、差距与路径》，《清华大学教育研究》2018年第2期。

② 杨九斌：《卓越中的艰难——〈拜杜法案〉后美国研究型大学产学合作关系嬗变》，《外国教育研究》2018年第7期。

府资助科研成果的专利权,催生一支从事成果转化的专业化队伍,促进科研成果转化的强大动力。通过合理的制度安排,为政府、科研机构、产业界三方合作,共同致力于政府资助研发成果的商业运用提供了有效的制度激励,由此加快了技术创新成果产业化的步伐,使得实体经济能够继续维持其技术优势。

(五) 加快推进服务现代化经济体系的大学制度建设

要把创新环境建设从注重硬环境建设转向创新生态建设上来,加快推进现代大学制度、现代科研院所制度建设,加强知识产权保护,完善国家创新体系,着力创造有利于创新创业的良好生态。改善政府宏观管理,政府改变以往"全能主义"的行政管理方式,切实推进"管办评分离"和"放管服改革";完善大学领导体制,完善党委领导下的校长负责制,履行党章等规定的各项职责,把握学校发展方向,由校长独立负责地主持学校行政工作,保证以人才培养为中心的各项任务完成;优化大学组织结构,高校可以尝试以学院作为现代大学制度改革的突破口,自下而上地形成倒逼机制,以"现代学院制度"促成"现代大学制度";保障大学民主管理,要保障利益相关者对大学治理的广泛而有效的参与,实现对权力的监督和制衡;落实大学章程,打破以往大学章程被"悬置"和"虚化"的状态,实现大学章程从"形式文本"走向"实际落实";推进大学专业评价,改变以往自上而下的垂直型行政评估,实现公平、公开、公正的第三方评估;调整大学校长选拔方式,摸索海选制、民选制以及有限公选制等校长选拔方式;保障学术权力,通过发挥教授委员会、学术委员会的组织效能,切实保障学术权力的运作与实施;学生参与大学治理,学生作为大学的重要利益相关者和学术共同体成员,应当对学校事务具备一定的知情权、参与权和一些决策权,是大学治理科学化和民主化的制度安排。[①] 这都是现代大学制度建设的基本要求。

---

① 赵祥辉、刘强:《一流大学建设视域下现代大学制度的诠释与建构》,《黑龙江高教研究》2018 年第 12 期。

专题二　建设一流关键共性技术服务平台

改革开放以来，我国经济经历了数十年的高速增长，然而我国的科技发展水平和创新能力提升相对滞后，这与我国经济规模世界第二的地位严重不相匹配。重新审视我国科技发展所走过的道路，不难发现，在创新体系建设中长期弱化共性技术研究体系，导致关键核心技术、尖端前沿技术等严重依赖国外进口，这又进一步导致我国产业链的国际地位难以提升。党的十九大明确提出，贯彻新发展理念，建设现代化经济体系，推动高质量发展，在此背景下，建设一流关键共性技术服务平台，根本扭转我国关键技术受制于人的被动局面，推动制造业创新发展，提升产业链国际地位，就显得尤为重要。

一　我国建设关键共性技术服务平台的现状及原因分析

从运作形式上看，我国现阶段的关键技术服务平台主要有两种，一是政府出资兴建，二是行业协会主办。政府出资兴建的关键技术服务平台，主要是指政府立足产业发展，牵头并出资组建技术研发中心，为产业集群内的企业提供各种共性技术服务，主要表现为地区的产业研究院（简称"产研院"）。近些年，中国出现了一轮产研院爆发式发展，重点在珠三角、长三角地区，在这两个活跃地带涌现出一批以深圳中科院先进技术研究院、东莞华中科大理工研究院、苏州工研院等为典型代表的产研院，其规模不断扩大，发展势头迅猛。行业协会主办的关键技术服务平台主要是指，集群内行业协会利用行业领导者身份优势，牵头整合集群内企业和各种技术资源共同出资，创建产业技术研发中心，为集群内企业提供共性技术服务。[①] 可以说，我

---

① 王宇红等：《基于产业集群的秦皇岛中小企业共性技术服务平台建设研究》，《经济研究导刊》2013年第3期。

国的关键共性技术研发平台的建设已经具备一定的基础，但由于我国从计划经济向市场经济转变过程中，政府和市场的角色定位转换有失顺畅，在关键共性技术服务平台的运行中政府过快退出，而作为市场主体的企业面对共性技术研发的高投资、高风险、见效迟，大多数不愿意投资，也不敢投，这种状况导致关键共性技术研究长期处于供给不足的状态，原来一些基础较好的服务平台也陷入快速衰退。

第一，关键共性技术创新能力严重不足。共性技术创新能力弱主要体现在对进口的严重依赖上。目前，我国对关键共性技术进口依赖度较高的行业有新能源、装备制造、电子通信、医药等产业，其对外依赖度超过70%以上。也就是说，这些战略性新兴产业只有凭借技术和设备引进，才能进行科技优化和产业升级。一旦发达国家对这些技术和设备实施封锁，我国这些产业就会面临严峻的"卡脖子"困境。此外，凡触及生化、军事、微电子等具有战略意义的高端装备制造领域的关键共性技术，发达国家一直对我国采取技术封锁政策。当前，全球贸易保护主义盛行，加剧了发达国家对我技术封锁和"脱钩"的风险。

第二，关键共性技术供给的顶层设计缺乏。在国家战略层面，《中国制造2025》指出我国制造业必须完善以企业为主体、市场主导、政府引导、官产学研协同的创新体系并加强关键共性技术的研发，以解决制造业大而不强的突出问题。工信部印发的《关键共性技术发展指南（2017年）》确定了我国优先发展的174项产业关键共性技术，其中原材料工业53项、装备制造业33项、电子信息与通信业36项、消费品工业27项、节能环保与资源综合利用25项。这虽然表明我国已明确了关键共性技术的重要性和待研发的关键共性技术，但关于关键共性技术的供给制度还未形成具有基础性和导向性的长远战略体系，缺乏国家层面的战略部署。在技术创新基金立项分类中，我国关键共性技术仅被定位于基础研究技术，并未根据其重要性和产业局势而进行调整，最终导致划拨的经费难以对共性技术研发形成有效支撑；在国家科技计划项目中，相关政府部门也缺乏专项规划,对关键共性技术的重视程度和支持力度远远不够。[①]

第三,主体缺位,建设运营机制缺失。随着市场化程度日益提高,科技型企业大多愿意直接面向市场从事研发创新,企业的科技计划项目大多强调技术与产品开发,甚至有些直接与重大工程相挂钩。相反,由于经济利益激励不足,愿意从事关键共性技术研发的市场主体十分缺乏。由政府支持的关键共性技术研究项目,其承担主体分散,加上条块分割体制,关键共性技术研发缺少系统性、长期性,其在创新生态体系中应有的基础性、关键性地位难以确立。

第四,专业人才流失,队伍亟需加强。在原各产业部下属的国家大型研究院所全部进入企业或变成企业之后,国家对基础共性技术的研究基本停止了应有的持续支持和管理,原来基础较好的共性技术研究人才和队伍转向面对市场从事研究,以使所在单位在激烈的市场竞争中胜出,导致共性技术研究一定程度上有所荒废。此外,关键共性技术要出成果,需要长期研究跟踪,当前科研人员评比、职称晋升较重视论文数量、刊物档次,使一些科研人员必须短期出成果,这种激励导向缺乏正面促进作用,造成关键共性技术研究队伍的人员缺失问题日益严重。

二 关键共性技术服务平台的国际和地区经验

进入20世纪90年代,随着信息技术为代表的新一轮科技获得迅速发展,世界各国对关系本国产业发展的共性技术重视度日益上升,纷纷采取形式多样的政策予以支持。较为典型的是,我国台湾地区、德国、日本等地的共性技术政策成功出台并在政策体系中确立了地位,一些发达国家和地区的关键共性技术创新平台建设取得了成功,并产生了巨大的经济社会效益。

(一)中国台湾工业技术研究院的经验

中国台湾工业技术研究院成立于1973年,是台湾唯一经"立法"

[①] 朱建民、金祖晨:《国外关键共性技术供给体系发展的做法及启示》,《经济纵横》2016年第7期。

程序设立的财团法人技术研究机构,简称工研院。40余年来,工研院从创新研发、人才培育、智权加值、衍生公司、育成企业、技术服务与技术移转等方面,对台湾产业发展产生举足轻重的影响。

1. 组织管理结构

工研院的组织结构是适应外部环境变化需要,以及研究院不同时期的策略方向不断调整和转变的。近年来,为适应产业技术发展需求,工研院对内部资源进行了整合,围绕研发事业、技术任务、专业服务三大支柱进行编组。基础研究所集中进行核心技术的研究,主打技术引领和扩散;焦点中心以及分属的五个中心则主要整合内部创新资源,分门别类,快速抢占新科技的制高点;联结中心主要整合行政服务、咨询、技术转移等部门,为工研院提供各类服务。这一组织结构灵活机动,强调资源共享,跨领域整合运作,以及灵活快速回应外界的需求,进而从体制上保障了整个机构的正常运转。[①]

2. 民办官助的财团法人体制

在工研院的成立和发展过程中,台湾地区行政当局可以说起到了主导作用。工研院成立之初被赋予的任务非常明确,主要是改善区域产业机构,引进外国先进技术,培育技术人才,基本上是为政府提供间接服务,或者说是政府职能的延伸。因此,政府在其运作过程中给予全力支持,既为势所必然,又是顺理成章。应当说,没有政府在前期和整个发展过程中的鼎力扶持,共性应用技术机构很难取得成功。[②]与此同时,台湾工研院从一开始就避免成为政府部门的附属机构,而是通过立法设立民办官助的财团法人机制。依照法规,政府出资但实行公司化运营,设立董事会、院长、监事会,制度创新促进了研发效率的提升。目前,台湾工研院的经费来源构成是:政府出资50%;另外50%来自于对民间企业的技术开发服务和衍生企业的利润回馈。实践表明,财团法人体制是台湾工研院的最重要的体制创新,保证了组织灵活性和高效运作。

[①] 陈鹏、李建强:《台湾工业技术研究院发展模式及其启示》,《工业工程与管理》2010年第8期。

[②] 同上。

3. 完整的成果转化链条

关键技术开发及工程化不同于大学实验室将技术原型发明出来就宣布大功告成，在从基础研究到商品化的创新链条上，台湾工研院不仅进行应用技术开发，而且要进行试生产和工程化，实现量产，然后展现给产业界。"量产"这个环节非常重要，它本质上是新产品在大规模商业化之前的一次重要演练。在这个演练过程中，台湾工研院对产品的工艺可行性、质量可靠性、成本可控性都做出了探索性研究和试验，使业界切实感到技术的前景和低风险，这样提高了民间企业采用新技术、开发新产品的信心，降低了他们的风险，于是技术得到顺利推广，大大提升了科技成果转化率。[①]

4. 服务中小企业

对于业界一时接受不了的高技术，工研院就采用自己孵化，成立衍生公司的形式进行产业化。待衍生公司成功发展起来以后，工研院通过逐渐减少股份，将企业推向市场，一般最终持有5%的股份，持有少量股份有利于工研院后续的技术服务的展开。工研院还敞开大门、设立"开放实验室"，帮助外来的小企业渡过初创时期的危险期，待它们成长壮大后，然后再移植出去。这样，大大提升了这些小企业的成活率，放大了科技产业孵化器的功能。

5. 与著名大学在空间上集中配置，形成高科技产业的积聚效应

台湾地区行政当局在推动高科技产业发展的过程中，充分考虑到著名大学在技术和人才上的优势，有意在他们周围形成积聚效应。使高科技企业引进人才的成本降低，信息交流传递的机会增大，信息流通速度加快，最终使得技术创新变得畅通无阻。而技术创新元素则成为高科技产业发展的强大动力。这种物理时空上的设计和考量，也是工研院获得成功的重要原因。

（二）德国弗朗霍夫学会的经验

成立于1949年的德国弗朗霍夫学会是德国政府重点支持的四大

[①] 吴金希：《公立产业技术研究院与新兴工业化经济体技术能力跃迁——来自台湾工业技术研究院的经验》，《清华大学学报》（哲学社会科学版）2014年第5期。

独立科研机构之一，也是欧洲最著名的非营利性应用技术研究机构，在德国被注册为公共事业学会，学会主要为中小型工业企业、服务性产业以及政府部门提供合同式科研服务。通过多年运作实践，弗朗霍夫学会形成了政府资助、学会企业化的著名"fraunhofer模式"。

1. 企业化的运作机制

弗朗霍夫学会创造了一个使企业、大学和政府三方有效合作的成功机制。学会借鉴现代公司组织管理框架，设置学会的组织架构。仿照现代企业的股东大会、董事会、经理层和监事会的设置，学会内设会员大会是学会的最高权力机关，理事会是最高决策机构，执行委员会负责日常管理，学术委员会是最高咨询机构。这种架构保证了学会顺畅完成对外提供科研服务，并收取一定费用的功能定位。弗朗霍夫学会下属的研究所，研究计划、经费使用和人员聘用都由所长负责，选聘人员则要从世界范围内选取尖端科研人才。各类工作人员的待遇公开透明，同时配有独立的外部审计制度，有效地保证了经费合理使用。

2. 政府、企业和研究机构三位一体的筹资机制

弗朗霍夫学会是一个非营利性的机构，只有非营利性才能保证学会专心从事关键共性技术的研发，找准学会在国家创新链中应有的位置。但正常运营需要必要的经费支持，为此，弗朗霍夫学会从其服务对象，即从政府、企业和研究机构分别筹备一定的资金，其总经费中的三分之一来自于政府投入，包含事业拨款与公共部门的项目，另外三分之二则从以企业为主的社会和市场筹来。这种筹资方式和筹资结构让学会既保持了发展的活力，也保持了运营的自主性。

3. 研究机构与大学建立伙伴关系

关键共性技术研发机构与高水平大学同属研究机构，两者可以构建一个合作机制，发挥各自优势进行基础研发。弗朗霍夫学会就创造了一个"机构+大学"的研发模式，并且这种模式与政府投资支持共同构成了学会的强大背后动力。弗朗霍夫学会所属研究所均设立于各大学之中，所长一般也由大学的教授来担任。这样一种设置，一方面充分利用了高校现有的科技资源优势，降低了项目研发成本；另一方

面,研究人员还可以直接参与所在高校的教学工作,特别是高层次的研究生人才培养,既促进了研究人员的知识更新,也有利于为研究所的发展选拔、培养后备力量。①

4. 便捷的合作模式

学会研究所采取合同研究方式与企业开展合作。企业委托研究所研发并支付相关费用,研发成果归企业所有,通过合同科研,企业可以直接、快速得到为其量身定制的技术方案和研究成果。

5. 灵活的用人机制

学会研究人员队伍呈多元化和年轻化趋势,科研人员管理的特点是流动性和项目化。所属研究所实行固定岗与流动岗管理,固定岗执行国家公务员工资标准,合同岗按照合同约定支付薪酬。

6. 成果转化机制

学会的专利战略为学会发展提供了强大推动力,并为生成"新知识产权集群"提供良好的机会,弗朗霍夫基金的创立,每年都为"知识产权集群"项目提供1000万欧元的经费支持。

7. 国际化的运营模式

学会把积极推行国际化作为其重要的战略支点,确保在世界科技和市场发展的主流中赢得主动和先机。学会目前设立了欧洲联络办公室,在美国有6个研究中心,并在日本、中国、俄罗斯等国设立代表处。

(三) 日本产业技术综合研究院的经验②

日本产业技术综合研究院(AIST)从2001年成立以来,重点瞄准从基础研究到与新产品开发应用发展之间的中间过程(即共性技术阶段)的研究,为日本新型产业发展做出了重要贡献。

1. 实施独立法人制度

AIST是独立行政法人机构,按照企业模式运作,具备了一般公共

---

① 赵加强:《基于共性技术研发的弗朗霍夫模式研究》,《工业工程与管理》2012年第10期。

② 顾建平、李建强、陈鹏:《日本产业技术综合研究院的发展经验及启示》,《中国高校科技》2013年第11期。

研发机构所不具备的灵活性和高效率。AIST 研究单位分为研究中心、研究部门、研究室等三种类型，不同的单位按照研究计划可以进行合并、调整，建立了灵活、高度机动性的研究体制。

2. 突破固定员额限制，具备很大的自主权

AIST 重视开放性的人员合作的研究潜力，积极推进具有不同技术背景和文化背景的研究者间的协调合作。AIST 还加强对外人才交流合作，聘用国外研究人员及加强同国内外学术界及产业界之间的联系，这种灵活的用人制度对促进研究交流、学术创新及年轻高级研究人才的培育有着积极作用。

3. 研究主题开放性

AIST 注重官产学研部门之间的网络构建，充分利用国内外研发资源。首先，在研发项目的甄选过程中，强调技术优势，注重对产业的辐射潜力。其次，战略目标和研究主题经由产业界和 METI 高层讨论，由上而下确定，技术预测分析结果要求和产业需求相适应；最后，目标研究主题通过 AIST 上层管理者和员工之间的讨论达成共识，研究项目在互联网公示并招聘人员。

4. 引入差别工资和浮动工资制度

目前 AIST 研究所职工每人全年的收入相当于 16 个月的工资（其中有 1.4 个月评价工资属于浮动制）。在研究经费上，研究预算必须通过竞争获取。现在研究所每年约有 4.5 亿美元的经费，其中政府每年给 2 亿美元的日常费用，另外的 2.5 亿美元需要研究所通过自身努力从外部获取。这些经费归理事长统一管理，研究人员需通过课题申请和竞争来获取经费。

5. 研究系统网络化、国际化

AIST 注重官产学研部门之间的网络构建，充分利用国内研发资源。AIST 与国内外大学进行共同研究，邀请世界著名大学教授担任客座研究员，并吸纳大量博士生及博士后研究人员，一方面可以充分利用大学丰富的智力资源，另一方面可以为人才的培养提供一个厚实的平台，吸收优秀后备人才为 AIST 服务。AIST 聘用外国研究人员、邀请外国研究人员来 AIST 访问研究，同时派遣研究人员到国外研究机

构及大学去研究访问,以确保对先进技术的掌握。

三 关键共性技术服务平台的国际经验对比分析

总体来看,发达国家和经济体利用宏观调控等一系列举措逐步扩大对关键共性技术研发项目的支持范围和力度,中国台湾、德国、日本的做法既有相同之点,也有各自的独到之处。

表专 2-1　中国台湾、德国和日本关键共性技术服务平台的共性结构要素

	中国台湾	德国	日本
供给模式	政府资助企业化运行	政府资助企业化运行	政府资助企业化运行
组织架构	矩阵框架	扁平化结构	矩阵框架
组织目标	科技研发,带动产业发展,创造经济价值,增进社会福祉	促进前沿关键共性技术的联合研发,提高企业的国际竞争力	综合地、创新性地开展产业技术研究与创新,开展贯通基础研究、应用研究、产业化和商业化各环节的活动
开发技术类型	关注前瞻性和共性应用技术的研发	主要研究包括关键共性技术和专项计划等国际前沿技术	能在多个产业应用的具有共性技术特征的先进制造技术的试验研究
经费投入	政府和研究院共同承担	政府、研究机构、企业共同筹资	政府直接管理并承担大部分经费
利益分配	按比例分配	按比例分配	按比例分配
成果的扩散和转移	服务中小企业;鼓励工研院人才扩散;进行试生产和工程化、量产	合同科研模式;弗朗霍夫基金资助	采用专利分享机制激励宽领域的合作研究,全方位拓展日本重要行业关键共性技术的研发
法律保障	《科技基本法》等	《技术创新与科研法》等	《促进研究交流法》《下一代产业基础技术研究开发制度》等

(一) 建立结构合理、程序简化、高效灵活的组织结构

虽然我国台湾、德国和日本关键共性技术的组织结构不同,但其基本特点都是具有决策独立、管理方式灵活、不同主体间协同研发、国家管理程序简化、基础研究与国家产业发展有效挂钩等鲜明特点。相比较而言,我国基础研究管理体系大多采用树状结构,职能划分看似清晰,但在瞬息万变的市场变化中,这种结构却因分支众多而导致流程琐碎冗长,使信息反馈机制逐级削弱,难以满足产业转型升级对技术的现实需要,严重阻碍了事情发展的进度。由此可见,搭建一批

快速适应市场需要、符合科研规律、结构合理的关键共性技术供给平台尤为重要。

(二) 政府进行必要的适度干预

政府代表的是国家意志,政府在科技上的行为体现国家战略,因此,在关键共性技术供给体系中,政府的角色不可或缺。通过政府干预,可确立一些适合本国(地)产业发展需要的关键共性技术,从而促进关键共性技术的研发。德国采取引导式的政府干预,利用宏观调节机制给技术研发与合作组织提供了足够的选择空间,但又时刻保持不脱离政府的监管,这类供给模式大多适用于产业体系较为成熟的国家,关键共性技术供给体系至少形成了雏形,且官产学研联盟研发有一定良好的合作基础。日本则实施全程、全方位的政府干预,政府制定具体政策,并出资鼓励各界人士和机构积极参与到关键共性技术创新进程中。日本关键共性技术的发展得到了政府的支持,并上升到国家战略层面,明确将其与国家的经济发展紧密联系到一起。另外,日本对共性技术供给体系的干预没有完全按市场经济法则进行,而是加强顶层设计,以保证政府对研发项目和研究协会提供必要的政策扶持和经费支持。[①]

(三) 注重软环境建设

关键共性技术供给体系需要通过外在的运行环境来支撑和维护。从国际经验看,各国家和地区的关键共性技术供给体系,在确保经济基础供给充盈的前提下,更加注重同步建设过硬且可靠的法律屏障,侧重双管齐下的软环境建设方式。由此支撑关键共性技术服务平台顺利有效完成其自身使命。

四 建设一流共性技术服务平台的政策建议

关键共性技术的有效供给与研发,对国家产业发展、产业升级和提升产业竞争力起重要作用,为搭建自主创新平台,提升创新能力,

[①] 朱建民、金祖晨:《国外关键共性技术供给体系发展的做法及启示》,《经济纵横》2016年第7期。

我国应构建有中国特色的关键共性技术服务平台。

第一，加强对关键共性技术供给体系的顶层设计。目前，我国建立关键共性技术供给体系的当务之急是加强顶层设计。应根据关键共性技术本身的重要性，相关部门须统一意见、形成共识，着力打造一批关键共性技术服务平台，明确其发展目标，完善供给体系框架，提供适当资金支持、建立健全平台筹资机制，培育强有力的研发联合体，出台相应的法律政策。

第二，加强地方共性技术服务平台的规范和资源整合。近些年，我国各地政府建设产研院的积极性很高，我国的共性技术服务也主要由地方政府支持的产研院提供。但在这个过程中，地方出现产研院"遍地开花"的态势，发展过快，大多数机构未成规模且相互独立。而就关键共性技术的特性和发展规律而言，只有多领域技术整合协同运作，才能实现其应有目标，才能对各类产业发展形成共性技术支持。德国、中国台湾和日本的产研院都走的是"少而精"发展道路。因此，我国地方政府应借鉴国际经验，亟需加强产研院进行规范和整合。

第三，形成政府与社会资本合作的多渠道的投融资体系。由于关键共性技术研发投资大、风险高、投资回收期长，需要政府与社会资金合作投入。在关键共性技术平台建设的初期阶段，须由政府扮演发起者的角色，大幅投入财政资金进行前期培育，形成研发支撑，同时注意吸引企业和社会资金适当投入。随着关键共性技术的市场化，推动更多社会资本的进入，落实企业研发费用加计扣除，此后，政府资金在平台运行中的决定性角色慢慢转给企业、研发机构等市场主体，政府的财政投入则倾向于对关键共性技术研发行为和成果的激励，如股（期）权、补贴和减免合作研发交易费用等。

第四，公司企业化运作模式。虽然大部分共性技术服务机构都是政府投资成立，但政府只提供了基本的运行经费。下设的分所都以独立的状态存在，各研究所在业务和日常运营中具有绝对的自主权。当前，国内科研院所过度行政化，预算执行不灵活，科技评价比较单一，缺乏自主权。我国可以借鉴发达国家和地区共性技术服务机构的

"公司化"管理方式。政府对科研机构实行战略性的引导管理,不再干预具体的管理,在科研机构中推进建立现代科研院所治理结构,弱化科研事业单位的行政级别,避免行政色彩过浓现象。同时引进企业和其他社会主体参与到科研项目的管理中来,让其在技术研发和转让上具有更多的发言权。

第五,国际公开招聘人才。发达国家的共性服务平台规模大小不尽相同,但是能够独立地向全世界招聘一流的科技人员参与研究。通过国际公开招聘等多种形式广泛吸纳国内外一流科学家到共性技术服务机构工作,通过聚集高素质科技人才,为原始性创新提供跨学科、自由宽松的学术思想交流、碰撞和竞争合作的环境。同时,加大本土科研人才的培养力度。

第六,找准官学研与企业经济效益的平衡点。首先,政府对研究机构和高校的关键共性技术研究给予资金支持,支持打造关键共性技术研发平台。为弱化关键共性技术的市场风险,政府可牵头建立官产学研联盟供给体系,既能使企业快速获得关键共性技术的研发成果,又能使研发平台快速跟上市场需求变化,还能使供给体系中的各主体在研发过程中有所获益,真正做到风险分摊和利益共享。

专题三 建设一流的创新驱动的参与全球竞争的龙头企业

一 情况分析

(一)龙头企业营业收入和利润份额下降

龙头企业的特点之一是占据某一产品市场绝大部分份额,处于统治地位。市场份额是判断龙头企业发展特点的重要判断依据之一,不仅决定了企业左右市场价格的能力,也为龙头企业从事包括产品技术创新、工艺技术创新、制度与管理创新等创新行为的能力提供了基础。2014—2018年,《财富》世界500强企业中,中国上榜企业数量从100家增加到120家，涨幅为20%。总营业收入却从7.16万亿美元降低至6.10万亿美元，下降幅度为14.8%。利润总额也从3686.84亿美元下降至3110.09亿美元，下降幅度为15.6%。有12家中国企业处于亏损状态，约占500强全部亏损企业数量的三成。500强企业盈利能力的后100名中，有41家为中国企业。以中石油和中石化为例，虽然从销售额上，两个公司高居世界500强的第三、第四位，但是利润却相对处于极低的水平，中石油甚至处于亏损状态。

表专3-1　　　　　　世界500强中中国企业基本情况

年度	世界500强中国企业数	营业收入（万亿美元）	利润（亿美元）	营业收入占比（%）	利润占比（%）
2014	100	7162374.3	368683.9	23.10	18.43
2015	106	6316547.3	333259	22.86	18.72
2016	110	6196716.7	346003	22.45	23.38
2017	115	6515426.2	347358.4	23.61	22.85
2018	120	6103026	311008.9	20.42	16.54

营业收入和利润绝对值和占比的下降反映了近几年中国参与全球竞争的龙头企业在生产、销售和盈利能力方面的差距。尽管中国龙头企业的世界影响力随着进入500强榜单的数量逐年增加而不断提升，但是由于中国龙头企业的销售收益率和资产收益率处于下行通道，营业收入和利润绝对值和所占份额的持续降低在制约中国龙头企业从事原始创新和集成创新的能力的同时，也迫切要求我国龙头企业进一步提升自主创新能力，从而有效实现自身盈利能力的提升。

（二）龙头企业行业分布状况显示创新驱动力不足

第一，大型商业银行是500强企业中国上榜企业利润的主要来源。《财富》500强榜单中的中国企业中，国有四大商业银行长期处于上榜中国企业盈利水平排行的前几名。2018年《财富》500强中国企业，国有四大商业银行占据了中国企业利润排行的前4位，总利润达到了1322.29亿美元，仅4家企业就占据了上榜中国企业利润总额的35.97%。所有上榜的中国十家银行则包揽了所有120家上榜中国企业超过半数的利润额。这10家银行平均利润179亿美元，远远高于全部入榜中国企业的 31 亿美元的平均利润水平。反映出中国在金融业过度扩张的背景下，银行业利用垄断地位获取超额利润的现实问题。第二，传统制造业龙头企业份额较高。中国 2018 年上榜能源类企业营业收入占上榜中国企业总营业收入的 18.8%，能源类企业平均营业收入水平也高于上榜企业的平均水平。这些公司大多是中国市场上的垄断或准垄断企业，具备着一定的创新驱动力。2014—2018 年世界 500 强企业中中国能源类企业营业收入和利润的下降幅度较大，分别降低了 16.9% 和 79.8%。此外，上榜中国企业主要还有如工程建筑企业（7 家）、汽车企业（7 家）、房地产企业（5 家）等，属于工业化阶段代表性行业。与我国重点发展的高科技产业和战略性新兴产业相比，创新空间相对较小，取得科技创新突破性成就的能力较低，实现创新驱动式发展的可行性相对不足。创新驱动传统能源类龙头企业转型升级、提高创收能力成为了现阶段传统行业企业所面临的重要问题。第三，高科技龙头企业营业收入和利润占比较低，国际市场份额较小。2018 年上榜的中国 IT 企业（包括电信、互联网、电脑等硬件制造、软件等）11 家，但其中电信公司承担了主要的利润来源，其他 IT 领域营收份额仍显不足。网商企业数量为 3 家，占据了全部上榜网商企业数量的一半。但国内互联网企业主要针对我国客户群体的市场需求，在此基础上实现营业收入 1269.14 亿美元，仅占 6 家互联网公司总额的 27.8%。反映了我国网商企业的发展和与世界同行业企业的差距，即海外市场开发与相应技术拓展与支持的不足。

表专 3-2　　2018 年世界 500 强互联网企业营业收入和国家分布

公司名	营业收入（万美元）	国家
亚马逊	177866	美国
Alphabet 公司	110855	美国
京东集团	53964.50	中国
Facebook 公司	40653	美国
阿里巴巴集团	37770.80	中国
腾讯控股有限公司	35178.80	中国

（三）龙头企业国际化发展尚不成熟

作为以跨国和全球性成长为目标的龙头企业，我国上榜龙头企业的海外市场占有率、价格引领能力、跨国合作与并购等海外活动能力与企业发展规模呈现出脱节、不相匹配的情况。2014—2018年上半年，我国企业海外并购数量虽然在2016年呈现出大幅上升趋势，但这种趋势并不持续、稳固。

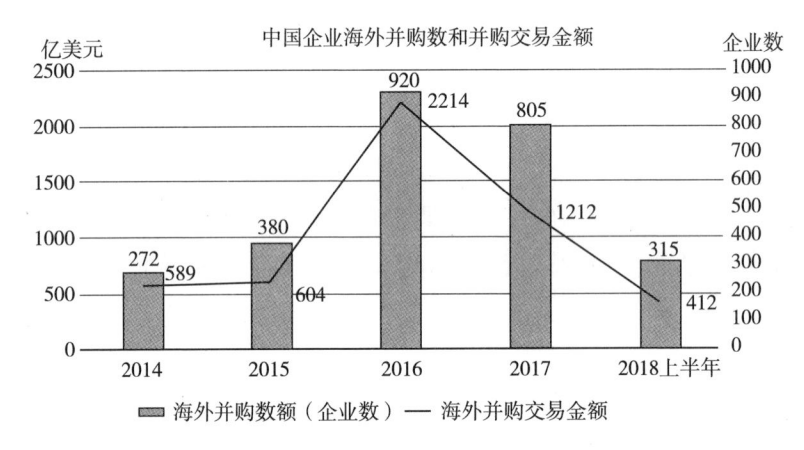

图专3-1　2014—2018上半年中国企业海外并购数和交易金额

海外并购数量和金额的波动态势反映出国内龙头企业对海外并购企业的管理整合能力和自身海外市场发展水平和经验的不足。近年来，部分企业海外市场份额得到了显著提升。以上海汽车集团为例，海外收入由2014年的1.85亿美元增长至2017年的51.11亿美元，占营业收入份额也从0.2%提升至4%。与此相类似，工商银行海外收入由2014年的86.54亿美元增加至2017年的161.82亿美元，占营业收入比例由5.8%提升至11%。中国建筑海外收入由2014年的84.33亿美元增长至2017年的130.09亿美元，占营业收入比例由7.6%增至9%。但也存在以联想集团为代表的企业，海外销售额由2014年的128亿美元增加至2017年的338亿美元，占总营收比例为74.58%，但海外业务经调整税前溢利却亏损1.24亿美元。海外市场收入额提升与利润降低的状况并存。再有如中石油，由2014年的1313.58亿美元降至1104亿美元，份额从30.4%增加至42%。海外市场收入额降低，份额却得到了提升。如何实现海外销售绝对值和企业海外销售份额的双重提升，从龙头企业参与国际化竞争的战略布局出发,实现企业海外市场量变到质变的根本性变化,是中国龙头企业海外发展的重要问题。

(四) 龙头企业提供终端商品、服务、品牌效应的能力不足

近些年我国龙头企业逐渐注重对国内产业链的培育,产品的功能性得到了极大的完善,但相比于国外龙头企业,国内龙头企业在售后、质保等附加服务和审美、占有、攀比等属性在内的消费者需求所赋予的产品附加功能等方面的重视程度还尚显不足。一方面,产业链完整性和结构的不足制约了龙头企业提供终端商品和服务的能力。另一方面,产业链培育、企业商品和服务提供能力的差距与国内龙头企业品牌效应不足互为因果,增加了企业陷入发展与影响力相互限制恶性循环的危险性。世界500强企业中,中国企业的品牌影响力极为有限,品牌认知度远不如沃尔玛、可口可乐、通用电气、丰田、大众、苹果等其他国家的龙头企业品牌,国内龙头企业重视国内市场的影响力提升,挤占品牌对海外市场完善和拓展的投入,压缩品牌海外宣传的成本,导致中国龙头企业品牌效应相对不足。

(五) 龙头企业创新能力相对不足

中国龙头企业依靠自身强大的经济实力,在原始创新、引致创新和集成创新方面不断加大投入,引领自身、国内行业乃至国际同行业间产品、服务创新、价值链、商业模式创新、技术、IT创新以及组织、文化、流程创新能力的提升。《福布斯》杂志发布的"2018年全球最具创新力企业百强榜单"中,中国上榜的公司分别为腾讯控股(第25位)、携程(第28位)、洛阳钼业(第43位)、百度(第45位)、恒瑞医药(第64位)、海康威视(第90位)、中国重工(第91位)。互联网公司和战略性新兴产业是上榜的主要企业构成来源。然而,上榜企业中,符合具有国际竞争力的龙头企业条件的却不多。创新技术未得到广泛应用、创新企业未实现规模化发展、龙头企业创新能力不足是当前的主要现状。

二 原因分析

(一) 龙头企业营收能力下降、"大而不强"的原因

第一,由于市场有效竞争环境的缺失和自身所处的融资、生产、

销售等环节上的优势地位,龙头企业和部分国有企业难以实现高效的生产和运营。2018年世界500强中国上榜企业中,包含央企、财政部出资和地方政府所有企业在内的国有企业总数为83家,占总上榜企业的69.17%。除依靠自身垄断地位赚取超额利润的银行、电信企业外,大部分企业的盈利能力不佳。有37家企业位500强企业盈利水平的后100名之列。第二,2018年入榜中国企业集中在如下几个产业:能源矿业17家、商业贸易13家、IT领域(包括电信、互联网、电脑等硬件制造、软件等)11家、银行10家、金属冶炼及制品9家、保险7家、工程建筑7家、汽车7家、航空与国防6家、房地产5家。其中,仅有银行、电信、汽车、房地产等行业盈利能力较强,尤其是银行提供了超过半数的利润总额。相比之下,无论是以能源矿业为代表的传统行业还是以电脑、软件为代表的高科技行业,盈利水平的低下已成为不争的事实。第三,参与全球竞争的龙头企业具备雄厚的规模优势,但是由于缺乏自主创新的能力,无法有效引领国内外市场需求、主导商品价格,在无法有效利用集成创新优势的同时,也难以扭转自身盈利水平低下的劣势。

(二)龙头企业所处行业整体创新驱动力不足的原因

第一,国内银行业的准入限制所导致的垄断经营和政府宏观金融调控政策不当等问题,导致企业利润多数流向银行业,使大型商业银行在不具备足够经营水平和竞争力的情况下获取差额利润,呈现过度扩张态势。在阻碍实体经济以及其他产业领域龙头企业发展创新的同时,自身也不具备有效创新的能力。第二,国内市场发展程度的不足限制了生命健康、食品生产加工、制药以及娱乐业等领域龙头企业的发展壮大。这些涉及民众生活健康等需求的领域代表着未来高质量经济发展和后工业化进程中产业结构优化、转型升级的方向,但领域内龙头企业受制于现阶段国内市场尚不成熟,难以有效开发和把握市场潜力和需求,在营收能力上无法实现突破。第三,中国高新技术领域龙头企业在核心技术和产品研发生产方面、吸纳整合全球最优资源方面和引领全球价值链方面的能力尚显不足。一方面,基础技术、工艺和研发环节存在明显的短板,对核心技术和重大技术突破的支持力度不够；另一方面，国内产业政策重视企业国内价值链的打造，忽略了对企业全球价值链竞争力提升的有效引导。硬实力与软实力的缺陷使高技术龙头企业难以有效掌握核心技术、融入全球价值链并占据上游地位。

（三）龙头企业的海外发展能力和影响力不足的原因

第一，我国龙头企业海外发展准备和发展经验不足，对海外发展的支持能力不够。只重视企业国内市场的发展或一味地追求拓展海外市场、缺乏可行性研究和市场调研、投资具有盲目性、企业高素质跨国人才的匮乏和跨文化经营管理能力不足等问题都极大地影响了我国龙头企业的海外发展能力。第二，核心竞争技术的缺失限制了我国龙头企业的海外发展能力。基础技术、关键技术、核心技术和重大技术突破的缺失导致我国技术性龙头企业更多依赖例如购买专利许可的方式实现产品技术升级，在难以实现"中国制造"到"中国创造"转变的同时，也因为缺乏核心竞争技术而失去了国际市场的发言权和主导权。第三，产品质量、营销能力决定了企业的品牌影响力，深刻地影响了我国龙头企业海外发展水平。近年来，我国产业链和市场机制的失调造成了企业自主创新和生产效率提升需求的不足，直接影响了中间产品和最终产品的质量，再考虑到个别龙头企业质量意识缺失的情况，导致中国龙头企业给海外消费者留下廉价、低质等不良印象的风险性加大，严重影响了龙头企业的海外市场拓展。此外，我国龙头企业缺乏打造国际品牌的意识、品牌策划和营销能力略显不足，导致我国龙头企业中国际知名品牌数量和品牌价值均显低下。

（四）龙头企业创新能力不足的原因

第一，基础性研究的不足。我国基础研究、基础技术由于专业人才匮乏、既有研究水平不足、缺乏足够的激励和重视等原因，一直难以满足龙头企业对于基础技术、关键技术和核心技术的需求，从而难以为龙头企业创新提供原始动力。第二，我国龙头企业的技术引进面临着低效和风险问题。一方面，我国龙头企业对世界先进技术在进行消化吸收基础上，需要作出迅速、有效的再创新，而缺乏基础性研究和核心技术条件的支持，导致技术引进的再创新效率难度较大。另一方面，对技术引进的依赖降低了我国对基础技术、核心技术的研发需求，不仅使核心技术受制于人的情况难以逆转，更导致了技术引进方式不可持续的风险性加大。第三，我国龙头企业的集成创新能力不足。一方面，我国龙头企业在科研投入、技术整合、产品创新等方面仍未与其资金、规模优势充分匹配，因而及时把握世界科技发展成果的水平和持续提供应用创新能力不够；另一方面，龙头企业所处产业基础性核心技术缺失、产业链原始创新和引致创新水平不足，直接限制了龙头企业集成创新能力。

三 国内外比较

（一）龙头企业盈利水平比较

1. 美国龙头企业盈利能力

美国企业在《财富》世界500强排行榜中，在上榜企业数量和盈利能力等方面长期处于领先地位。2018年有126家企业上榜，只略高于中国的120家。从企业雇用人数上看，中国上榜企业雇用员工数更是高出美国企业38%。然而，总营业收入和总利润却分别高出中国企业24%和78%之多。平均销售收入705亿美元，平均利润52亿美元，高于中国企业的597亿美元和31亿美元。在平均销售收益率、净资产收益率、人均利润等指标上的差距则更为显著，其中美国上榜企业的人均利润甚至达到了中国企业的2.35倍。

2. 欧洲龙头企业盈利能力

表专3-3 2014—2018年世界500强企业法国、德国、英国上榜数和平均利润

年份	上榜企业数			平均利润（亿美元）		
	法国	德国	英国	法国	德国	英国
2014	31	28	28	16.43	24.99	60.52
2015	31	28	29	22.37	30.05	18.02
2016	29	28	26	19.38	18.01	14.34
2017	29	29	24	25.35	18.67	18.94
2018	28	32	21	29.67	31.51	51.33

以法国、德国和英国为代表的欧洲龙头企业数量近年来比较稳

定，盈利能力总体处于提升的态势。具有生产规模的龙头企业盈利水平提升、上榜企业盈利能力强、结构优化是促进平均利润上升的主要推动力。

3. 日本龙头企业盈利能力

表专3-4　2014—2018年世界500强企业日本上榜数和平均利润

年份	上榜企业数	总利润（亿美元）	平均利润（亿美元）
2014	57	1386.54	24.33
2015	54	1174.11	21.74
2016	52	1020.33	19.62
2017	51	1377.89	27.02
2018	52	1770.50	34.05

日本上榜企业数量近年来呈现递减的趋势，总盈利能力和平均利润水平却不减反增。日本国内一流企业如丰田的盈利高达225亿美元，其他企业同样表现良好，无亏损企业。上榜企业均衡发展，企业大而强、利润分布均衡，为日本龙头企业整体盈利水平的提升提供了有利条件。

(二) 各国龙头企业所处行业情况

1. 美国龙头企业所处行业情况

美国银行上榜数量为8家，平均利润为96亿美元，远低于上榜中国银行179亿美元的平均利润。银行利润也仅占到美国全部上榜企业利润的11.7%，远低于中国银行利润对总利润57.6%的占比。入榜美国企业集中在卫生健康批发、卫生健康和保险管理式医疗（10家）、食品生产加工（8家）、制药（5家）和娱乐产业（3家）等领域，多达26家。涉及生命、健康、生活等领域的企业数量较多，反映出美国龙头企业所处行业影响力的增加和产业高端化进程的加快。美国IT领域龙头企业成为了上榜美国企业利润创造的重要来源。作为技术密集型行业的代表，美国IT产业的上榜龙头企业多达18家，平均利润高达128亿美元，超过美国上榜公司和同行业中国上榜公司的平均利润。

2. 欧洲龙头企业所处行业情况

德国经济本质上是制造经济，其经济支柱是制造业实体。制造强国德国的主要制造行业是机械设备制造、交通工具与汽车制造、药品和化学产品制造。2018年500强榜单中，德国汽车及零部件行业上榜龙头企业有6家，利润总额为423.77亿美元，占上榜德国企业总利润的42%，是德国龙头企业利润最主要的来源。此外，上榜的德国制造业企业还集中在制药、化工、工业机械和服装等领域。德国制造业的机械设备技术含量高、高端装备制造方面份额大。

从产业结构角度来看，法国大公司中鲜有房地产、工程建筑和金属冶炼企业，却在生命健康、食品、能源、公共设施等与人的生活密切相关的产业里存在众多大公司，与中国的产业结构形成较大反差。如制药公司赛诺菲（SANOFI）在2018年是法国500强企业中盈利能力最强的，达到95.07亿美元。此外，法国银行上榜数量也较多。公司盈利能力和行业分布都比较均衡。

3. 日本龙头企业所处行业情况

作为全球制造业强国，日本的汽车制造行业，电子产品行业，金融行业、重型机械制造、零售行业的品牌公司，都是榜单上的常青树。据2018年来自美国《财富》杂志最新公布的世界500强企业排行榜数据显示，日本企业上榜的有66家，其中制造类的汽车及零部件就占据10个席位，分别为丰田、本田、马自达、斯巴鲁、电装等知名品牌企业，利润达到515.25亿美元，占全部上榜日企利润总额的29.1%。此外制造业企业还涉及工业机械、电气设备等日本传统优势产业，可以看出日本制造业的整体盈利情况良好。

（三）各国龙头企业品牌及海外市场发展

美国是较早重视、支持品牌价值提升和发展的国家，美国龙头企业着重改善产品质量、明确企业定位、把握客户需求，尤其重视运用现代营销手段等方式增加品牌的识别度、知名度、美誉度。美国先后产生了许多在全球有重要影响力的品牌，在确保美国龙头企业处于全球价值链高端的同时，也保障了美国龙头企业海外市场份额的提升。德国和日本依靠制造业领域的传统优势，使本国龙头企业实现了将企业生产的产品与高技术、高品质的紧密关联。在增加品牌影响力的同时实现了海外销售份额的有效提升。

（四）科技创新能力

1. 美国龙头企业创新能力

企业持续的创新能力和培养自主技术体系构成了美国企业的核心竞争力。美国企业拥有持续创新能力和自主技术体系，不仅提供了企业创新与发展的动力，也保证了企业在国内外同行业中的领先地位。第一，典型的科技创新企业如 IBM（1911）、微软（1975）、苹果（1976）、英特尔（1968）依靠先进的技术研发和应用能力，保证了企业科技创新水平和企业核心竞争力。第二，典型的管理创新企业如麦当劳（1940）依靠质量、服务、清洁、价值管理和人力资源管理创新保持企业长期竞争力；第三，典型服务创新企业如迪士尼（1923）依靠"硬件"服务创新、"软件"组织创新共同完成了服务创新目标；波音（1916）则是进行了以客户为中心的企业文化塑造和服务促销等形式的服务创新。

2. 欧洲龙头企业创新能力

德国制造业龙头企业创新能力主要依靠政府支持、自身研发和品牌文化实现提升。第一，2013 年德国政府提出工业 4.0 的概念，开始了第四次工业革命的进程，以"绿色制造""高端制造"为目标，进一步加快了制造业龙头企业创新水平的提升。第二，德国制造业龙头企业拥有内部实验室和研发中心，促进企业科技成果的产生和转化。第三，以精密高质为主要特点的"德国制造"作为德国制造业龙头企业的重要品牌、文化特点，为德国龙头企业的创新发展提供了有力保障。

法国龙头企业创新是政府政策支持的典型代表。法国政府在创新方面的积极政策如成立"国家科研与技术高级理事会"，颁布实施了《创新与科研法》，制定了"企业科技创新计划"，建立了覆盖全国的研究与技术创新网络，将生命科学、航天与空间科学、微纳米技术、信息与通信科学、清洁汽车、燃料电池等作为创新优先发展项目，并给予重点政策扶持和经费资助等，[1] 有力地支持了高科技领域龙头企业的成长，提升了龙头企业的科技创新能力。

---

[1] 李海南：《法国科技创新历史对我国的启示》，《中国高校科技》2016 年第 12 期。

3. 日本龙头企业创新能力

第一,"吸收型"技术战略和"技术立国"自主创新战略。一方面,日本龙头企业积极吸收美欧先进科学技术,节约研发成本,快速提高产品竞争力,提升盈利能力。另一方面,加强基础性和独创性的自主技术开发,以企业为主体,形成产学研密切合作的技术创新模式,保证了日本龙头企业的创新能力。第二,管理模式创新。从全球主流企业和非盈利组织实践中提炼、整理出来的一整套企业管理模式。其基本的思想是以人为中心,坚持绿色发展、尊重员工、持续改善的理念,通过彻底消除浪费、波动和僵化,追求产品制造的合理性以及品质至上的成本节约,为企业利益相关者创造价值。

四 对策建议

(一) 提升国有龙头企业盈利水平

提升国有龙头企业的盈利水平,应持续剥离国有企业政策性负担,为国企"减压"。建立现代企业制度,降低国有龙头企业对国家的依赖程度,引入有效的市场竞争机制,继续深化混合所有制改革,提升社会资本份额,有效激发国有龙头企业的活力,提升其盈利能力。

(二) 优化龙头企业所处行业结构

第一,抑制大型商业银行的过度发展。商业银行龙头企业主要依靠传统利差收入获取超额利润。因此,银行业龙头企业应以服务实体经济为本质要求,降低融资成本,根据不同的企业规模或企业成长的不同阶段向企业提供不同的融资工具,在遵循商业可持续的原则下真正形成一种共荣共生、共建共存的良性银企关系。加强对战略新兴产业发展的支持,对传统融资渠道进行改良。加强银行业创新,小微、"三农"、绿色信贷、金融+互联网、财富管理等方面进行创新式发展。第二,发展和培育高端化、未来化产业龙头企业。在扩大内需市场的过程中推进与民众生活、健康等相关的产业发展,进一步支持和鼓励卫生健康批发、卫生健康和保险管理式医疗、食品生产加工、制药、娱乐等领域龙头企业的发展,不断提升其规模、盈利能力、国内外市场份额和品牌影响力。第三,进一步促进高科技龙头企业发展。

一方面，注重培育以高端装备、新材料、航空航天装备和高档数控机床等高科技制造业龙头企业发展。另一方面，继续对IT和互联网领域的龙头企业发展提供有力支持，加强企业持续创新能力，在保证国内市场份额的情况下加强海外市场发展能力。

(三) 提升企业品牌影响力和海外市场发展水平

第一，完善龙头企业所处行业市场竞争机制和产业链机制，提升龙头企业生产能力和监管能力，有效保证中间产品和最终产品质量，将"中国制造"贴上高质量标签，作为加强龙头企业品牌影响力和海外市场发展的基础。第二，通过有效的营销渠道，把握客户需求，宣传企业文化，提高品牌价值，有效提升品牌的知名度、认可度，助推中国龙头企业产品和品牌的国际化。第三，不断提升我国龙头企业融入全球价值链的能力。在增强全球价值链竞争力的同时提升龙头企业海外发展能力。

(四) 提升龙头企业创新能力

第一，进一步加大我国各领域、各部门基础性研究、原始性创新能力，以取得重大性、突破性成果为目标，积极缓解和改善我国基础技术、核心技术、关键技术掌握能力不足的情况，为龙头企业创新能力提升提供基础条件。第二，进一步加强产业链整体创新和协同创新能力，将需求拉动与创新驱动、自主创新与技术引进有机结合，积极推进创新平台建设，提升产业协同发展和技术转移效率，为龙头企业进行集成创新行为提供有效渠道。第三，进一步提升龙头企业技术集成创新能力。在充分整合吸收国内外先进技术的基础上，实现从单一技术突破向多项技术集成突破和终端产品技术突破的再创新目标，带动创新能力的升级和跨越式发展。

专题四　建设一流科研院所问题研究

科研院所是国家创新和企业创新的重要平台，是体现一国和地区创新能力和水平的重要标志。世界发达经济体和科技发达国家有不少先进的、创新能力强的科研院所，它们在发展定位、运营管理、体制机制等方面有诸多好的做法和经验。借鉴国际一流科研院所建设的有益经验，推动我国建成一批一流科研院所，对我国建设现代化经济体系，实现经济高质量发展有重大而深远的现实意义。

一 世界一流科研院所的状况和根本特征

（一）对世界一流科研院所评判标准的评判

世界一流科研院所这个提法早已有之，但对世界一流科研院所的认识至今没有一个统一的学术概念。什么样的科研院所算是一流的，也没有统一的评判标准。也就是说，目前学术界对世界一流科研院所的研究还处在探索阶段。从目前的情况看，国内外对世界科研院所评价较有影响的有3类体系：一是汤森路透《TOP25全球最具创新力的政府研究机构榜单》，其评价以专利指标为主，以论文指标为辅。二是《自然》杂志出版集团《自然指数》中关于全球大学和科研机构排名，其评价以论文指标为主，根据各国或各科研机构每年发表的约6万篇高质量科研论文的贡献情况，既计算论文总数，又计算不同国家和机构在每篇论文上的相对贡献，按照加权分数式计量（weighted fractional count，WFC）作出评分排行。三是武汉大学中国科学评价研究中心的世界一流大学与科研机构竞争力评价，是利用基本科学指标数据库（essential science indicators，ESI）和德温特专利数据库（Derwent innovations index，DII）为数据来源，对世界主要大学与科研机构开展竞争力评价研究和综合分析。[1]

总体上看，这三种办法主要采用论文指标进行科研评价，如以收录论文数量评价科研产出能力，以论文被引用次数评价科研影响力，以热门论文数评价科研创新能力，以高被引论文占有率评价科研发展能力。论文情况在一定程度上能够反映科研创新实际能力，在统计上也简单易行。但这种办法也有一定的局限性，最主要的就是使科研院

---

[1] 张玉赋等：《江苏有特色的世界一流科研院所建设研究》，《科技管理研究》2018年第7期。

所为追求排名而大量发表论文,这些论文实际贡献可能不大。因此,这种"唯论文"的评价倾向并不能完全准确反映科研创新真实情况。实际上,科研院所对经济社会发展的实际贡献才是其根本的评价标准。

(二) 世界一流科研院所基本特征

我们选取发达经济体(如德国)的知名科研院所和世界500强企业知名内设科研机构为研究对象,来分析世界一流科研院所的基本特征。之所以这样选取研究对象,根据上述我们对世界一流科研院所评价的分析和认识,主要还是因为这些知名科研院所为所在国(地区)或企业做出了实际有效的贡献,所在国(地区)作为发达经济体,企业作为世界500强与这些科研院所有密切关系。

1. 在国家或企业发展中的基础支撑作用突出。世界一流科研院所在国家和企业发展中占据重要的战略地位。德国马普学会是德国政府办的科研机构之一,凭借强大的科研实力和完善的科研体系,在德国的基础科学研究中占有十分重要的地位,一度被认为是德国基础科学研究的中坚力量,马普学会因对国家科技进步的卓越贡献而备受德国人推崇。[①] 通用(GE)技术中心成立于1956年,该技术中心作为世界上专业面最广、技术门类最多的研究组织,是GE发展的基石,为所属国家科学技术发展乃至世界科学的发展都有较大贡献。

2. 明确研究定位和目标。世界一流科研院所所从事的研究各种各样,但都有各自明确的研究领域和战略目标。与大学的自由灵活的研究不同,世界一流科研院所大都根据社会和企业需要,从事专门的、针对性强的研究,并且这些研究大都具有明显的战略性、前瞻性。比如,作为国家研究机构,德国马普学会主要从事支持自然科学、生命科学和人文社会科学等领域的基础研究;作为国家研究机构,德国赫尔姆霍茨研究中心主要从事使用大型仪器的物理学研究、宇宙空间、数据处理及生态与环境研究等。作为GE公司内设研究机构,GE技术中心以公司14个骨干行业研究为主,从事科学工程领域的专门研究。

---

① 朱崇开:《德国基础科学研究的中坚力量——马普学会》,《学会》2010年第3期。

壳牌石油公司荷兰阿姆斯特丹研发中心则主要研究油和石化产品及其加工工艺，现在更多地关注能源的可持续利用，比如，太阳能、氢能。

  3. 拥有科学的内部管理体制机制。对世界一流科研院所而言，提供优秀的科研成果是其根本性工作，这同提供优良产品是企业的根本性工作一样。有不少一流科研院所虽然最初是由政府创办的，但这些科研院所与政府的关系是通过合同确立的契约关系。由此，一流科研院所得以建立完善的管理体制机制。世界一流科研院所均借鉴企业的管理方式，建立较为完善的内部治理结构。以德国弗朗霍夫学会为例，其管理体制主要由会员大会、理事会、执行委员会、学术委员会和高层管理者会议、研究所等组成。会员大会选举理事会成员，审查执行委员会提交的年度报告，包含财务预算报告。理事会是最高决策机构。执行委员会是日常工作执行和管理机构。学术委员会是咨询机构，协助执行委员会做好科研工作。高层管理者会议由执行委员会和学部负责人组成，是管理和运行的协调机构。研究所是研发项目的具体落实部门，实行所长负责制。在学会和研究所之间设有"学部"这一层级，其职能主要是沟通协调，一方面组织各研究所内部交流，目的是共享科研资源并提高其利用效率，一方面，学部以学科代表的身份参与学会重大决策。

  人才是一流科研院所的重要组成因素。因此，科研院所体制机制的好坏关键体现在对人才的培养和管理上。一流科研院所十分重视人才管理的制度创新。除了利用自身的科研条件、学科专家等方面的优势培养大批后备人才，更加重视采用独特做法培育和发现人才。如德国弗朗霍夫学会对研究人员采用"流动性"和"项目化"管理，既丰富了研究人员的管理方式，也为增选优秀研究人员创造了机会。

  一流科研院所体制机制的科学性还体现在经费的收入和支出上。以德国弗朗霍夫学会为例，其研究经费来源于多种渠道，通常分为"非竞争性资金"和"竞争性资金"两大类型。"非竞争性资金"主要包括政府投入、国防部门等专项资助等；"竞争性资金"则主要包括通过签订合同形式从政府、企业、民间基金等获得的资助。"竞争性资金"与"非竞争性资金"比例大致为2∶1。在支出方面，1973年弗朗霍夫大胆进行财务创新，形成了著名的"弗朗霍夫财务模式"。这一模式的核心是将政府下拨的事业基金与学会上年的收入水平挂钩，以此作为对各个研究所分配经费的依据。根据这一财务模式，研究所科研经费的理想结构，应为"非竞争性资金"占20%—30%，"竞争性资金"占70%—80%；其中"非竞争性资金"的一半应来自企业合同，另一半则来自联邦政府、州政府乃至欧盟的招标项目。实践证明，这种做法既保证了科研机构基本公益目标和基本运行秩序的实现，又有效地提高了"非竞争性资金"的使用效率，提高了各研究所开拓客户资源和自主发展的能力。因此，这一模式推出之后一直受到高度关注，已成为许多欧洲国家建构新型科研机构财务管理制度的主要参考样本。[1]

4. 注重产学研结合及科技成果高效转化。世界一流科研院所普遍认为，科研与企业界建立市场合作关系是价值实现的关键。在经济全球化潮流明显及市场经济在全球范围内日益发达的今天，无论哪一个国家的哪一个科研院所都不能完全脱离市场经济而存在。以应用研究为主的科研院所应面向市场，以基础研究为主的科研院所也需要面向市场获取科研资源支持和转化成果。任何忽视或脱离市场的科研行为都是不可想象的。因此，世界一流科研院所大都对市场持有开放态度，是贴近甚至拥抱市场的。以马普学会为例，它通过与企业合作、授予专利权和许可证以及衍生公司（spin-off companies），将研究成果应用于经济和社会发展当中。[2] 1970年，马普学会成立马普创新公司（Max Planck Innovation，2006年以前名为Garching Innovation），搭建了马普研究所与企业间的一个沟通合作平台。这个平台一方面帮助科研人员评估其科研成果的市场价值和应用前景，一方面帮助企业了解科研成果情况并寻找合作伙伴。德国弗朗霍夫学会对外合作进行科研则主要采用项目合同的办法，即通过签订合同为政府和企业提供科研

---

[1] 樊立宏等：《德国非营利科研机构模式及其对中国的启示——以弗朗霍夫协会为例的考察》，《中国科技论坛》2008年第11期。

[2] 朱崇开：《德国基础科学研究的中坚力量——马普学会》，《学会》2010年第3期。

咨询服务。

与高校合作进行科研是世界一流科研院所的又一特征。高校科研具有自由灵活、不受领域拘束的特点，这正好为具有特定领域、特定目的的科研院所提供思想火花或者某种启发。一流科研院所最终成为不少高校优秀科研人才的首选工作去向地。科研院所与高校在培养人才方面既有不同点，也有不少共通之处。因此，世界一流科研院所与高校是竞争与合作的关系。这种竞合关系对科研进步带来巨大裨益。

5. 通过开放合作推进科研。世界一流科研院所国际化水平普遍高，体现在不仅具有国际化办所理念，而且在实际科研活动中十分注重国际合作，包括科研设施的对外开放和国际人才的引进与合作。简而言之，世界一流科研院所的科研资源国际化配置水平相当高。

如法国科研中心是"依托欧洲，建立多元化区域合作关系；发展全球合作网络，保持全球竞争力"，其87%的实验室是与国内外机构联合共建的，在中国、美国、日本等11个国家设立了代表处，90%的科研成果通过合作产生，每年仅派往亚洲开展实质性合作研究的人员数量就超过3600名；法国巴斯德研究所从开始就把研究所的建设放在了具有国际性和开放性的目标上，研究人员来自不同的国家，建立了遍布全球各地的30个分支机构，每年有来自70多个国家的600余位访问学者，形成了一个庞大的遍布世界的研究网络。德国马普学会在全世界有6500多个研究合作机构，与西欧、以色列、美国、日本和中国的顶级研究组织和高校开展合作，同时也与国际合作机构共享世界上最先进的研究设施；马普学会89%的博士后、60%的客座研究员、30%的所长和近50%的博士生均为非德国籍人员，所级领导岗位（非法人）实行全球招聘制度。美国橡树岭国家实验室的外籍人员比例为35%；美国国家实验室除与国防有关的部分以外，全部为开放实验室。①

---

① 张玉赋等：《江苏有特色的世界一流科研院所建设研究》，《科技管理研究》2018年第7期。

二 我国科研院所存在的突出问题

与世界一流科研院所相比较，我国科研院所仍存在诸多不足之处，发展仍存在相当差距。这对推动经济高质量发展和现代化经济体系建设难以形成有效支撑。

（一）发展目标和定位不清晰

我国科研院所数量众多，涉及各种领域。但在市场经济日趋发达的今天，受传统科研管理体制的影响，我国科研院所特别是公益院所大多处于发展目标不明确、发展定位经常变化的状态。这些科研院所没有很好地将自身业务与市场结合。有的科研院所只重视基础研究，对市场的认知度和认同度较低，有些科研院所的负责人和研究人员对市场甚至是恐惧的。而有的科研院所转型快，只重视市场创收，荒废了基础研究工作。在目标定位不清晰的情况下，科研院所只能处于"打乱仗"的困境，深入开展科研的条件不具备，更难达到先进水平。这对科研院所健康发展、打造世界一流科研院所将产生严重不良影响。

（二）体制机制滞后

新中国成立后，我国科研管理体制基本上是仿照苏联的模式建立起来的。尽管改革开放后，有些科研院所实施了市场化的发展策略，打破了原有僵化的管理方式，形成了以市场为导向的管理机制，但大部分科研院所仍主要沿用传统的事业单位的管理模式，尚未建立现代管理制度，其中较为关键的机构在科研过程中的自主性、独立性欠缺。这主要体现为，科研院所管理上受来自政府的外界行政干预仍然不少，治理主体单一，公众参与度不高，管理自主权不足，由此导致缺乏前瞻性、长远性的研究。

（三）人才及其管理严重不足

人才是科研院所的生命力所在。人才及其管理不足主要体现在如下三个方面。人才结构方面，我国大部分科研院所人才层次偏低，缺乏世界顶尖人才，科研人才梯队断层问题突出，青年骨干技术带头人配备不足。目前，我国获得诺贝尔奖并能在世界范围内充当领军角色的科研创新人才凤毛麟角。人才激励方面，科研过程中科研绩效评价滞后，人力资本补偿不足、激励不足直接影响了人才科研创新的积极性。人才培育和成长方面，缺乏人才培育长远规划，缺乏系统定型的培育制度，缺乏职业引导工作，人才成长机制不健全。

（四）成果转化和产业化效率不高

首先，技术要素市场不完善，科研成果与企业间信息不畅通，其次，受传统管理体制影响，成果转化收益多归于单位或领导，科研人员的贡献不能得到有效体现。最后，金融支持不足，特别是银行不愿意将资金用于高风险的科研成果转化。这些因素导致我国科研院所面向产学研结合的发展不足，转化率不高。

三 建设一流科研院所的思路和对策

一流科研院所是现代化经济体系建设的重要支撑。未来一段时期内，应当借鉴国际经验，发现和解决自身不足，着重建立一批具有国际先进水平的科研院所，推动我国科技创新，辐射带动形成社会创新能力。为此，提出如下建议。

（一）运用系统思维，加强组织协调，形成强大科研攻关能力

受传统条块分割影响，我国现有科研院所大多限于一域的研究，不仅与市场和产业发展需要相距较远，而且势单力薄，科研攻关能力相对有限。因此，需要国家有关部门做好顶层设计，加强统筹管理，要注重建立不同院所间的联系沟通机制，形成定期或不定期内部讨论交流，相互介绍工作情况进展和有益经验。这样，既有利于形成科研合作，也有利于各有关部门在充分了解实际情况的前提下，协作制定相关政策，做好规划设计，实施体制机制改革。此外，建立一流科研院所需要大量资金投入，需要从财政上统筹考虑，拿出专款予以支持，并鼓励地方政府多方式投入，引导社会资本多途径投入，在资金使用过程中，需根据科研项目不同类型和耗时长短区别对待，使资金使用获取最大效益。

（三）创新管理机制

科研院所需建立系统统一的现代化管理框架，推进体制机制改

革,提升管理水平和运作效率。借鉴国际经验,探索建立院所理事会、执行委员会、学术委员会、咨询委员会,形成自我运行,淡化行政色彩。深化事业单位相关配套制度改革。改革完善户籍、职称评定、财务报销、出国审批等方面的制度;完善科研项目管理制度,大幅扩大财政自主权和科研方向选择权,对于探索性强的原创性研究,逐步走向目标管理、大类管理、信用管理的模式。采取法律形式确立院所设立与变更、定位与职责、隶属关系、管理体制等。

(三) 加强推进落实和管理考核

充分借鉴学习国外先进经验,形成并出台适合我国实情的科研院所管理办法。跟踪研究院所运行中的突出问题,进行管理动态调整。着重推进院所建设形成既有各自特色优势,又能形成合作科研攻关的发展格局,支撑国家战略、满足产业发展根本需要。加强考核科学评估。委托专业机构作为第三方研究建立现代科研院所的评估制度和指标体系,并对各院所实施评估打分,根据评估结果,对表现优秀的院所实施奖励,对表现一般的院所提出改进意见,对表现较差的院所则要从资金使用管理方面减少支持,形成优胜劣汰的竞争格局,保证院所活力充盈。

专题五 建设一流的多层次资本市场

当前,我国正面临着实施创新驱动,推动经济转型发展的重大历史任务。科技创新是落实创新驱动的首要内容,但科技创新需要大量资金投入,且是高风险、高收益的经济活动。适应实体经济对科技创新的需求,建立多层次资本市场,支持科技创新,是推动现代化经济体系建设和经济高质量发展的重要抓手。

一 美国多层次资本市场介绍

作为直接融资主要方式,多层次资本市场在美国、英国等发达国家及一些发展中国家广受青睐,发展十分成熟。例如,美国的纽约证券交易所、美国证券交易所以及纳斯达克市场，英国的伦敦证券交易所、替代投资市场（AIM）和未上市证券市场（OFEX），巴西的里约热内卢证券交易所和圣保罗证券交易所，等等，都是世界知名的多层次资本市场。发达国家和地区在除了完善的场内交易所之外还有发达和成熟的场外交易市场。相比较而言，美国多层次资本市场凭借其体系健全、层次多样且衔接呼应、良性循环竞争、高效率等特点，成为国际上多层次资本市场的典型代表。本部分重点分析美国多层次资本市场的情况。

(一) 美国多层次资本市场的构成

美国多层次资本市场大致有5个不同层次。

第一层次是主板市场。主板市场主要为大型企业提供上市融资服务，纽约证券交易所（NYSE）和美国证券交易所（AMEX）是主板市场的两个典型代表。主板市场上市标准高，多为大企业才能在主板市场上市，因此，交易规模也较大，其中纽约证券交易所规模最大，其证券交易量占美国证券交易总量的80%。

第二层次是二板市场，主要代表是纳斯达克市场（NASDAQ Market），纳斯达克市场下设纳斯达克全球精选市场（NGS）、纳斯达克全球资本市场（NGM）及纳斯达克资本市场（NCM）三个市场。与主板市场服务大企业不同，纳斯达克市场主要为美国国内以及国际上的中小企业，特别是高科技中小企业股权融资服务。其上市标准相对较低，是全国性的交易市场。

第三层次是地方性交易所，例如，太平洋交易所、辛辛那提证券交易所、芝加哥证券交易所、波士顿交易所、费城交易所等区域性交易所都属这个层次，主要从事地方性企业债券以及中小企业债券的交易服务。

第四层次由OTCBB市场、粉红单市场（Pink Sheets）、第三和第四的灰单市场构成，这些市场的上市门槛特别低，主要为美国小型公司提供融资服务。

第五层次是面向小型公司的地方性柜台交易市场。

不难看出，美国多层次资本市场主要是根据服务对象——企业的不同层次和类型进行设置，使资金与作为实体经济主体的企业形成有效对接，实现了金融与实体经济的有机结合，实现了金融与科技创新的有机结合，从而推动科技创新与实体经济的有机结合，形成金融、科技创新、实体经济三位一体、良性互动的共生共荣局面。

（二）美国多层次资本市场的退市制度完善程度高

与其他市场一样，资本市场有进就应当有出。只有这样，资源才能得到有效配置。退市制度完善程度是一个资本市场成熟度的重要体现。美国退市制度具有多样化特点而且可操作性强，是大多数资本市场建设过程中仿效的对象。

与不同层次的资本市场服务不同层次的企业相适应，美国资本市场针对不同层次、不同标准的企业，设置了不同的退市程序，退市程序严密、高效、明了，且不失人性化色彩，比如，退市程序包括警告、摘牌通知以及听证程序，使得被清退的公司可以对最终决议提出复议。

以纳斯达克市场为例，原挂牌公司既可以从纳斯达克退市，进入下一层次的地方性交易市场，也可因已经符合主板市场条件而选择自主退出并申请纳斯达克市场，进入主板市场交易。总体上看，美国多层次资本市场的退市制度设计，可谓时刻针对企业的实际经营情况提供服务。因此，退市制度严格遵循优胜劣汰生存法则，既体现公平，也兼顾效率，也充满灵活性。退市制度的设立使美国资本市场对企业的优选功能得以真正实现。

从实施效果看，美国资本市场的退市制度效率也是相当高，当上市公司由于自身经营情况好，符合更高层次的资本市场标准后，可以申请转板到高层次资本市场上市交易，实施转板退市。而当上市公司不再满足交易所的准入标准并触发了退市标准后，美国上市公司将会被处以强制退市处罚，上市公司也会根据其市值是否被市场低估的判断而做出是否自主退市的选择。以纽约交易所为例，1998年之前纽约证券交易所的新上市公司数一直多于退市公司数，1998年上市公司数达到最高值后开始回归，近几年一直维持在2300家左右的水平。纽约证券交易所退市率从1980年前的1.5%上升至到1995年的4.6%，然后从 1996 年到至今的 6.7%，退市率呈现上升的趋势。另外，由于受全球互联网泡沫以及金融危机的影响，2000 年同 2009 年的单年退市率达到较高水平。从中可以看出，美国退市公司的总数以及退市率相当高，其反映了美国资本市场对于不符合条件的上市企业实施退市的执行效果，优胜劣汰的企业竞争情况促进美国资本市场健康发展，提高资源的配置效率。[①]

（三）灵活有效的转板机制

作为退市制度的重要补充，转板成为美国多层次资本市场高效灵活的又一重要机制设计。在信息技术和经济全球化的大背景下，美国证券交易市场构建起了纽约股票交易所、美国股票交易所和纳斯达克股票交易所三足鼎立的局面。不同交易所形成了具有相互贯通的升降转板机制。

自上而下的降板机制：以美国纳斯达克市场的转板机制为例，如果在 30 个交易日内其股价一直低于 1 美元，并且警告后在三个月内没能超过 1 美元，那么在纳斯达克资本市场上市的公司股票将会被摘牌退至下级交易场所。一般退至 OTCBB 市场进行报价交易，而在 OTCBB 市场报价交易的公司如果不能按期向美国证券交易委员会提交财务数据或所有券商都放弃为其做市，将会被强制摘牌退至 Pink Sheets 市场，除了 Pink Sheets 市场的挂牌要求相对较低以外，OTCBB 市场和 Pink Sheets 市场之间没有严格规定的升降级转板制度，公司可在两个市场之间自由转板。

自下而上的升板机制：在 Pink Sheets 市场进行报价交易的公司如果表现较好可以进入 OTCB 市场进行交易，公司在 OTCBB 市场挂牌一段时间后若其各项指标达到纳斯达克市场的上市标准，可以申请升级转板到纳斯达克市场。同时，当净资产由 400 万美元升到 1000 万美元时可以选择转至纳斯达克交易所内部市场中的纳斯达克全球市场。在纳斯达克市场上市的企业可以申请转板至更高级别的纽约股票交易

[①] 顾玲玉：《中美多层次市场资本配置效果对比研究》，硕士学位论文，暨南大学，2017 年。

所。另外，纳斯达克内部各层次之间也可自由转板。一般来说，以上各种转板路径采用升板自愿原则，降板强制原则。完善的转板制度可以利用优胜劣汰的机制保证各交易所之间的良性竞争和差异化发展。[①]

二 我国多层次资本市场存在的问题与不足

（一）板块层次性不够合理

2018年，上交所上市公司为1450家；深交所上市公司数量2134家，其中，创业板上市公司数量739家；新三板挂牌公司数量为10691家；截至2017年末，我国上交所上市公司数为1389家，深交所2078家，创业板716家，新三板挂牌企业达11631家。2018年我国新登记企业达到669.9万户，同比增长10.3%，其中小微企业占绝大多数。2018年在主板、创业板以及新三板等场所上市的公司数加在一起也不到16000家。容易看出，我国企业中能在资本市场上直接融资的企业数量占比仍然较低，资本市场的规模仍然不高，这种情况加大了以银行为代表的间接融资金融业的供应压力。这种直接融资与间接融资倒挂的现象致使金融系统服务效率难以提高，从而制约了我国实体经济的发展。

美国不同层次资本市场服务不同层次的企业，层次越低服务的企业数量越多，构成一个"正三角形"的多层次资本市场结构。与美国等发达国家资本市场相比，我国资本市场不仅层次少，不同层次的资本市场服务的企业数量也相对有限的多。因此，从经济学原理上看，增加资本市场层次数量，构建"正三角形"的资本市场，对我国资本市场不能不说是一种效率改进的办法，这不仅增加了企业融资的选择途径，也增加了上市融资的企业数量。

纵览世界各国资本市场发展的经验，没有发展充分及相对成熟、低层次的场外市场，高层次的主板市场和创业板市场就没有了发展的源泉和退出的渠道，其发展必然会面临很大的制约。在我国，由于历

[①] 顾玲玉：《中美多层次市场资本配置效果对比研究》，硕士学位论文，暨南大学，2017年。

史原因，以上海、深圳两家证券交易所为代表的主板市场发展很快，但场外市场的发展则相对滞后得多，而且问题较多：我国产权交易市场的分割性十分明显，呈现各自为政、地方割据的格局，甚至出现互相拆台的恶性竞争局面；定位不准确，没能做到为中小企业发展提供融资的作用。这严重制约了我国资本市场的层次演进，资本市场应有的功能发育不顺畅。2018年，我国开始设立科创板并试点注册制，是提升服务科技创新企业能力、增强市场包容性、强化市场功能的一项重大改革举措，是完善多层次资本市场的一个重要创举。这预示着，随着经济发展，在现代化经济体现建设过程中，我国继续建设多层次资本市场将势所必然。

(二) 退市制度的操作性不强，执行性不足，效果不明显

我国资本市场经过20多年的发展，市场参与方渐渐完善，法律法规体系也逐步完善，为提高新股发行效率，我国于2016年6月提出由审核制过渡到注册制，在新股发行制度逐渐完善的同时也强化了退市制度建设，通过完善上市公司有进必有退、且进退有序的竞争机制，增强市场融资服务功能和市场健康程度。

但与美国等发达国家的退市制度相比，我国资本市场的退市制度没有很好起到应有的优胜劣汰优选功能。典型的如，尽管我国退市制度经过多次修订后，退市指标更加多元，量化标准更加具体、可操作，但我国退市制度执行期较长，为上市公司保留壳资源留下了很大的操作空间。这种情况下，劣质上市公司会得到较长的退市缓冲期，在缓冲期间，劣质公司可以通过重组、资产置换等一番操作避免退市，而这些操作并不意味着重组、置换后的公司竞争力和获取未来收益的能力有实质性提升，因而，退市制度的效果大大折扣。从美国的情况看，美国市场中的纽约证券交易所和纳斯达克市场的年均退市率在6%—8%之间，境外成熟市场退市率在2%—10%之间，退市数量与上市数量一般都维持在相对平衡的状态。而我国自退市制度启动以来到2017年年末，总退市率仅2%左右，沪深两市退市率几乎没有超过1%的年份，年均退市率远低于成熟市场。自主退市在海外成熟市场是一种较普遍的现象，上市公司会综合考虑各种因素，当其认为继

续维持上市资格而不能满足其发展需求时，会做出自主退市的决定。相比之下，我国企业由于上市难度较大，也十分不愿意自主退市，不愿意从一个具有高流通性的市场退出转而在一个流通性更低的市场进行交易，尽管我国资本市场也有一些自主退市案例，但本质上都属于并购整合退市。相对美国资本市场及交易对象的企业，由于我国资本市场制度建设滞后，上市企业看待退市的观念和对待退市的做法也不正确。

（三）缺乏灵活有效的转板机制

目前，我国多层次资本市场的转板机制缺乏，主要是新三板转板，其大致有两种方式：第一种是先从新三板停挂牌然后以首次公开发行方式登录中小板；第二种是从新三板直接转到创业板。但是无论哪种方式都要经过证监会的审核批准，程序上相当于直接以首次公开发行方式登录主板市场，这与国际上普遍实行的转板程序简便有很大不同。纵观国内实现转板的公司案例，发现其发行都要经过审核后方可上市，过程漫长，程序繁琐。在成功转板公司当中，只有少数公司转至中小板市场，其余转板进入创业板，渠道单一，转板成本高，转板仍处于探索阶段。

三 建立多层次资本市场的建议

（一）加强资本市场体系建设与市场结构调整

一是多层次资本市场之间加强协同衔接。目前，我国的主板市场、创业板市场、新三板市场等仍是各自一摊，自我运行为主，彼此间衔接协作缺失，企业在不同层次资本市场之间的转换几乎不可能，因此，资本市场本应具备的整体协同功能几乎不具备，大大弱化了服务企业资金需求的能力。因此，应借鉴美国等国家先进有益经验，注重建立不同层次资本市场间的衔接，加快建立灵活有效的"梯级"转板机制。根据我国广大中小企业更需资金支持，以及中小企业可能成长为大企业也可能衰败的实际情况，着重建立以服务中小企业的创业板和新三板为轴心的转板机制，重点在创业板和新三板内部层次实行升降级转板，完善新三板创新层与基础层的分级制度，最后逐步完善其他板块层次间的转板机制。

二是加强场外市场建设，拓宽企业融资渠道。大力发展以做市商制度为主要运行机制的场外市场。合理有效开发利用区域性产权交易市场的功能，加强区域性交易市场信息互联互通，壮大合格投资者队伍，支持区域性股权交易中心以特别会员身份加入中国证券业协会，接受中国证券业协会的自律管理和服务，地方政府应采取有效措施积极稳妥推进区域股权市场的整合，集中力量办好区域性股权市场。

三是完善退市制度，加强上市公司退市教育。完善退市标准，对不符合上市标准的企业实行强制退市，加强退市的实施力度，减少实施的弹性。改变"上市难"的现状，加强上市公司的退市观念教育，拓宽上市公司退市后的渠道，实现上市公司在退市之后还能保持一定流动性，督促有条件的上市公司为了长远发展选择自主退市。加强市场化运行，去劣留优，防止退市制度失灵，保证资本上市的活力，实现资源合理配置。

（二）改善投融资结构，提升资本资源配置效率

一是提高直接融资比例，大力发展债券市场。政府在积极完善银行体系的同时，深入推进股票市场上市制度改革，提高直接融资比例。这不仅可以分散金融风险，提高金融体系弹性，而且可以满足多方面的融资需求。另外大力发展中国债券市场，不断改善债券市场条件，丰富债券品种，不断壮大债券与金融衍生品交易市场。积极推动天使基金和私募股权基金等创新型的融资渠道的发展，提高社保基金和养老基金私募参与度，避免过高的市场杠杆率，完善私募股权投资退出渠道，确保间接融资和直接融资形成均衡合理的结构，以促进多层次资本市场健康发展。

二是加强机构投资者队伍建设，吸引长期资金入市。创新发展理念，拓展金融衍生品市场，丰富金融工具品种，创新企业债权种类，合理发展私募债券和高收益债券市场，吸引长期资金多渠道入市，鼓励大型机构投资者逐步扩大股票市场投资范围和规模。

三是完善监管体系，增强信用评级和信息披露。在传统监管层面的统筹管理下，可以设立专门对新兴金融机构的业务进行统一管理的

混业监管机构，完善现行的金融监管法律，加强信息披露力度，建立历史信用记录制度建设，推进资本市场诚信制度建设，对影响市场机制正常运行的行为加强惩治力度，保障广大投资者利益，维护市场公平秩序，营造良好信用环境。

专题六　中国经济绿色低碳发展的路径分析

一　基本形势

（一）全球资源与环境形势

能源与文明的发展密切相关，自工业革命以来，人类社会对能源的利用方式经历了三次重要的转变。第一次转变的发生时间为20纪60年代，表现为石油对煤炭的替代，第二次转变发生时间为20世纪70年代，表现为天然气以及核电的应用增加。伴随着经济的快速发展和能源需求量的增长，温室气体排放给环境带来越来越沉重的压力。当前，第三次能源转变已经开始发生，可再生能源的重要性日益提升，不仅影响着各国工业结构的变化，同样对经济发展产生了重要影响。然而，全球污染形势依然严峻，气候变化是当今人类社会面临的最大挑战，环境问题严重影响人们的生存和生活。面对当前化石能源消耗带来的严重环境危机，人类社会的绿色可持续发展迫在眉睫。

（二）中国能耗与排放现状

改革开放初期阶段，中国的能源消费增长速度持续低于经济增长速度，能源消费总量也保持缓慢上升。随着经济飞速发展，第二产业在国民经济总量的占比提升，我国能源消费快速增加，单位GDP能耗2002—2005年出现了大幅度的上升，2007年能源消费即达到26.56亿吨标准煤，占世界能源消耗的比重为16.8%，其后2010年中国成为世界上最大的能源消费国。虽然"十二五"和"十三五"以来，我国政府出台了一系列节能减排政策，环境保护观念开始深入人心，但2016年能源消费总量依然达到了43.6亿吨标准煤。长期粗放式的高能耗增长方式也带来了沉重的环境压力,我国是受到气候变化影响最为严重的国家之一,资源约束加剧、环境问题日益突出,我国已面临经济可持续发展的重大瓶颈制约。

(三) 当前中国与其他经济体的比较

自改革开放以来,我国人均能源消耗呈现出了明显的阶段性特点。如图专6-1所示,2001年前,我国人均能耗始终保持缓慢增长,2001年后表现出迅猛上升的态势。其后,随着2008年前后节能减排政策的推行,人均能耗增速有了明显的减缓,然而持续上升的态势依旧保持不变。同为发展中国家的印度,则始终保持平稳增加的状态。发达国家的人均能源消费则出现了明显的分化,美国人均能耗是欧盟和日本的两倍以上,而且带有短期波动特征。日本和欧洲的人均能耗整体呈现倒U形,说明节能减排措施收到了良好的效果。

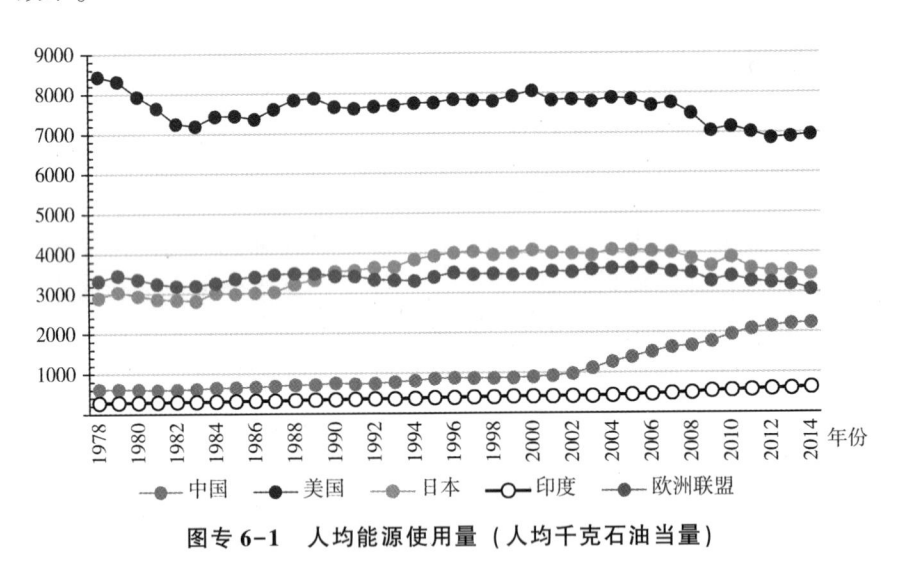

图专6-1 人均能源使用量(人均千克石油当量)

数据来源:世界银行数据中心。

由图专6-2可以看出,发达国家的能源消耗总量保持在较高水平。其中日本和欧盟大力实施节能环保策略,能源消费曲线出现平稳下降的趋势,美国则始终处于高能耗区间,与人均能源消耗数据保持一致。随着我国能耗总量的快速增长,2010年我国超越美国成为全球能耗第一大国。同为发展中国家的印度能耗也表现出了快速增长的征兆。

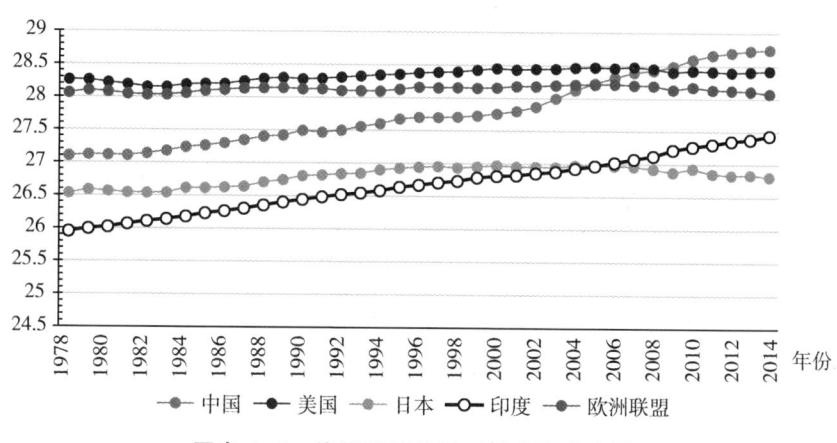

图专 6-2　能源消耗总量（千克石油当量）

数据来源：世界银行数据中心。

图专 6-3 表明，2005 年中国二氧化碳排放量超越美国，成为世界第一，同为发展中国家的印度的排放量也在近年快速增长。美国二氧化碳排放量始终处于高位，虽然呈现短期波动趋势，但长期来看稳中有降。日本与欧盟的排放量则常年保持在较低水平，近年出现下降趋势。

二　路径分析

运用 STIRPAT 模型测算美日欧的能耗排放情况，明确各国在不同发展阶段、影响能耗和排放主要变量的系数，并进一步将各国在相似发展阶段的能耗及排放情况进行对比。

（一）美国、欧洲、日本路径测算

1. 美国模式

美国现代化过程中，对节能减排的态度可以大致分为四个阶段，本研究基于 STRIPAT 模型，分别测算了各个阶段不同因素对美国能源消耗的影响。基于世界银行网站（https://data.worldbank.org.cn/）公布的美国主要年份节点排放数据如表 1 所示。

图专 6-3　二氧化碳排放量（千吨）

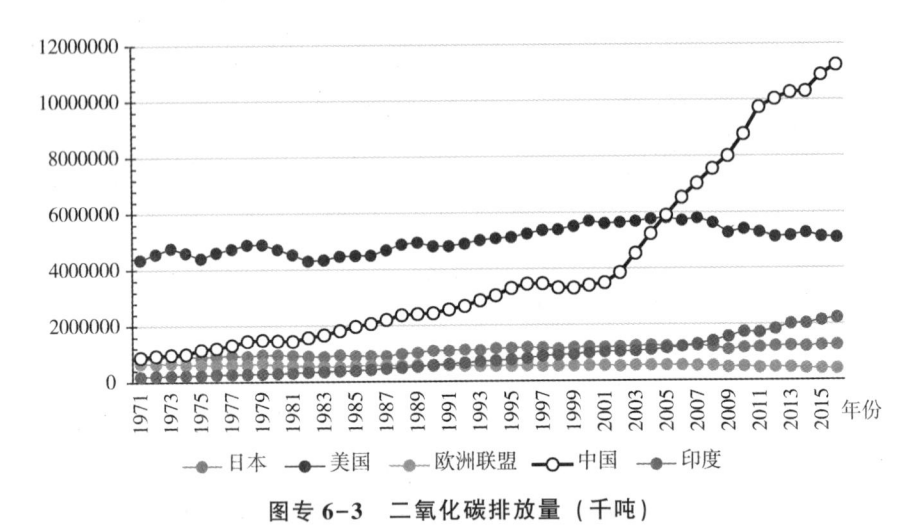

数据来源：世界银行数据中心。

表专 6-1　美国主要年份排放数据

Indicator Name	1976	1978	1983	1987	1996	2004	2014
人均 GDP（现价美元）	8611.402	10587.29	15561.43	20100.86	30068.23	41921.81	54706.87
一氧化氮排放量（千公吨二氧化碳当量）	360561	373776.3	348340.8	356534.1	366029.4	321857.5	273761.7
甲烷排放量（千吨二氧化碳当量）	589557	581486	591420	604900	598692	544113	475806.2
其他温室气体排放量，HFC、PFC 和 SF6	94731.65	100102.4	110107	112148.6	172591.7	442231	389292.1
二氧化碳排放量（人均公吨数）	21.15762	21.973	18.57154	19.35033	19.49602	19.65837	16.49367
二氧化碳排放量（千吨）	4613101	4890861	4341878	4688373	5252112	5756075	5254279
二氧化碳强度（千克/石油当量能源使用千克数）	2.61187	2.603929	2.579697	2.53869	2.485321	2.494217	2.370865
能源使用量（人均千克石油当量）	8100.562	8438.403	7199.119	7622.173	7844.468	7881.579	6956.814

续表

Indicator Name	1976	1978	1983	1987	1996	2004	2014
耗电量（人均 kw/h）	8968.776	9560.545	9742.006	10886.86	12854.3	13388.59	12986.74

数据来源：世界银行数据中心。

图专 6-4 代表美国每 1 万美元 GDP 对应的人均能源使用量（千克石油当量），1960 年最高为 3311.486kg/10^{4}dollar，2015 年最低为 1308.911 kg/10^{4}dollar，在 1966—1990 年间经历过三次小幅度的波动，并分别在 1970 年、1976 年、1987 年达到阶段性的峰值，随后又逐年下降。但整体来看，自 1960 年以来美国单位 GDP 人均能源使用量基本呈现出逐年降低的趋势。图专 6-5 代表美国每万美元 GDP 对应的人均二氧化碳排放量（公吨），1960 年最高为 9.391 Metric ton/10^{4}dollar，2014 年最低为 3.241 Metric ton/10^{4}dollar，在 1970 年达到阶段性的峰值为 9.056 Metric ton/10^{4}dollar，整体来看，1960—2014 年以来美国万美元 GDP 人均二氧化碳排放量呈现出逐年降低的趋势。

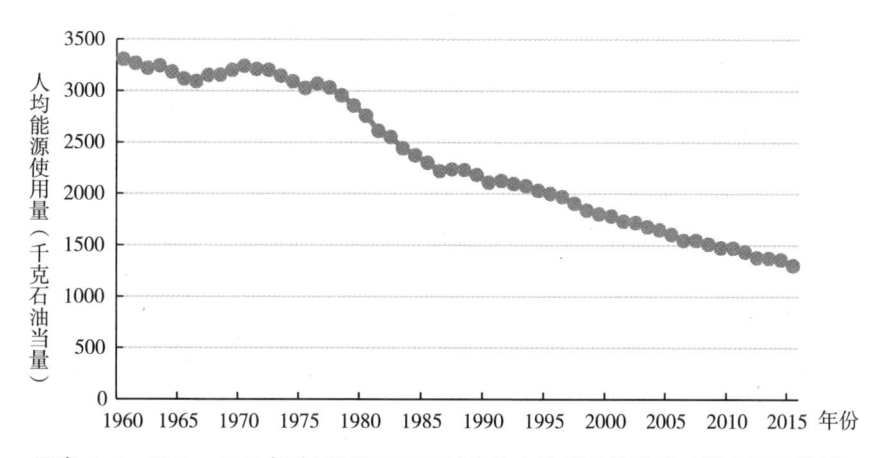

图专 6-4 1960—2015 年美国万元 GDP 对应的人均能源使用量（千克石油当量）

美国大致分为以下三个阶段。第一阶段为起步阶段，持续时间为 1955—1980 年。美国政府开始关注资源和环境，相继出台有关气候与能源的政策，但往往力度不够或难以执行，1955—1970 年的 15 年时间里，美国国会先后制定了《1955 年空气污染控制法》《1960 年

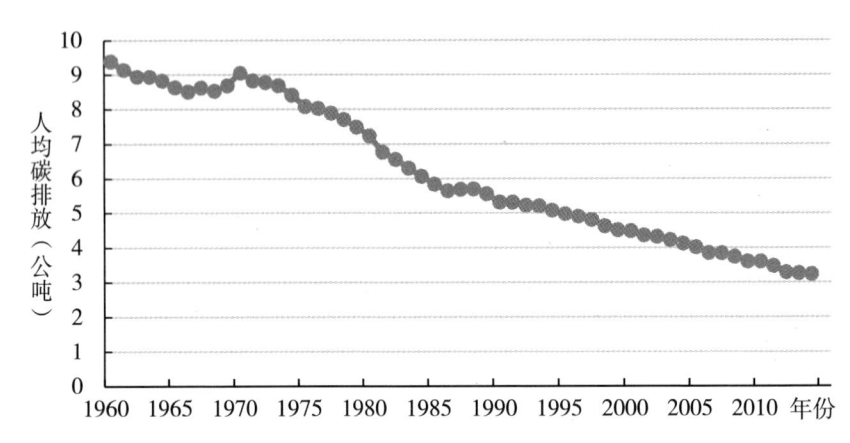

图专6-5　1960—2014年美国万元GDP对应的人均二氧化碳排放量（公吨）

空气污染控制法》《1963年清洁空气法》《1965年机动车空气污染控制法》和《1967年空气质量法》等多项法律法规。而这些法律终因联邦政府和地方政府间的各种分歧，无法得到具体的实施和落实。由于数据缺失，仅能从能源消耗总量的下降曲线中进行推断，即第一阶段末期，随着1970年美国环保局的成立和《清洁空气法案》的提出，美国节能减排政策开始初步得到重视。

第二阶段为放任阶段，持续时间为1981—1991年。1981—1988年，里根总统任职期间，由于共和党"反环境主义"思想的盛行，美国政府并未将气候恶化与环境问题作为国家发展的优先考虑。直至1988年，由于极端气候在美国的接连发生，气候变暖问题才被提上主流政治议程。然而，这种趋势并没有进一步得到继承和延续，随着布什就任美国总统，仍然保持经济发展的优先战略，在气候与环境问题上并未采取有效行动。此阶段美国经济增长和人口增长显著促进了能源消耗，在STIRPAT模型中系数均表现为正，意味着美国的发展模式以粗放型为主。

第三阶段表现为积极转向消极，持续时间为1992—2007年，主要体现在《京都议定书》的签署与退出。自1992年克林顿总统上台以后，对气候和能源问题开始加以重视，并在国际减排问题上采取相对积极态度，签署《京都议定书》。然而，其后2001年布什政府选择退出《京都议定书》。非线性模型的回归结论表明，此阶段美国的技术进步与能源消耗呈现出 U 型关系，与美国政府的政策走向一致，前期表现为绿色偏向性技术进步，后期则为高能耗型。

第四阶段为 2008 年至今，同样表现为积极转向消极，代表性事件是《巴黎协定》的签署与退出，奥巴马为了应对国际金融危机，选择发展低碳经济拉动美国经济增长。而随着特朗普政府退出《巴黎协定》，意味着美国的节能政策再度转向放任消极。此阶段的 STIRPAT 模型回归结果与第三阶段保持一致，同样呈现出偏向性技术进步的特点。

2. 欧盟模式

欧盟的节能减排路径明确持久，突出特点是政策延续性强，且环保行动跨区域联动执行。以英国为例，如表专 6-2 所示，英国的人均能耗在 1960—2015 年呈现先增长后下降的总体趋势，英国人均能耗在 1960 年为 3033.051 千克（石油当量），在 1996 年达到峰值 3879.823 千克，截至 2015 年已降至 2763.98 千克。1960—2014 年英国人均 CO_2 排放量呈现先增长后下降的趋势，英国的人均 CO_2 排放量由 1960 年的 11.151 公吨降至 2014 年的 6.497 公吨。

表专 6-2　　　　　　　　英国主要年份排放数据

Indicator Name	1971	1979	1980	1996	2002	2005	2014
人均 GDP（现价美元）	2649.802	7804.762	10032.06	24219.62	29785.99	41732.64	46783.47
一氧化氮排放量（千公吨二氧化碳当量）	50701.43	73193.48	63712.13	52620.02	31882.26	30128.78	24114.39
甲烷排放量（千吨二氧化碳当量）	120807	125000	124198	103571	75188.1	64805.1	56708.99
二氧化碳排放量（人均公吨数）	11.82304	11.46539	10.28676	9.480231	8.904123	8.982939	6.49744
二氧化碳排放量（千吨）	660863.1	644893.3	579290.7	551436.1	528642.1	542580.3	419820.2
二氧化碳强度（千克/石油当量能源使用千克数）	3.166927	2.971097	2.919348	2.44347	2.415746	2.436805	2.339865

续表

Indicator Name	1971	1979	1980	1996	2002	2005	2014
能源使用量（人均千克石油当量）	3733.283	3858.976	3523.649	3879.823	3685.869	3686.36	2776.844
耗电量（人均千瓦时）	4254.652	4922.916	4683.933	5815.828	6142.75	6270.984	5129.528

数据来源：世界银行数据中心。

从欧盟整体的数据来看，1960—2015年欧盟人均能耗经历了快速增长、平稳增长和下降三个阶段，1970年欧盟人均能耗为1720.317千克，2006年欧盟人均能耗达到峰值3615.209千克，截至2015年已降至3207.301千克。1960—2014年欧盟人均CO_2排放量呈现先增长后下降的总体趋势，1960年为5.762千克，1979年达到峰值10.049千克，2014年下降至6.38千克。

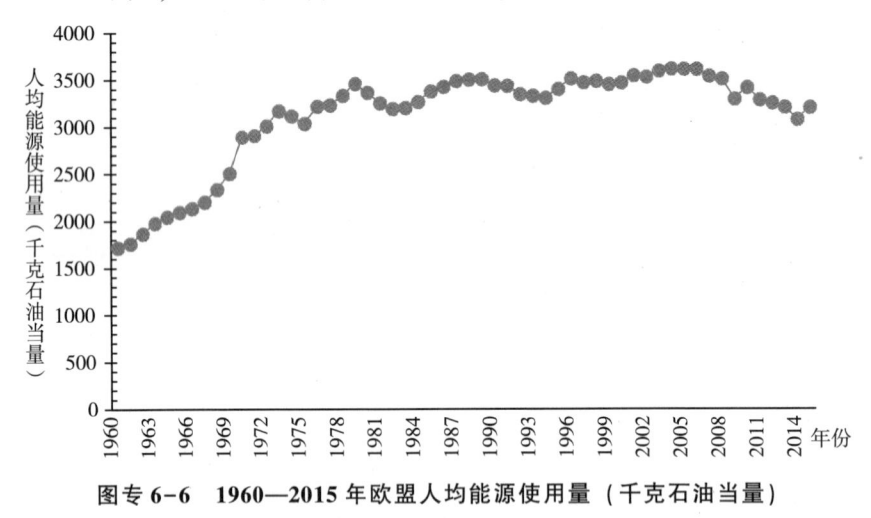

图专6-6　1960—2015年欧盟人均能源使用量（千克石油当量）

欧盟能源消耗大致时间节点变动如下：

第一阶段：1972—1987年。当欧共体在1972年的第一次巴黎首脑会议上采纳正式的环境政策时，跨国环保行动的趋势还不明显。出于提高生活质量和保护环境的目的，欧共体在1973年通过了第一个环保行动计划，随后在1977年又制定了第二个环保行动计划。1983年第三个环保行动计划公布，集中体现了在环保工作的思想方法上的

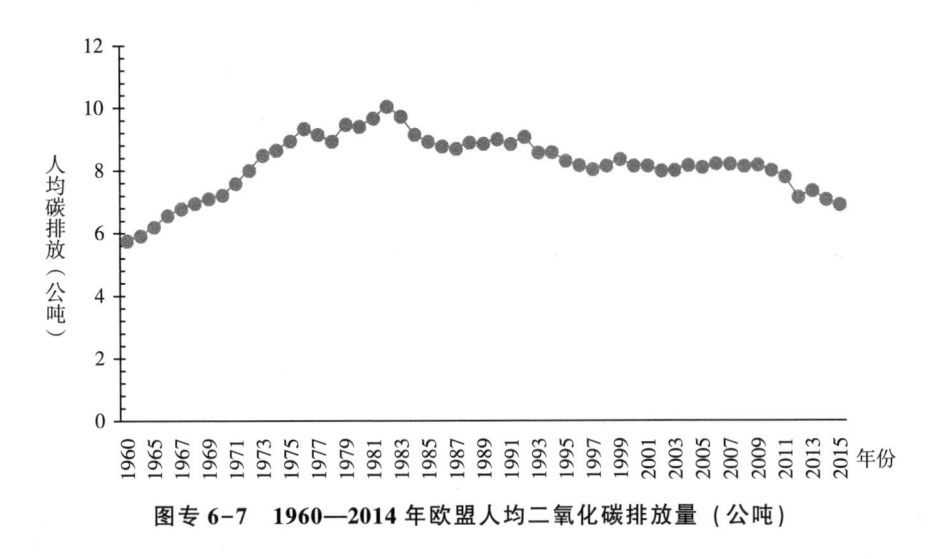

图专6-7 1960—2014年欧盟人均二氧化碳排放量（公吨）

明显进步，从补救向预防发展，并奠定了今天的环保政策的基础。欧盟的环保法规在欧洲一体化进程中占据了重要的地位。公众和各国政府对保护环境和有效利用资源的关注推动了欧盟环保法规的发展。作为单一欧洲法而生效的修正的罗马条约中要求欧洲委员会在有关环境、健康和安全的提案中应该确保高水平的保护基准。

第二阶段：1987—2000年。欧盟推出1987—1992年的第四个环保行动计划时，不仅体现了污染者负担原则，而且要求环保政策的制定要以科技的发展为基础，与共同体社会和经济的整体发展相联系。1993年，欧盟以《统一欧洲法》为基础，出台《第五个环境行动规划》，又称《走向可持续性的行动计划》。要求环境政策作为欧共体其他政策的组成部分，在规划中明确规定与环境有关的行动必须遵循"提前预防的原则、环境危害优先考虑原则、污染者付费原则"。1997年6月欧盟首脑会议通过《阿姆斯特丹条约》，在条约中将可持续发展思想作为环境保护的核心思想，在可持续发展的发展理念指导下，世界上多个国家都开始实施绿色财政制度和绿色GDP的考核政策。

第三阶段：2001至今。2001年2月欧盟理事会出台《环境2010：我们的未来、我们的选择》，形成欧盟《第六个环境行动规划（2002—2012）》，明确5-10年内欧盟环境政策的基本目标，在行动规划中明确指出"气候变化、自然和物种的多样化、自然资源与废弃物、环境与健康"等4个领域要优先执行的主题战略,出台执行的具体措施,将环境保护政策纳入共同体政策执行之中。2006年,欧盟委员会为应对全球气候变化,出台《欧盟能源政策绿皮书》等一系列文件,全面强调能源安全和可持续发展。强调"低碳能源"对未来欧盟的经济发展的重要性,鼓励发展风能、生物能技术和光伏能源等能源。

3. 日本模式

日本作为我国的近邻,在20世纪60年代到90年代的经济高速成长期也经历了环境恶化的过程。其后,日本政府制定和实施了一系列环境政策,自70年代以后开始初见成效,特别是大气污染的防治对策受到了经济合作与发展组织(OECD)的好评,主要排放数据如表专6-3所示。今天,日本已经成为世界上低消耗、低排放的节能环保国家之一。

表专6-3　　　　　　　　日本主要年份排放数据

Indicator Name	1971	1978	1981	1986	2000	2009
人均GDP(现价美元)	2260.376	8776.408	10331.74	17079.6	38532.04	40855.18
一氧化氮排放量(千公吨二氧化碳当量)	31000.31	32877.67	32381.98	36060.44	30411	26287.19
甲烷排放量(千吨二氧化碳当量)	93274.2	80369.8	75634.3	73524.8	47496.1	40366.5
二氧化碳排放量(人均公吨数)	7.545561	7.866857	7.901592	7.534114	9.622352	8.620816
二氧化碳排放量(千吨)	797543.2	903886.2	929606.5	915334.5	1220528	1103870
二氧化碳强度(千克/石油当量能源使用千克数)	2.981153	2.714264	2.758581	2.494277	2.356207	2.343561
能源使用量(人均千克石油当量)	2531.089	2898.339	2864.369	3020.56	4083.832	3678.511
耗电量(人均千瓦时)	3415.688	4670.107	4754.377	5327.791	8299.41	8020.274

数据来源:世界银行数据中心。

在经济发展与环境保护关系上,日本呈现明显的倒"U"形关系,环境库兹涅茨曲线特征显著。从图专6-8可以看出,随着人均国民收入在1978年、1983年和1987年先后突破8000美元、10000美元和20000美元大关,与此同时日本的水资源抽取量、能源使用量和二氧化碳排放量也呈现出阶段性的特征。日本发展循环经济的历史较长,其节能减排路径可以大致分为三个阶段。

第一阶段为规制阶段，持续时间为1973—1979年。由于20世纪七十年代期间，日本对石油的依赖程度是世界上最高的国家，因此1973年第一次石油危机使当年日本的GDP出现了战后第一次负增长。通过实施强制性的节能减排政策，1973年至1979年期间，日本的国民生产总值约增加27%，人均GDP突破8000美元大关，而能源使用总量、人均能源使用量、二氧化碳排放量和人均二氧化碳排放量并未出现显著增加，节能工作获得了巨大成就。

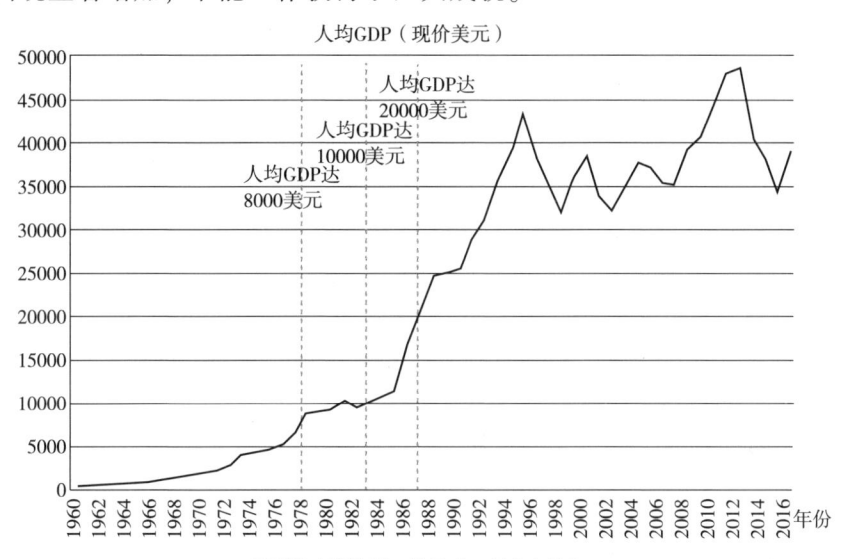

图专6-8　日本人均GDP及水资源抽取量

能源使用总量（石油当量，万吨）

人均能源使用总量（石油当量，千克）

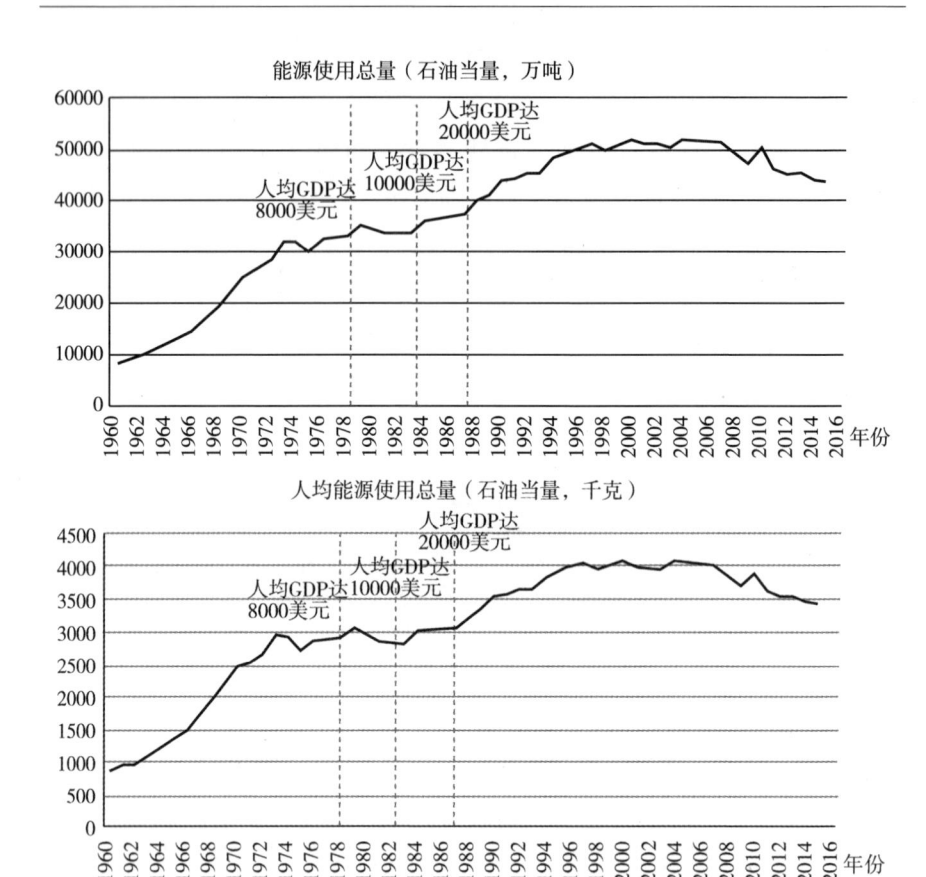

图专 6-9　1960—2015 年日本能源使用量

　　第二阶段为补贴阶段，持续时间为 1979—2004 年。日本从 1978 年起开始执行大规模的节能技术开发计划，即"月光计划"。通过对节能技术的研发进行大规模补贴、制定节能标准、开展国际合作等方式，广泛运用多种财税手段，支持节能减排事业发展。STIRPAT 模型回归显示，在整个 80 年代里，日本人均国民生产总值先后突破 10000 美元和 20000 美元大关，GDP 每增长 1%，能源消耗量却反而减少 0.49%。与此同时，从 1992 年开始，日本的淡水资源抽取量达到峰值后，呈现急速下降的趋势。其背后的影响因素在于，1992 年日本将原来的月光计划和其他几个相关计划合并建立了"新阳光计划"，积极加强企业节能为主的节能战略，加强对节能减排企业的财税支持和金融支持。

图专 6-10　1960—2014 年日本二氧化碳排放量

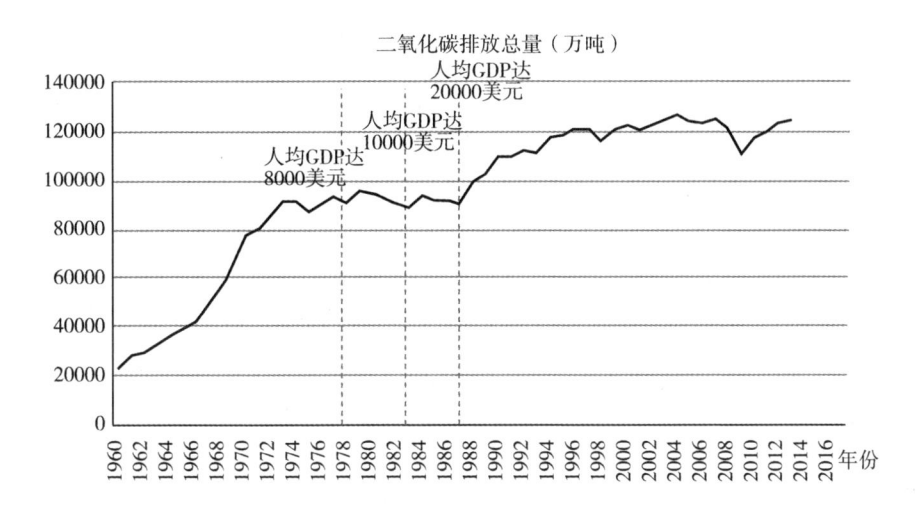

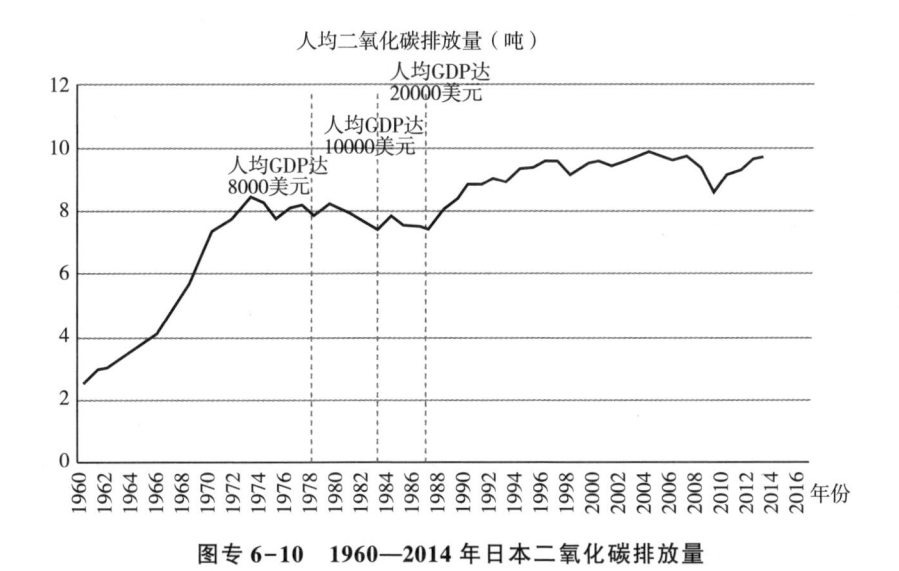

第三阶段为投资阶段，时间为 2005 年至今。根据图专 6-9 和图专 6-10 显示，在 21 世纪初，日本的能源使用总量、人均能源使用量、二氧化碳排放量和人均二氧化碳排放量先后达到峰值。2005 年 2 月《京都议定书》生效后，日本政府进一步加强了节能和新能源的开发利用工作，政府战略的重点由节能转为减排。2006 年，日本经济产

业省编制了《新国家能源战略》,进一步提出2030年单位GDP能耗与2003年相比进一步降低30%的战略目标。如果实现这一目标,日本的能源效率将达到1973年第一次石油危机时的两倍以上。

(二)情景分析

首先对未来的经济指标变动率进行设定,如表专6-4所示,参考国民经济发展规划,将2018—2028年中国GDP增速设定为7%,人口增速设定为5.5‰,考虑人口红利减弱及中等收入陷阱等因素,将2029—2035年GDP增速和人口增速分别设定为5%和5‰,同时以技术合同成交额增速和有效专利增速代表技术进步,技术进步增速设定为15%。印度GDP增速以十年平均设定为6%,人口增速设定为10‰,技术进步以专利申请量增速的十年平均值设定为10%。根据前文分析,分别对中国和印度未来的能耗情形进行预测。

表专6-4　　　　　　　　经济指标增速设定

	2018—2028(年)		2029—2035(年)	
	GDP增速	人口增速	GDP增速	人口增速
中国	7%	5.5‰	5%	5‰
印度	6%	10‰	6%	10‰

1. 中国发展情景预测

2017年我国人均GDP为8582.94美元,预计2020年人均GDP将超过1万美元,2022年人均GDP将达到1.11万美元,此时各能耗数据分别如表专6-5所示。

美国于1979年人均GDP达到1.17万美元,而美国模式下的人均二氧化碳排放是中国2022年的两倍多,能源使用量接近中国三倍,耗电量比中国多60%,除甲烷和一氧化氮排放量外,美国模式下的能耗与排放数据远远高于中国。

英国1986年人均GDP达到1.06万美元,二氧化碳排放量仅比中国2022年预估数据略高,整体与中国接近。但从污染物总量排放指标来看,我国远超英国,中国NH3排放总量接近英国。日本模式则明显表现出节能减排的特点,除甲烷排放量外,各能源环境指标均远小于我国预期值。

若中国不改变发展路径，2035年的预期值将赶超高能耗的美国模式，能耗和排放将远远超越英国模式和日本模式。

表专 6-5　　　　　　　中国能耗排放数据对比分析

Indicator Name	中国 2022	美国 1979	日本 1981	英国 1986	中国 2035	美国 1984	日本 1986	英国 1989
人均GDP（现价美元）	11107.94	11695.55	10331.74	10611.11	17134.29	16239.28	17079.6	17038.59
一氧化氮排放量（千公吨二氧化碳当量）	802603.5	390503.9	32381.98	63889.14	362969.7	59664.77	36060.44	1081541
甲烷排放量（千吨二氧化碳当量）	2294559	600123	75634.3	122369	607640	118484	73524.8	3000028
人均二氧化碳排放（公吨）	9.931	21.78044	7.901592	10.03464	18.97675	10.19193	7.534114	13.35592
二氧化碳强度（千克/石油当量能源使用千克数）	3.378469	2.615627	2.758581	2.788992	2.549501	2.810561	2.494277	3.32068
人均能源使用量（千克石油当量）	2940.113	8327.042	2864.369	3597.945	7443.32	3626.298	3020.56	3991.83
人均耗电量（千瓦时）	6065.668	9700.695	4754.377	4953.654	10282.37	5295.225	5327.791	9434.147

注：二氧化碳排放量单位为人均公吨数，其余各指标单位与前文一致。数据来源：世界银行数据中心。

进一步的，本研究根据上述年份各单位GDP所对应的排放数据，分别对中国2022年和2035年的污染物排放进行近似预测。如表专6-6所示，无论在基准情形还是美国模式下，我国2022年和2035年的排放总量将会是日本和英国模式的数倍之多，转变能源消费结构，实行绿色可持续发展道路迫在眉睫。

表专 6-6　　　　　　　中国不同发展模式下排放量预测

	2022年				2035年			
	基准情形	美国模式	日本模式	英国模式	基准情形	美国模式	日本模式	英国模式
NH3排放	2426.714	251.049	352.047	328.771	3314.003	258.546	394.129	302.806

续表

	2022 年				2035 年			
	基准情形	美国模式	日本模式	英国模式	基准情形	美国模式	日本模式	英国模式
SO2 排放	1845.538	2908.55	415.326	148.628	1618.225	2472.12	333.389	138.048
PM10 排放	1560.724	814.609	991.682	519.6	1969.093	834.101	821.893	515.952
淡水抽取量	6255.9	5176	914	134.8	6560.54	5176	914	134.8

注：NH3 排放、SO2 排放、PM10 排放单位为万吨，淡水抽取量单位为亿吨，计算用数据来源：EPS 数据库，世界银行数据中心，欧盟排放数据库。

2. 印度发展情景预测

印度是世界第四大能源消费国，并同中国一样，是世界上能源消耗增长最快的国家之一。20 世纪 90 年代以来，随着印度经济的持续高速增长和人口的快速增加，对能源的需求大幅度增长。预计 2022 年印度人均 GDP 将达到 2158 美元，能耗及排放数据如表专 6-6 所示。由于美国人均 GDP 达到 2000 美元的年份较早，相关数据缺失，故在此不做对比。

由表专 6-6 可知，印度 2022 年时的甲烷排放量远超日本和英国历史同期，人均能耗和其他排放数据则更低，且优于我国历史同期值，考虑印度人口增速，其总量指标将非常庞大。至 2035 年，印度人均 GDP 将达到 3098 美元，对应日本 1972 年和英国 1972 年的数据，对比可知，印度人均能耗及排放情形优于同期英国和日本。然而此处仅进行人均分析，未能衡量总量数据，且并未考虑印度能耗以指数形式增加的情形，因此可能会造成一定偏误。

表专 6-7　　　　　　　印度能耗排放数据对比分析

Indicator Name	印度 2022	日本 1971	英国 1971	印度 2035	日本 1972	英国 1972
人均 GDP（现价美元）	2157.963	2260.376	2649.802	3098.267	2951.761	3030.433
一氧化氮排放量（千公吨二氧化碳当量）	291474.6	31000.31	50701.43	356481.2	32802.96	51661.5
甲烷排放量（千吨二氧化碳当量）	704519.6	93274.2	120807	793028.5	89309.2	115968
人均二氧化碳排放量（公吨）	2.233404	7.545561	11.82304	3.090765	7.961462	11.56235

续表

Indicator Name	印度 2022	日本 1971	英国 1971	印度 2035	日本 1972	英国 1972
二氧化碳强度（千克/石油当量能源使用千克数）	2.799091	2.981153	3.166927	2.946648	2.985123	3.084971
人均能源使用量（千克石油当量）	755.4439	2531.089	3733.283	948.5874	2667.047	3747.962
人均耗电量（千瓦时）	1140.247	3415.688	4254.652	1683.448	3737.265	4372.637

注：二氧化碳排放量单位为人均公吨数，NH3 排放、SO2 排放、PM10 排放单位为万吨，用水量为亿吨，其余各指标单位与前文一致。数据来源：世界银行数据中心、欧盟排放数据库。

进一步的，本研究根据上述年份各单位 GDP 所对应的排放数据，分别对印度 2022 年和 2035 年的污染物排放进行预测。由于印度人均 GDP 较小，美国单位 GDP 为 3000 美元时的能耗及排放数据难以获得，因此以日本和英国模式进行对比。如表专 6-8 所示，从排放和水耗数据来看，日本模式和英国模式远比印度基准模式更为节能环保，印度也面临着艰巨的可持续发展难题。

表专 6-8　　印度不同发展模式下排放量预测

	2022 年			2035 年		
	基准情形	日本模式	英国模式	基准情形	日本模式	英国模式
NH3 排放	511.458	27.9955	500.76	580.5709	29.0333	457.576
SO2 排放	1667.965	396.265	186.137	2420.368	414.917	163.812
PM10 排放	1895.648	115.156	427.536	2530.971	109.655	441.978
淡水抽取量	7264.084	882	134.6	8264.268	882	134.9

注：NH3 排放、SO2 排放、PM10 排放单位为万吨，淡水抽取量单位为亿吨，计算用数据来源：EPS 数据库、世界银行数据中心、欧盟排放数据库。

三　不同国家的政策体系分析

低碳经济是一种技术—制度综合体，低碳经济转型必然伴随着低碳政策体系的建立与完善。为此，本文在对几个不同国家的政策体系进行概括分析的基础上，总结、归纳其发展经验，为构建中国特色低碳发展模式提供经验借鉴。

（一）美国

随着低碳经济的兴起以及全球环境问题的日益凸显，美国以其发展战略为依据多次对其低碳经济政策态度进行了调整，低碳政策体系不断完善，政策效果开始显现。

1. 财税政策

美国已形成了一套相对完善的环境税收体系，主要包括征收环境税、税收减免等政策。在征税的同时，美国通过减免税等形式积极鼓励各种环境友好行为，具体包括投资税抵免、生产税和生产所得税抵免以及消费税抵免三种方式。

2. 减排政策

碳排放交易制度。20世纪70年代美国开始探索排污权交易制度。1970年，美国国会通过《清洁空气法案》，制定了美国大气环境质量标准和行动实施计划。1990年，美国"酸雨计划"正式在《清洁空气法案》修正案中建立，确立了排污权总量与交易模式。2008年，美国正式启动区域温室气体行动。2011年，芝加哥气候交易所推出了碳抵消登记项目，为成员企业提供了另一条在排放超过配额的情况下免受处罚的途径。

自愿减排市场。2003年，芝加哥气候交易所正式运营；2008年，纽约绿色交易所开设从事符合自愿减排标准的自愿项目市场，同时设立EUAs和CERs的期货和期权交易产品。2008年开辟了区域性的强制配额市场并尝试运营，主要包括区域温室气体自愿减排计划（RGGI）、中西部地区温室气体减量协议（MGGA）等。

3. 新能源政策

自20世纪70年代的石油危机之后，美国开始加大对新能源研究开发的投资。世界金融危机后，美国在2009年出台《复兴和再投资计划》，指出要把能源产业作为美国经济增长的支撑点与驱动力，重点发展新能源和可再生能源，计划用3年的时间使美国新能源产量增加1倍，到2025年增至25%。近年来，美国杜宇能源的预算逐年上升，2012年增加至32.26亿美元。为鼓励在清洁能源领域的投资问题,美国能源部设立全国清洁能源贷款项目,由联邦资金支持,向清洁能源项目提供低利率贷款或贷款担保。

(二) 日本

日本低碳政策以"引爆低碳绿色革命"和"创造低碳绿色世界"为基本目标,正促进日本传统经济向"低碳绿色发展"转变,并推动日本传统社会向"新型低碳社会"转变。日本低碳经济已经进入快速发展轨道,绿色发展战略取得了显著成效。

1. 财税政策

环境税。日本2007年开征环境税,以化石能源中的碳含量作为计税依据,针对纳税人造成的环境负荷征税。

特别折旧制度。2000年5月制定发布了《推进形成循环型社会基本法》,使用指定节能汽车、节能家电、节能设备、节能建筑的企业,可获得设备标准进价30%的特别折旧或7%的税额减免。

补助金制度。2001年4月实施《家电循环法》,针对企业、家庭采用节能设备或产品以及实施节能改造的行为,实行补助金制度,企业、家庭可获得一定金额,最高可达到总投资额1/2的补助。此外,购买符合节能标准的空调、冰箱和数字电视等家用电器的消费者可以获得"环保积分",积分可兑换消费券。

2. 低碳技术

政策引导。2008年日本政府制定了低碳技术到2050年的发展路线图,强调基础研究中政府作用的同时,鼓励私有资本参与研发;建立国家研发体系,各方密切合作、集中管理,提高技术研发水平和效率;明确了重点发展的具体创新技术。

领跑者制度。在同类产品中选取能源消耗最少的产品作为领跑者,强制要求其他产品在规定时间内向行业标杆看齐,以促进企业采取节能减排技术。目前,领跑者制度已经在汽车、家用电器等产品生产领域中应用。

低碳产品认证。2008年日本尝试引入"碳足迹产品体系",该试点计划以标签的形式让消费者更加直观地了解产品在设计、制造、流通、消费、废弃回收全过程排放的碳总量,鼓励企业和消费者在生产和消费中减少制造温室气体，最终达到减排的目的。此外，日本还紧密关注国际标准化组织关于碳标志国际标准的制定工作，并将自身低碳产品认证的工作计划依据国际标准化组织的工作动向进行调整。

3. 新能源政策

日本投入巨资开发利用太阳能、风能、核能等新能源和可再生能源，积极研发生物发电、垃圾发电、地热发电以及燃料电池等，成为可再生能源发展最快的国家之一。2009 年，日本重启"太阳能鼓励政策"，给予太阳能发电安装 50% 的补贴。目标是通过发展太阳能，使包括太阳能在内的可再生能源的比例从 2005 年的 10.5% 提高到 2020 年的 20%，达到世界最高水平。

(三) 欧盟

欧盟国家在应对气候变化的问题上十分积极，走在世界低碳化发展的前列。欧盟的低碳发展政策大致经历了三个发展阶段，政策一体化程度逐渐深化，政策效果持续显现。

1. 财税政策

"碳预算"。在《气候变化法案》中英国政府率先提出法定的"碳预算"体系。英国政府为保证达到国家二氧化碳减排目标，把二氧化碳减排指标分解落实到各个领域，各单位均有自己的"碳预算"指标，政府及各个单位都必须负责相应的二氧化碳减排责任，若指标未能达成将受到法律追究。

财政补贴。为实现到 2020 年新生产汽车的二氧化碳排放标准比 2007 年平均降低 40%，到 2050 年将来自住房的碳排放几乎减到零的目标。英国投资 3000 万英镑，大量生产低排放的公共汽车；为新能源汽车提供补贴，每辆补贴 2000—5000 英镑。在住房节能方面，政府计划投资 32 亿英镑，奖励住房节能改造。

开征碳税。碳税最早出现在北欧国家，20 世纪 90 年代芬兰、荷兰、瑞典等国家陆续开征碳税，德国、英国也紧随其后。2001 年 11 月德国开始征收生态税，并对实施环保项目，安装环保设施，投资可再生能源的企业予以税收优惠，并将环境保护纳入企业绩效评价体系中，作为重要的考核指标。英国开征气候变化税（CCL），针对工商业和公共部门使用化石燃料和电能的行为，根据能源使用数量差别纳税。

2. 节能减排政策

欧盟排放交易体系。欧盟排放交易体系（ETS）是欧盟应对气候变化实现低碳发展政策体系的关键组成部分。它是一个以欧盟法令和国际立法为依据，建立在企业层面上的机制，对于工业设施的温室气体排放进行监督管理。它以限额交易为基础，提供了一种以最低经济成本实现减排的方式，是欧盟实现2050年温室气体减排目标的首要先决条件。

企业自愿减排协议。自愿性协议是高耗能企业提升企业形象与竞争力的重要手段，也是政府推进节能环保工作、提高管理效率的有效措施。一般性企业自愿减排协议包括两个方面的内容：企业联盟或单个企业承诺在一定时间内实现某一节能减排目标；政府将给予自愿承诺企业一定的优惠措施激励。

3. 能源效应政策

能效标签。1994年，欧盟开始实施强制性"欧盟能源标签"，2002年欧盟引入美国的"能源之星"计划，英国出台了"新建筑物能源标签"，德国出台"乘用车强制性燃料效率标签"，法国实施"客车燃料和二氧化碳排放标签"和"建筑物能源效率标签"等制度。

能效经济手段。欧盟国家非常重视利用经济手段促进能源效率的提高。英国对中小企业的能源效率改进项目实行无息贷款政策，并利用汽车消费税等市场机制来促进汽车行业的节能减排。德国出台"新汽车税制度"和"德国复兴信贷银行节能康复计划"。法国对主要行业的节能提效给予消费税、营业税等税费减免，并对家庭建筑能效改造提供零利息贷款计划。

工业部门能效政策。英国对工业部门现有设备的节能改造提供财政资助，并提供能效贷款帮助中小企业获取安装高效能源技术；德国对工业企业实施"工业和生产中的电力高效利用"项目；法国实施"自愿性节能减排协议"和"白色认证交易计划"。

（四）印度

印度是第二人口大国，第四大经济体和第五大温室气体排放国。根据世界资源协会的权威统计和预测，随着人口快速增长、经济发展以及伴生的污染加剧，印度到2025年将会出现温室气体排放水平增加70%的情况，印度向低碳化发展方式的转变迫在眉睫。为此，印度政府积极推进低碳发展转型，构建了相对具代表性的发展中国家低碳政策体系。

1. 国家行动计划

2008年印度政府发布的《气候变化国家行动计划》是印度发展低碳经济的初始框架。该行动计划重点强调了包括太阳能技术、可持续生活环境计划、绿色印度计划等在内的八项国家行动计划，为印度全面实施低碳经济转型奠定了基础。

2. 能源效率政策

在印度转向低碳发展道路的进程中，能源效率提高是一个高价值的目标。印度国家能源效率任务包括"执行、实现和交易"计划，并且设置出了公司必须降低的能源强度百分比，对于实现节能目标的企业给予可以出售产品的贸易许可，否则给予处罚。此外，相继出台针对建筑、家电和汽车等方面提供能效的程序。

3. 能源合作政策

印度政府认为，印度和美国的能源合作使印度走向可持续的经济繁荣发展道路。Apsen研究所和Ananta Aspen研究中心共同实施对美印双方在气候和能源合作对话以及项目实施方面的追踪。具体内容包括：一是创建美印轮流气候监管参与机制，借鉴推进清洁能源方面的经验；二是建立合作框架，逐步降低氢氟碳化合物排放；三是基于现有的联合清洁能源研发中心，利用美国能源部研发系统技术，盯紧印度国内发展机遇，提高其科学技术和工程项目的创新能力。

（五）经验总结

1. 发达国家经验总结

美国、欧盟、日本等发达国家在低碳经济发展的过程中采取了不同的道路，但存在许多共同经验，并均取得了显著效果。

制定和实施中长期规划。欧盟、美国和日本等发达国家均希望利用低碳发展模式，突破经济发展中的能源压力和环境约束，在实现经济增长的同时又有利于解决全球气候变化问题。因此，发达国家纷纷凭借低碳领域的制度创新和技术优势，以战略规划为行动纲领，大力推动低碳经济发展，从促进经济发展低碳化转型，形成国家新竞争力。

低碳技术创新。 欧盟、美国、日本等发达国家虽然在低碳技术发展中各有侧重，但均重视环境技术领域的投资，鼓励低碳技术的研究开发。欧盟在低碳技术上追求国际领先地位，以开发出廉价、清洁、高效和低排放的世界级能源技术为发展目标。美国将绿色改造传统产业和低碳技术产业化作为金融危机后经济刺激计划的重点。日本政府为达到减少碳排放的目标，形成了国际领先的烟气脱硫环保产业，并且充分调动社会资金对低碳技术研究开发的投资。

构建低碳经济调控机制。 经济低碳化转型需要完善的机制支持。欧盟、美国、日本等发达国家在低碳经济发展中已经建立起了以经济手段为主、行政管制为辅的调控机制。欧盟成员国最早开始征收碳税。排放权交易是当前发达国家利用市场机制调节经济主体行为，促进经济低碳化发展所采用的一种手段。此外，各国在推进经济低碳化进程中，还运用了政府补贴、低碳信贷、税收减免等经济手段。基于行政手段的强制性、直接性等特点，各国政府也均合理利用行政管制手段，对环境问题进行直接调控。

2. 发展中国家经验总结

面对环境约束的不断增强，经济低碳方向转型成为发展中国家的必由之路。技术与资金是发展中国家经济转型面临的主要障碍，为破解瓶颈约束，发展中国家形成了一套特色化低碳政策体系。

低碳技术转移。 当前背景下，与气候相关的技术创新仍集中在发达国家，向发展中国家转让先进技术，是帮助发展中国家参与国际社会共同应对气候变化的重要手段。积极加强与发达国家清洁合作，承接发达国家低碳技术转移是发展中国家推进低碳技术创新、实现低碳化发展的重要举措。

低碳投融资体系。发展中国家向低碳经济的转型需要巨大的资金支撑，因此无法单纯依靠政府的力量加以解决。为此，有效的财税体系能够在激励企业积极参与低碳行动外，还成为发展中国家低碳转型资金的主要来源。除此之外，积极增强低碳资金调配效率也是完善低碳融资体系的重要组成部分。

四　中国未来的路径策略

（一）调整能源结构，增加清洁能源使用

1. 着力优化能源供给结构

推动能源供给侧结构性改革，以五大国家综合能源基地为重点优化存量，把推动煤炭等化石能源清洁高效开发利用作为能源转型发展的首要任务。同时大力拓展增量，有序推进常规水电、核电、风电、太阳能等非石化能源开发，积极推动"互联网+"智慧能源发展，推动能源生产供应集成优化，构建多能互补、供需协调的智慧能源系统。

2. 节约低碳，推动能源消费革命

坚持节约优先。充分发挥价格机制调节作用，扩大差别电价、水价政策覆盖面。完善高耗能、高污染、产能严重过剩等行业差别（阶梯）电价、水价政策，鼓励各地结合实际扩大政策实施覆盖面。

以市场调控为主要配置方式。实施能源消费总量和强度"双控"，开展煤炭消费减量行动，稳步推进煤改气、煤改电，积极推广新能源汽车。

3. 协同制定适配政策，注重能源科学转型

2015—2025年，是中国能源转型的关键期，中国的能源转型基础仍相对薄弱，可再生能源配置不可操之过急。这一阶段采取高比例的可再生能源发展目标是不可取的，也是违背能源发展规律的。因此，在发展可再生能源的过程中，应注重能源供需平衡，必须警惕其所带来的高昂经济成本和能源安全问题。

（二）升级产业结构，转换新的增长动能

1. 聚焦科技创新

提高绿色企业的自主创新能力，通过技术创新提升企业全要素生

产率。充分认识绿色技术的正外部性，通过技术标准、排污税费、补贴等政策工具，激发企业对绿色技术的应用需求，改变绿色技术产品需求不旺的现状；通过征收资源环境税等措施，促进资源环境外部性内部化，提振企业对绿色产品的需求。

2. 优化产业结构

改造升级传统制造业。支持企业自主创新和技术改造，运用市场化手段淘汰和转移过剩产能。

培育发展新型高端制造业，依托重大项目和专项工程，发展战略性新兴产业等高加工度和高技术密集度产业。

促进重点城市产业协作，完善产业链配套，打造新一代信息技术、高端装备、生物产业等世界级产业集群，实现产业、城市融合发展。

3. 重视园区建设

推进园区绿色循环发展。从生态产业、生态工业园、生态城市和生态流域等不同层面推进循环经济和低碳经济。优化工业园区布局，加强企业、园区、行业间的原料互供和资源共享，减少生产流通环节中的能源消耗和污染物排放。健全源头节约、循环利用、安全处置全过程的激励机制，鼓励和支持循环经济发展。

提升园区生态环保水平。提高开发利用岸线使用效率，合理安排沿海沿江工业与港口岸线、过江通道岸线、取水口岸线。推进国家级承接产业转移示范区建设，以开发区、产业园区为载体，加快提高基础设施和产业配套水平。

统筹要素资源。加大对工业园区绿色发展的扶持力度，优化制度环境，深入推进园区和行业环境整治联动，引导企业自发地在循环经济、清洁生产、自主创新、节能减排等领域加大投入。推动沿江特色工业园区的绿色发展，促进同类产业的集聚和整合。

(三) 完善规制体系，强化环境污染防治

全社会环境问题的治理是一个系统性工程，政府部门需要充分发挥命令—控制型、市场激励型、社会参与型"三维一体"环境规制政策工具体系的作用，不断完善和加强多种政策工具的优化组合及创新，促使不同政策工具形式优势互补、扬长避短，提升环境规制工具的作用效果，整体推动环境治理体系的优化。

1. 加大环境监测监察的执行力度

健全环保监察制度，积极推进污染事故限期治理、污染事故应急处理、违法企业挂牌督办、强制污染"关停并转"等强制性制度。

加强污染源头防治。积极推进事前控制类的环境规划、环境标准、影响评价、投资项目"三同时"、排污许可证等制度的完善。

注重环保制度与标准建设。积极推进事中控制类的污染物排放浓度标准、排放总量控制标准、排污申报登记制度。

2. 进一步健全市场激励型工具

建立更加弹性化的排污收费标准，推动排污权交易制度更广泛地实施。一方面，加大市场激励型惩罚和环保补贴等政策工具的执行力度，提高企业排污成本，切实促进企业提升资源利用效率，降低污染物排放。另一方面，逐步加强运用市场机制解决外部性问题的手段，扩大污染物排放权交易的实施范围和区域，建立起全方位的交易网络和体系。

3. 建立多方社会主体参与环境治理的渠道

一方面，推动社会公众更加便捷地参与环境治理，降低公众参与成本，让公众更加科学规范、通畅透明、全面深入地参与环保事务，共同推动立体化环境治理体系的构建，使各种类型的环境政策工具均能最有效地发挥作用。另一方面，积极鼓励非政府组织、企业发起自愿性环保项目，提升公民和企业的环境保护意识。

（四）优化制度供给，完善生态文明制度

1. 建立生态优先的项目推进制度

建立健全各类产业项目总量减排倒逼机制，探索实施污染物总量刷卡排放制度，建立项目能耗准入和用能总量核定制度，实行新上项目"环评一票否决制"。

2. 建立科学分类的干部考核制度

将资源环境承载能力监测预警评价结论纳入领导干部绩效考核体系，将资源环境承载能力变化状况纳入领导干部自然资源资产离任审计范围。建立主要领导负总责的协调机制，适时发布本地区资源环境承载能力监测预警报告，制定实施限制性和激励性措施，强化监督执行，确保实施成效。

3. 建立全民参与的环境监督制度

维护公众知情权，落实环境信息公开化制度，及时向社会发布环境监测与污染物排放情况，并通过网络、电话等多媒体手段接受公众监督和信息反映。在环境事件处理中，以走访、调查、听证、座谈等多种形式主动听取利益相关方意见，限时处理答复。鼓励民间环保组织建设和生态文明志愿者行动，营造发挥其在环保专项行动、环保监督、宣传等方面作用的良好氛围。

4. 重塑经济生态价值观，加强生态社会建设

通过生态社会建设强化各个主体的生态意识，采用生态教育、环境宣传、文化熏陶等多种手段，从条件较好、群众积极性较高的地区入手，通过示范引导，由点到面的办法进行村庄环境整治。

挖掘地域生态文化。联系地方风土人情，将生态文化与当地历史人文资源充分融合，将特色民俗和本土文化注入生态内涵。

普及全民生态文明意识。以每年"3.25"生态日、"6.5"世界环境日为载体，广泛开展生态文明主题实践活动。包括常年举办生态文化节，创建绿色小镇、环保模范城市等工作，在寓教于乐、寓教于行中培育全民生态意识，形成全民关注和参与生态文明建设的良好局面。

培育生态发展领导力。通过党校干部教育以及与高校和科研机构组织的各种生态合作交流项目，注重对关键人群的培养，特别是培育具有生态文明理念的中高层政府官员和企业家。

专题七　深化改革　推动新一轮结构转换

建设现代化经济体系，推动高质量发展，是新时代应对社会主要矛盾的重大战略任务。但从目前情况看，结构转换不到位是制约高质

量发展最为突出的问题之一,应当予以足够重视。粤苏鲁浙是我国经济发达省份,在全国举足轻重,2017年四省GDP占全国的36.3%,在我国经济发展中占据重要地位,我们调研认为,其经济对比能够从一个侧面反映我国经济结构转换不到位的问题。

一 粤苏鲁浙四省数据对比显示结构转换十分重要

根据我们对四省的调研,近十年(2008—2017年)四省经济出现分化。

(一)从总量数据看,最近10年中有9年江苏的地区生产总值(GDP)增速快于广东,有8年山东的GDP增速快于广东,但2017年江苏、山东GDP增速均出现落后于广东。

2008—2012年,江苏GDP增速均高于广东;山东GDP增速除2010年略比广东低0.1个百分点外,其余4个年份均高于广东;浙江GDP增速始终低于粤苏鲁三省。总体上看,这5年中,江苏、山东GDP增速普遍高于广东、浙江。

2012—2016年,广东GDP增速出现止跌企稳。2013年广东GDP增速8.49%,比2012年回升0.33个百分点,结束2007年以来总体下滑状态,转入平稳波动。2012—2016年5年中浙江也出现了与广东类似的发展趋势。然而,与广东、浙江相反,2012—2016年,江苏、山东两省的GDP增速出现连续下滑,直到2017年这种下滑态势也未停止。

2017年,浙江GDP增长7.8%,位列四省之首,广东GDP增长7.5%,位居第二位;山东比广东低0.1个百分点;江苏为7.2%,GDP增速在四省中最低。与2016年相比,广东GDP增速持平,浙江GDP增速提高幅度最大,江苏回落幅度最大;山东和江苏GDP增速回落态势仍在持续,山东回落0.2个百分点,江苏回落0.6个百分点。

(二)从结构指标看,最近10年江苏、山东的结构转换慢于广东、浙江。

从地方财政收入看,2008—2012年江苏、山东的财政收入增速普

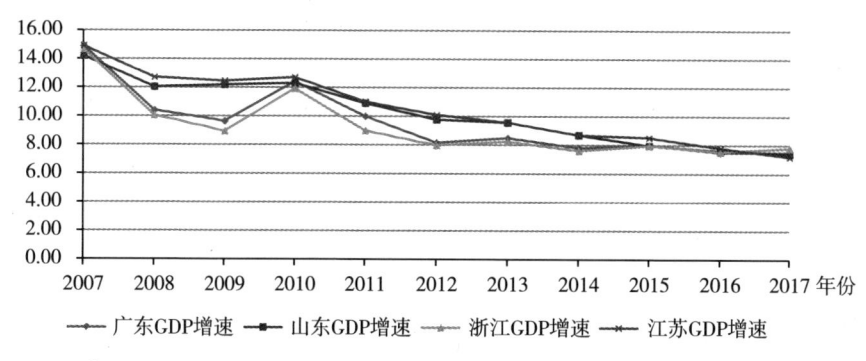

图专 7-1　2007—2017 年粤苏鲁浙四省 GDP 增速变化趋势（单位：%）

数据来源：wind 数据库。

遍高于广东，2013—2017 年，江苏、山东的财政收入增速均低于广东，且呈现差距拉大趋势。

受国际金融危机影响，相较 2007 年、2008 和 2009 年四省地方财政收入增速均出现急剧下滑。直到 2012 年，广东财政收入增速均低于江苏、山东。进入 2013 年后，形势发生变化。与 2012 年相比，2013 年广东财政收入增速提高 0.64 个百分点，浙江提高 1.1 个百分点，而江苏、山东分别下降 1.72 个百分点和 5.16 个百分点。并且从 2013 年开始到 2017 年，广东地方财政收入增速一直位居四省之首。2017 年，广东、浙江两省的地方财政收入增幅明显好于江苏和山东。

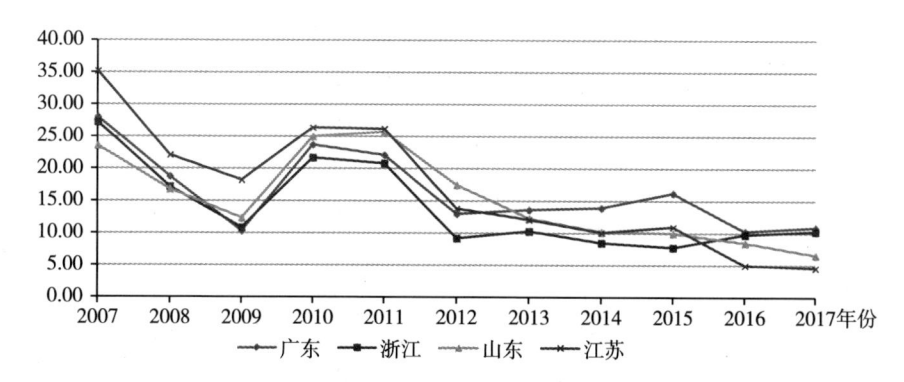

图专 7-2　2007—2017 年粤苏鲁浙四省公共财政收入增速变化趋势（单位：%）

数据来源：wind 数据库。

从货运量看，2007—2012 年山东的货运量位居四省首位，2013—

2016年广东替代山东位居货运量之首，且广东、山东、浙江三省均呈现明显的上升势头。

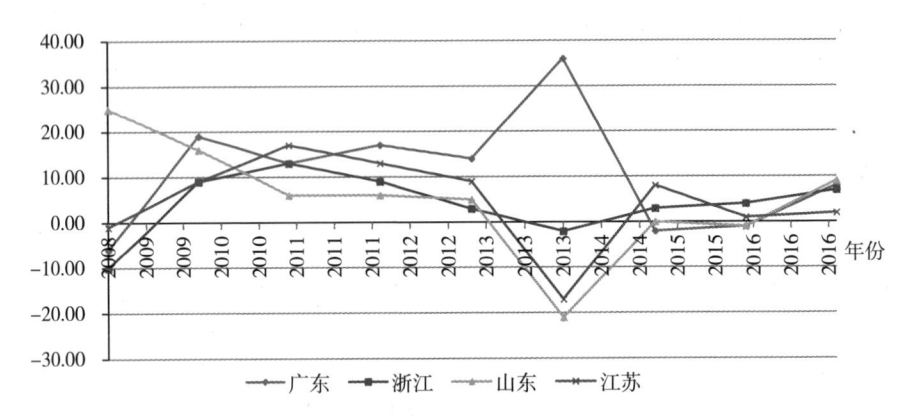

图专7-3　2008—2016年粤苏鲁浙四省货运量增速变化趋势（单位:%）

数据来源：根据wind数据库数据整理。

从各项贷款余额看，过去10年，四省各项贷款余额总量广东始终高于其他三省，山东始终处于末位。从增速变化看，2009—2016年，山东、浙江一直处于下滑过程，广东、江苏在经过一番波折后，自2012年转入平稳波动阶段，尽管粤苏两省变化趋势相近，但个别年份广东表现稍好。2017年广东各项贷款余额增速14%，高于江苏1个百分点，高于浙江6个百分点。

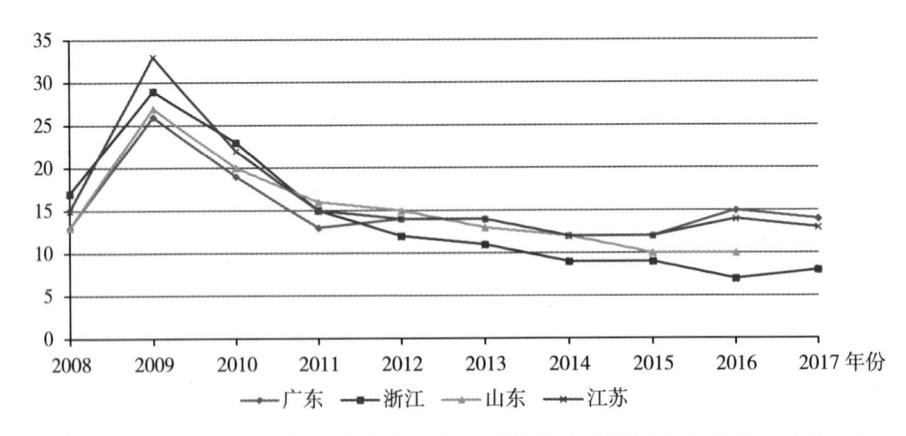

图专7-4　2008—2017年粤苏鲁浙四省各项贷款余额增速变化趋势（单位:%）

数据来源：根据wind数据库数据整理。

从四省关键数据对比可以看出，由于四省结构转换进程不一，效果差异开始显现。过去10年里，在总量还保持着一定增速的时候，由于结构转换、动能转换有早有晚、有快有慢，四省经济发展出现了分化。从供给侧结构性改革的角度看，广东、浙江经历了2008年国际金融危机的冲击后，被倒逼进行结构性改革，但自2012年开始进入比较主动的发展状态，到目前这种结构性改革的效果已由较高的GDP增速显现出来；而山东、江苏在结构转换、新旧动能转换方面的确落后了，现在两省已开始转入结构性改革的新征程。

从另一个角度看，以广东为代表的地区发展不平衡问题仍然十分严重，这说明当前各地存在着政府和市场作用协调性不足的突出问题。如果这个问题解决不好，不平衡不充分的矛盾不可能有效解决。我们认为，解决发展不充分的矛盾要靠市场竞争产生活力，而解决发展不平衡的矛盾要靠政府以及社会的作用。

二 体制机制改革是推动结构转换的关键动力

从改革开放40多年的历史来看，通过不断深化改革推动结构转换，不断释放经济动能，是我国经济持续健康平稳发展的关键所在。改革开放以来，我国经济结构经历了三次大的结构转换。第一次结构转换，是在20世纪80年代推行农村土地家庭联产承包责任制并伴随乡镇企业崛起，带动了国民经济的起飞。第二次结构转换，是在20世纪90年代我国通过推进以国有企业改革为中心的宏观管理体制改革和四大支柱产业的振兴（这四大支柱产业分别是电子机械、石油化工、汽车制造和建筑业，这四大支柱产业在国民经济中的比重由8%迅速提高到25%以上），带动了经济的腾飞。第三次结构转换，是进入新世纪之后，通过发行国债，支持基础设施建设，我国经济出现了长达10年的快速发展期。

从粤苏鲁浙四省近十年的比较看，在2008年国际金融危机的倒逼下，广东、浙江通过改革推进"腾笼换鸟"，在推进供给侧结构性改革方面走在全国前列。可以说，广东、浙江过去10年的结构性改革取得了不少有益经验，较好地代表了我国第四次结构转换。

（一）加速实施简政放权，深化行政审批制度改革

长期以来，环节过多、时间过长的行政审批严重制约了企业的生产经营活动。特别是对中小微企业的经营活动来说，繁杂的行政审批有可能带来致命的打击。为解决这一问题，近些年来，广东、浙江大力推进简政放权，深化行政审批制度改革，通过做减法为培育发展新优势创造空间。2017年广东完成省级权责清单动态调整，省直部门行政职权压减至5567项，比2015年公布的行政职权减少1404项，压减率达20%。为支持创新创业，广东加大放权力度，取消行政许可，清理行政审批中介服务事项。最近10年里，针对审批事项繁杂、部门自由裁量权过大、行政审批标准化水平不高等突出问题，浙江自2013年启动新一轮行政审批制度改革，对省市部门审批权限采取应放尽放措施，并设立监管体系保证放权后的执行效率。

（二）依靠信息技术和互联网，建立政府服务新机制

广东在大力精简审批事项、压缩审批时限、减少审批环节的同时，推广"一门式、一网式"政府服务模式，主要做法包括出台方案加快打造"数字政府"，推动政府部门将分设办事窗口和审批服务系统整合为实体综合服务窗口和网上统一申办受理平台，深入推进行政许可标准化。实施"并联审批"和"绿色通道"制度，使超过90%的事项实现"最多跑一趟"。浙江在推进行政审批制度改革的同时，充分运用"互联网+政务服务"大力开展"四张清单"（政府权力清单、企业投资负面清单、政府责任清单、省级部门专项资金管理清单）"一张网"（浙江政务服务网）建设，遵循"法无授权不可为""法定职责必须为"的原则推进政府自身改革，厘清政府、市场、企业、民众间的关系。近几年在"四张清单一张网"的基础上，浙江又进一步提出"最多跑一次"改革，这是其持续改善营商环境的关键。通过信息技术改进政府服务，提升办事效率，不仅创造了良好的营商环境，也大大推进了结构调整。

（三）大力推进混合所有制改革

混合所有制改革是未来我国所有制改革的主攻方向。广东、浙江两省紧抓这一发展方向，积极推进国有资本、集体资本和非公资本交

叉持股相互融合为主要特征的混合所有制改革。近几年，广东支持龙头优势企业兼并重组，实施国企产权多元化改革；通过要求企业建立规范的董事会制度，完善国企法人治理结构。混合所有制改革使国企更能适应市场竞争，并在竞争中提升。浙江除了推进企业的混合所有制改革，还于2017年建立了混合所有制的新型科研机构——之江实验室，重点围绕人工智能和网络信息领域进行研发。这种赋予新型科研机构先行先试的相关权利的做法，充分体现了浙江体制机制的活力和优势。

（四）强化机制引导，倒逼产业转型升级

通过改革使要素不断由低效率部门流向高效率部门，是结构转换的体制性基础。2008年以来，在国际金融危机的背景下，广东、浙江通过水价、电价、能源价格、排污权等资源要素方面实行差别化配置和价格政策，倒逼落后和低效企业"腾笼换鸟"。并通过政策引导机制，改变传统的"以GDP论英雄"导向，转为以"资源占用产出论英雄"导向，探索建立以单位用地税收、单位用地产出、单位能耗产出、单位排放产出等为主要指标的综合评价制度。这样通过限制和鼓励两种政策机制，为产业转型升级创造了内生动力，从而为要素由低效率部门流向高效率部门创造了新空间。

（五）依靠土地制度改革推进城乡融合

改革开放以来，资本、劳动力要素基本实现了全国范围内的自由流动。但土地要素的市场化流动仍不充分。浙江土地资源稀缺，实施农村土地制度改革，破解土地资源瓶颈，符合浙江经济发展需要。为此，浙江率先深化农村集体经营性建设用地入市改革，实践宅基地所有权、资格权和使用权"三权分置"。城乡统一市场的建设为实现人、地、资本的融合创造了有利条件。实践证明，农村土地制度改革是浙江推进城乡融合发展的关键所在。

三 深化结构性改革的对策建议

当前，我国经济已由高速增长阶段转向高质量发展阶段。新时期，应当借鉴推广广东、浙江结构性改革的成功经验，推进我国新一轮结构转换，推动我国经济实现高质量发展。

（一）深入实施行政审批制度改革

以理顺政府与市场、政府与社会的关系为目标，继续加大简政放权力度，实施行政许可事项清理，取消不必要的中介服务、达标评比、信用评价等相关事项，推进建立上下协调联动的行政审批标准化体系，使政府职能从社会市场领域回撤，减少政府对微观事务的管理。强调依法改革理念，国家层面应加大法律法规的配套设计，使地方新一轮行政审批制度改革在统一的法律框架下开展。各级政府加强对下级部门的监督，使原来政府部门的重审批、轻监管向轻审批、重监管、重服务的方向转变。通过行政审批制度改革，实现政府管理流程的再造。

（二）建立数字型政府，提升办事效率

树立创造良好营商环境为民服务的目标，依托信息技术和互联网打造数字型政府，建立政务服务事项目录，实施动态管理，确保网上办事大厅、各种小程序、门户网站等政府服务同源、一致，使用便捷，提高用户的黏性和依赖度。采用第三方评估，加强对整个"数字政府"在应用开展、共享协同、服务成效的检查考核，并将考核评估结果作为后续投资建设的重要参考，促进"数字政府"改革持续发展。

（三）多措并举推进混合所有制改革

建立健全国企法人治理结构，完善法人治理结构运作机制，形成所有者与经营者之间的有效制衡。搭建优秀三会一层班子队伍，提升班子队伍在企业经营方面的知识、能力、格局、资源等软实力。通过市场化途径，丰富混合所有制的实现形式，可以采取黄金股、优先股、央地合作等方式，推进混合所有制改革做到既能面上混，也能实质混。同时引入员工持股，让员工参与企业的经营管理，将对混合所有制改革形成有效支撑。

（四）落实农村土地确权流转，释放土地和劳动力潜力

一是落实农户对承包地、宅基地和集体经营性建设用地的法人财产权，重点推进承包地"三权分置"，完善农村宅基地的权利设置，

推动实现宅基地的市场流转。二是建立城乡统一的建设用地市场，推行城市建设用地增加与农村建设用地减少相挂钩的政策，通过市场交换和土地规划部门跨区域调节，既使退出宅基地的农民获得财产性收入，又能满足城市新增建设用地需要。三是适应劳动力全国流动需要，建立全国统一的建设用地市场。应建立全国统一的建设用地市场，把中部地区农民工退出的农村建设用地指标出售给沿海地区。为解决土地占优补劣和农产品运输成本问题，应以每亩土地标准产量确定土地当量，再乘以运输成本系数，然后进行交易。运用市场机制，找到价值补偿办法。配合农民工全国流动，要重点解决农民工市民化问题，使进入城市的农民工能够和市民一样，在养老保险、医疗保险、住房保障等方面享受到各种公共服务。

专题八 中美大豆贸易问题及其对策

特朗普当选美国总统以来，采取贸易保护主义和单边主义做法，引发中美贸易争端逐渐升级。大豆成为中美贸易争端的一个"枪靶"。如何趋利避害，减少我方损失，寻求新的发展路径，是当前应对中美贸易争端诸多亟待解决的现实问题之一。

一 最近15年中国与美国、巴西两国大豆贸易持续旺盛

最近15年，我国大豆消费和压榨量快速增长，食用油及蛋白需求持续增长，成为全球最大的大豆进口国。加入世界贸易组织（WTO）以后，国内进口大豆数量一路攀升。2001年，我国大豆进口1394万吨，2017年升至9554万吨，是2001年的6.85倍。进口大豆占我国国内大豆消费的比重由2002年的32.16%升至2017年的87.58%。

自2013年以来，我国大豆进口量占全球进口总量的比重超过60%，主要来源于美国和巴西。2000年，美国出口我国大豆仅为500万吨，2013年达2400万吨，占当年美国大豆出口量的62%。2014

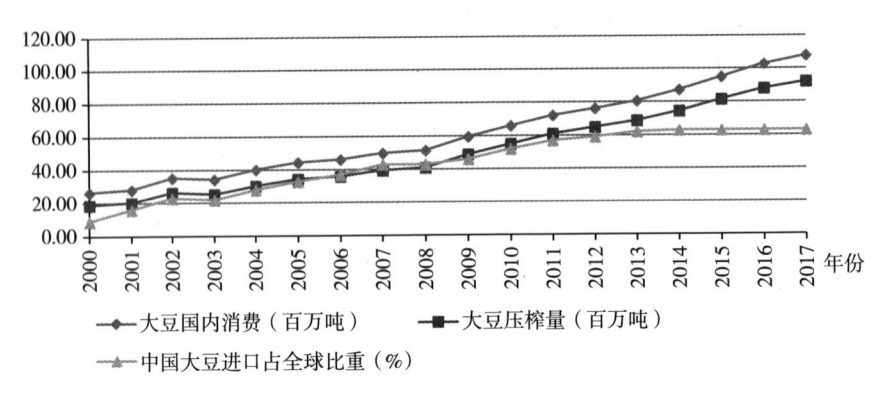

图专 8-1　我国大豆国内消费及进口占全球比重的情况

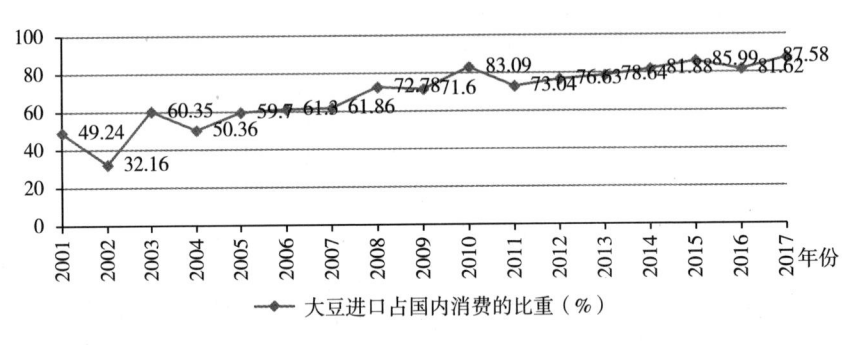

图专 8-2　进口大豆占国内大豆消费的比重

年，巴西超越美国成为全球第一大大豆出口国。2017 年，我国从巴西进口 5093 万吨，从美国进口 3285 万吨，占全年进口量的 53.3% 和 34.4%。

二　短期内中美大豆贸易战势必产生市场冲击

特朗普政府挑起中美贸易战以来，作为回击，我国宣布对美国大豆征收 25% 的进口关税。这一措施给中美市场产生冲击。

从美国市场看，根据美国农业部（USDA）供需报告数据，2017 年，美豆出口量占美豆产量的 48.6%；出口中国的量占其出口总量的 52.7%，占产量的 25.6%，出口我国金额 139 亿美元，占大豆总出口额的 35%。美豆对我国市场依赖性强。2013 年以来，国际大豆价格整体低迷，导致美国豆农收入明显回落。美国大豆协会前期也已经公

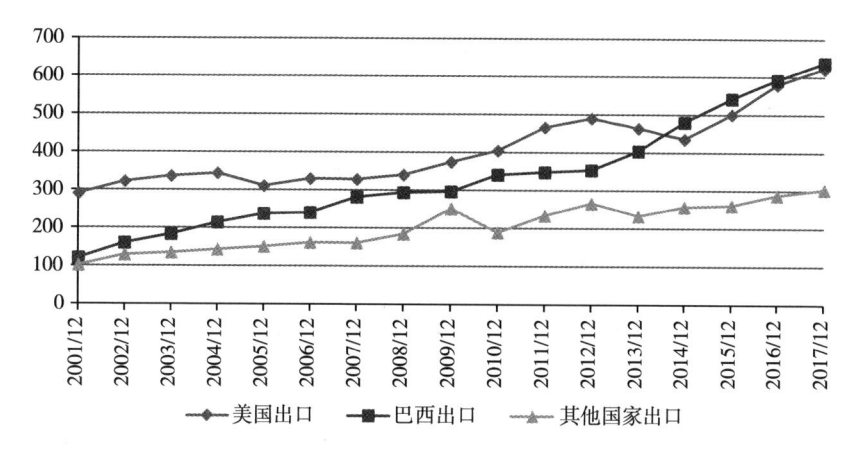

图专 8-3 2001 年以来全球大豆出口情况（单位：百万吨）

开表示，征收关税将导致美国豆农收入下滑 50% 左右，这是美国农民无力承担的，将对美国农业以及整体经济产生不利影响。

从我国市场看，2017 年，我国大豆进口额为 397 亿美元，位于进口农产品品种首位，占总进口额的 35%。理论上，25% 的关税将导致进口大豆完税成本上涨约 600 元/吨。由于我国进口美豆主要用于压榨，生产豆粕和豆油，而豆粕是饲料中的主要蛋白来源，成本上涨也将进一步传导至现货市场。受加征关税预期的影响，国内大豆现货价已由 2018 年 3 月 1 日的 3472.11 元/吨，上升至 8 月 29 日的 3528.42 元/吨，涨幅 56.31 元/吨；豆粕现货价由 2018 年 3 月 1 日的 3109.7 元/吨，上升至 8 月 29 日的 3420.88 元/吨，涨幅 311.18 元/吨。

三 我国大豆生产和消费面临的突出问题

在我国经济快速发展以及大豆长期依赖进口的情况下，我国大豆生产和消费出现了一些较为突出的问题。

（一）长期依赖进口削弱我国大豆生产能力

尽管我国仍是世界第四大大豆生产国，年产量仅次于美国、巴西和阿根廷，但长期依赖进口持续削弱我国大豆生产能力。首先，我国大豆单产远低于美国和巴西。2017 年，美国大豆单产为 3.23 吨/公顷，巴西为 2.90 吨/公顷，分别是我国的 1.78 倍和 1.6 倍。其次，生产成本高昂。近年来，我国大豆生产成本不断提升，由2004年的190.91元/亩上升到2016年的419.44元/亩。受单产低和生产成本高双重因素影响，我国大豆种植面积和产量一度持续下滑，一直处于低位运行。2000年，美国大豆播种面积是我国的3.3倍、巴西是我国的1.5倍。2017年，美国和巴西播种面积迅速扩张至我国的5倍。我国大豆年产量也一度由1994年的1600万吨高峰下滑到2015年的1051万吨低谷。近两年来随着国家、地方出台鼓励政策，大豆产量出现连续回升，2017年一举达到1530万吨。尽管如此，目前我国大豆年产量仍未达到1994年的最高水平。

（二）随着我国人民生活水平的提高，大豆油过量消费问题突出

食用植物油是我国最常见、食用范围最广的食用油。2016年，USDA数据显示，中国食用植物油消费构成中，大豆油占44%，其次是菜子油占24%，棕榈油占18%，花生油占9%，其他占5%。大豆油消费在食用植物油中占比最高。2016年中国营养学会推出的《中国居民膳食指南（2016）》推荐成人一天的食用油消费量为25—30克，但实际上成人一天的用油量为49克，大大超标。由此可推断，我国大豆油消费也存在过量消费问题。过量摄入大豆油，会引发一些慢性疾病尤其是心脑血管病，对健康的危害不可小视。

（三）随着大豆饲用消费量持续增加，供应不足问题突显

为满足我国居民肉蛋奶消费需求，需要大量蛋白饲料原料，豆粕是优质蛋白来源。2017/2018年度，菜粕、棉粕、花生粕等杂粕产量和进口量的增加使豆粕消费需求增速有所放缓，但豆粕在饲用蛋白消费中占比仍约八成。2017/2018年度，我国豆粕饲用消费量估计为7210万吨，较上年度增加330万吨，占蛋白饲料总量的79.01%。随着关税加征及大豆市场价格大幅上升，大豆进口势必面临严峻形势，在国产大豆短期内难以快速增长的情况下，大豆饲用消费必然面临供应不足困境。

四 应对策略

中美大豆贸易战的短期影响十分明显。鉴于中美贸易争端的长期

性和复杂性,我国应尽快转变思路,本着长远健康发展的原则,采取实质性措施,使我国既能摆脱对美豆高度依赖,也可有效解决国内大豆高消费遭遇的困境。

(一)通过进口多元化摆脱对美国大豆的依赖

大豆不属于口粮产品,属于适度进口的产品。我国大豆消费88%来自进口,大豆自给率只有12%。在目前单产较低情况下,完全由国内种植替代进口可能性不大,还需保持合理的进口量。目前,应着重开拓多元化的进口渠道,完善世界主要粮源产地供应链布局,保障我国大豆市场稳定。我国大豆进口企业应积极调整国际采购来源地,除了将进口重点由美国转向巴西、阿根廷、乌拉圭等大豆主产地外,还应将大豆进口需求转向俄罗斯、乌克兰、埃塞俄比亚、哈萨克斯坦、马拉维、孟加拉国、老挝、斯里兰卡等新兴市场国家,及欧盟、黑海等地区,主动构建更加多元的进口大豆供应体系,缓解对美豆进口的依赖。

(二)扩大种植面积,实施以产顶进

降低对大豆进口的依赖,还需通过政府引导和扶持,扩大国产大豆种植面积。从国际经验看,日本为支持大豆等农业产业发展,实施以产顶进,采取差额补贴制度,即针对生产者保证价格与市场购销价格的差价,政府直接给予补助金弥补该差价,这使最近20多年日本大豆生产收获面积持续增加。因此,我国应借鉴国际经验并结合自身实际情况,选定东北等大豆主产区,继续实施和推广大豆目标价格、大豆玉米市场化收购加补贴、玉米改种大豆轮作补贴、镰刀弯地区增加大豆种植面积等政策,在算好效益账特别是保障农民利益的前提下,进一步引导大豆生产和供应,尽量扩大大豆生产面积。除扩大大豆生产外,还可扩大油菜籽的生产。应在新疆等油菜籽主产区建设相对集中连片、高产稳产的大宗油料生产示范基地,利用长江沿线地区大量冬闲地种植油菜子,提高国产油料作物供给。这在一定程度上也会减小大豆进口压力。

(三)加大创新,提高单产效率

目前中美贸易争端日趋严峻,且带有明显的持久性。从中长期看,我国除了提高政府补贴标准,调动农民扩大种植积极性外,关键是要发挥创新驱动生产的作用。为此,应以种粮大户、家庭农场等新型经营主体的技术需求为目标导向,加大机械化生产的技术创新,推进农机农艺融合,实现品种、栽培与农机有机结合,实施区域化、标准化和适度规模化生产,提高规模化效益。加大对大豆科技创新的投入,加快选育突破性品种,重点生产非转基因大豆和绿色有机大豆。加快发展精深加工,实施产销一体化,提高市场竞争力和占有率,提高大豆产业整体效益,切实转变大豆生产方式。

(四) 转变大豆消费方式缓解国内需求压力

加大宣传、教育和引导,使健康消费理念逐渐深入人心。让人们自觉按照科学的用油标准制定膳食标准,形成大豆油的合理消费,避免"既花钱买了油,又吃出富贵病"的现象发生。另外,可适当扩大菜子油、橄榄油、花生油等消费比重,替代豆油消费。用菜子粕等饲料蛋白品替代一部分豆粕,同时加大稻谷、小麦、玉米深加工蛋白产品的研制和应用,改变过度依赖豆粕的现状。选好畜禽品种,改进饲料配方,做好饲养环境控制,进行科学喂养管理,优化料肉比,提高畜禽饲料转化率。加强国产大豆蛋白开发,满足居民对植物蛋白的需求,减少对畜禽产品的消费需求,避免肉、禽、蛋、奶、油、豆制品受国际市场影响,减少对进口大豆和豆粕的需求。

专题九　发展潜力源于新旧动能转换——粤苏鲁浙四省调研的启示

当前我国正处于由高速增长阶段转向高质量发展阶段的关键时期,加快推进这个历史进程首先必须实现新旧动能转换。各地区都在积极落实中央部署,但在观念转变和落实力度上存在差异,动能转换在东部沿海、中部、东北及西部地区间发展出现分化态势。粤苏鲁浙是我国经济发达省份,2017年四省GDP占全国的36.3%。根据我们对四省的调研,近十年(2008—2017年)四省经济发展也有变化。

这十年的前四年（2008—2011年）山东、江苏的经济总量和增速均在前列，中间四年（2012—2015年），广东后来居上，浙江也逐步迈入前列。有几点很值得重视。

一 着力解决发展中面临的突出难题

2008年国际金融危机爆发后，同全国一样，广东、浙江面临着新情况新问题新挑战，2012年后为适应经济发展进入新常态这一变化，广东、浙江积极主动地利用全球金融危机形成的倒逼机制较早认识和解决动能转换中的几个难点。

（一）如何激发经济发展的内生动力

受国际金融危机影响及我国经济进入新常态阶段，经济由高速增长转为中高速增长，有效激发经济内生动力成为各地共同面临的突出难题。广东、浙江通过调整供给和需求结构，为动能转换找新路子。在需求侧，两省在稳外需的同时，通过帮助企业建立内销渠道等，使消费成为拉动经济的主要动力，通过帮助民企解决市场准入、融资、科技创新、市场开拓、原材料成本、税费负担重等方面问题，重点释放民间投资活力。在供给侧，广东、浙江积极以"拼服务、拼智慧"的发展方式取代之前的"拼汗水、拼资源"的经济增长模式。

（二）如何推进制造业上新的台阶

粤苏鲁浙四省都是传统制造业大省，都面临制造业如何转型升级的难题。相比江苏、山东，广东、浙江推进结构调整、打造现代产业的意识更为强烈。他们吸取国内外的经验教训，围绕制造业转型升级延长产业链，加大研发设计力度，在技术上取得新的突破。同时，进一步做好销售和售后服务，着力推进二三产业融合，推进制造业和生产性服务业融合发展，尤其是利用现代信息技术促进互联网、大数据、云计算与制造业相融合。对食品、纺织、服装、家具等劳动密集型产业着重实施"机器换人"，降低成本，提高劳动效率。由此，制造业的信息化、智能化、服务化水平大幅提升，使制造业的转型升级、迈阶过槛成为现实。

（三）如何建立新的融资模式

研发和升级改造都要有资金支撑。主要靠政府的传统融资模式已不能适应新的发展需要。广东、浙江通过深化改革拓展新的融资模式，缓解了传统模式带来的困境。如全国首个"互联网+"众创金融示范区落地佛山，国内第一条民间金融街在广州落地，广东发放了国内第一笔滩涂承包经营权抵押贷款等。浙江则抓住温州市金融综合改革机遇，全面激发金融创新活力，培育出了像蚂蚁金服、浙江产权交易中心、微贷网等一大批知名金融创新企业。从各项贷款余额看，最近10年，广东始终位居粤苏鲁浙四省之首。浙江该项指标虽然还不高，但其金融创新有效弥补了这一短板。

正是由于在面临新形势新情况新问题情况下，深入思考和着力解决面临的突出难题，四省经济都有发展但发展效果出现差距，广东、浙江已跨前一步。

二 切实把创新放在经济发展的核心位置

习近平总书记强调，创新是引领发展的第一动力，要切实把创新放在经济发展的核心位置。近些年广东、浙江结构转换较快，关键在于其逐步培育相对较强的创新能力。

（一）培育一批有影响力有扩散带动作用的创新型企业

广东、浙江两省创新型企业包括民营创新型企业发展较快。近期由全国工商联发布的2018中国民营企业500强榜单出炉，营业收入过千亿的有42家，其中粤苏鲁浙四省28家，占比2/3。广东、浙江两省有16家营收过千亿的民企，大多是从事IT技术、汽车制造、电器机械制造等技术密集型产业，都呈现高研发投入与高产出相关的特点。2017年，华为研发投入达到896.90亿元，位居企业研发投入之首。江苏、山东两省12家营收过千亿的民企则主要从事金属冶炼和压延加工业、化学原料和化学制品制造业、化学纤维制造业、纺织服装业等传统制造业。广东、浙江更多地发挥市场推动作用，培育出了华为、美的、吉利、阿里巴巴等一批创新型领军企业。这些企业不仅创新意识强，还设立内部强激励的收入分配机制，保障持续加大研发投入。这对区域创新形成良好的示范和带动作用。不少优秀的创新型人才从这些企业出来以后，走上了自己的创新创业之路。

（二）着力提升自身创新能力并逐步形成自己的核心技术

广东、浙江着重推进科技创新体系建设。比如，广东省加强与科研院所合作，共同推进中国（东莞）散裂中子源、国家超级计算广州中心、国家超级计算深圳中心、江门中微子实验室、深圳国家基因库等重大科技基础设施建设，以提升原始创新和核心技术突破能力，同时在市场机制作用下，这些重大科技基础设施带动周边聚集了大量研究机构和企业，形成了较为完整的创新产业链和科技创新生态体系。浙江通过建立市场导向的技术创新体系，健全促进科技成果转化机制，建立科技和金融结合机制等，打造基于科技创新能力的协同创新体系。另外，广东、浙江着重提升自主创新能力，不少企业引进先进技术不是简单的"拿来主义"，而是花功夫消化吸收再创新，不仅解决了自身技术含量低的问题，也通过技术升级和再创新，形成自己的核心技术及设计制造能力。

（三）创造良好的创新生态环境

广东、浙江十分注重依靠体制机制创新、人才队伍建设、政策扶持等构建优质创新环境。如浙江打造混合所有制实验室，建立首个省级科技创新云服务平台，鼓励科技人员以自主科技成果入股创办企业，以商标、专利和非专利技术等出资最高可占注册资本的70%。深圳市一边持续加大科技投入，一边有选择地面向全球大量引进优势科教资源支持创新，如合作建立南方科技大学、清华伯克利深圳学院等多所特色院校及光启研究院、华大基因研究院等多家新型科研机构，同时也通过创造优越条件引进和留住一批拔尖的创新人才。

三 几点启示

当前我国经济下行压力有所加大，所面临的国际贸易环境也很严峻。推动经济高质量发展是有效应对国内外新情况新问题的关键。从四省以及全国来看，新时期适应经济高质量发展要求，加快推进动能转换迫在眉睫。

（一）加大基础研究和应用基础研究的力度

大力支持关系突破关键核心技术和支撑原始创新的重大科技基础

设施、先进装置等重大项目,建设共建共享的重大科技研发平台。着力打造科技界、政府、产业界和用户多方参与紧密合作机制,共克技术难关,共担风险,形成创新链、产业链、资金链深度融合,强化产业基础能力和创新实力。要选好用好领军人物、拔尖人才,鼓励科技型企业推行员工持股,支持科技人员以成果入股创办企业,保护知识产权,支持高校、科研院所将科技成果产业化业绩作为应用型研究人员职务职称晋升重要依据。攻克关键核心技术要立足自主创新,但自主绝不是封闭,要坚持自主创新和加强国际交流合作相结合,充分利用国际创新资源和先进经验,建立互利共赢合作机制,进一步提高国际科学技术合作能力。

(二) 提升制造业智能化水平

推广吸纳浙江、广东"腾笼换鸟"的经验,抓紧实施工业企业重大技术改造和升级工程,促进大数据、云计算、物联网、人工智能在传统产业中的应用,推进智能制造。培育壮大战略性新兴产业,重点强化集成电路、高端装备、基础材料等发展。提高现代服务业特别是生产性服务业规模质量,实施服务业品牌价值提升行动,推进二三产业深度融合。

(三) 进一步提高对内和对外开放程度

降低市场准入门槛,鼓励民资发展壮大。完善与国际接轨的经济管理规制,吸引更多外资在我国发展。依靠市场力量推动培育本土跨国企业,支持建设境外研发、加工基地和营销网络。发展高水平湾区经济和高标准自贸区,推动服务贸易和货物贸易进一步开放。

(四) 加快创造一流营商环境

树立政务服务"最多跑一次"理念,推进"简政放权",建立健全"一次办结"机制。着力营造公平公正的法治环境,构建严格的知识产权保护体系。建设一流人居环境,建立高效便捷出入境人员管理制度,形成国际尖端人才吸引机制。推进包容性创新,创造激励创新、宽容失败、鼓励冒险的社会人文环境。

附件二　实地调研报告

浙江省

一　概况和取得的进展

（一）科学技术指标

2017年，浙江省科技创新的支撑引领作用不断增强。全省研发人员数达到40万人、高新技术产业增加值6103亿元、高新技术产业投资3325亿元、新增高新技术企业和科技型中小微企业数2010家和8856家、发明专利授权量28700件、技术交易合同总额633.7亿元、规模以上工业新产品产值24000亿元。预计全省R&D经费支出1260亿元，占GDP的比重达到2.43%。目前，我省区域创新能力居全国第5位，综合科技进步水平居第6位，企业技术创新能力居第3位，知识产权和专利综合实力均居第4位。

（二）财政保障措施

近年来浙江省在财税体制改革、专项资金清理整合、完善财政资金分配、优化资金使用方面做了很多努力，很大程度上助推了产业创新和结构调整。具体而言：

一是设立运作政府产业基金促进创业创新。2015年，根据《省政府关于创新财政支持经济发展方式加快设立政府产业基金的意见》精神，省级设立了总规模为200亿元的政府产业基金，围绕省委省政府创新强省、"一带一路"、大湾区大花园大通道大都市等重大战略，以及科创大平台、特色小镇、"四换三名""两化融合"、钱塘江金融港湾等重点领域设立相关产业子基金,促进大众创业万众创新,有力推动了以战略性新型产业为核心的八大万亿产业发展和小微企业主体升级。

二是实施专项激励支持战略性新型产业发展实施振兴实体经济(传统产业改造)财政专项激励政策,开展战略性新兴产业重点领域技术创新试点示范,完善考核奖励推进"四换三名"工作考核奖励机制。通过竞争性分配,择优选择工业大县实施激励,推动地方积极探索体制机制创新、集聚资源要素。

三是完善发展环境推动小微企业主体升级。支持建设联通省、市平台及产业集群"窗口"的全省中小企业公共服务平台。出台支持特色小镇发展的财政政策。在全省全面推广实施小微企业服务券,加大首台套产品财政扶持力度,实施小微企业主体升级考核奖励政策,对工作成效显著的市、县和特色产业园区给予适当的财力性奖励补助。

(三) 货币金融环境

根据中国人民银行杭州中心支行提供的材料,2018年一季度,浙江省金融运行平稳向好,融资总量保障有力,融资结构持续优化,资产质量趋好,资金重点投向经济转型升级领域。

一是金融总量平稳增长。社会融资规模和贷款保持适度增长。2018年一季度,全省社会融资规模、贷款分别增加4822亿元、3712亿元,增量均为2010年以来同期最高。直接融资保持较快发展。2018年一季度,全省直接融资增加510亿元,发行债务融资工具751亿元,占全部企业债券发行额的80%。同时,回归实体经济成效逐步显现。

二是信贷结构优化调整。制造业贷款同比增多,金融对制造业新旧动能转换的支持力度加大。服务业贷款较快增长,信息技术服务业、文化体育娱乐业、科学研究和技术服务业贷款分别同比增长54.1%、14.2%和11.3%。小微企业贷款增长持续向好。小微企业贷款余额占全部企业贷款的41.4%,居全国第一。重大项目建设贷款平稳增长,对棚户区改造等重大民生工程的支持力度加大。个人房地产信贷增速和占比下降。

三是金融资产质量继续好转。2017年，浙江省不良贷款余额和不良贷款率创近年来最大降幅，资产质量向好拐点特征明显。

(四) 对外开放和营商环境

浙江省商务系统坚持以高质量发展为导向，以供给侧结构性改革为主线推进消费升级，以"一带一路"统领新一轮对外开放，统筹利用国际国内两个市场两种资源，在结构调整、环境优化、体制模式创新上都取得了进展。

一是"一带一路"沿线经贸合作不断深化。一季度，沿线进出口额增长15.9%，其中，出口增长13.6%，进口增长23.8%。进出口产品结构优化。机电产品占比增加，纺织轻工大宗占比下降。2018年一季度，机电产品出口增长10.9%，纺织服装、八大类轻工产品出口增长5.5%、4.9%，大宗商品进口增长13.5%。服贸新兴领域增长迅速。一季度，个人、文化和娱乐服务增速达261.1%，金融服务增速达106.3%，电信、计算机和信息服务增速达53.6%。

二是高质量"引进来"与"走出去"并重。高新技术制造业、技术服务业等投资增长较快。跨国并购以获取境外先进技术和品牌为主。吉利39.3亿美元并购沃尔沃8.2%股权；均胜电子15.9亿美元并购日本高田株式会社（汽车安全系统）；大华通过并购美国、荷兰、加拿大公司，获得安防监控设备的技术及销售渠道。

三是营商环境不断优化。"最多跑一次"改革不断深化。按照省政府统一部署，浙江省商务系统确定了"线下属地一窗受理、线上全程一网办理、后台综合集成服务"目标，有序推进外贸企业"多证联办"、外商投资"一窗一表"等工作。投资环境不断改善，消费环境持续提升。建成商务信用公共服务平台，入库企业250多万家。牵头开展"长三角"和"泛珠三角""云剑"联盟行动，有效打击侵权假冒违法行为。推动出台《单用途商业预付凭证监管实施办法》，建设单用途商业预付凭证管理平台。制定重要产品追溯平台"1+X"建设方案，做好商贸流通领域安全监管工作。农村电商基础设施不断完善。通过"电子商务进万村工程"，建成优质农村电商服务站点1.6万个，覆盖超57%的行政村。搭建农产品销售平台，建成淘宝特色馆

39个，入驻网商1万余家，销售额突破100亿元。培育电商专业村793个，阶梯式发展"萌芽村""规模村"。

二 存在的突出问题

经过调研，本课题组认为，与广东省相比，浙江省的转型升级稍晚，但浙江省的优势在于不平衡矛盾相对较小，省内的区域和城乡间差异较小，居民收入水平差异较小；借助互联网+政府+社会+市场模式，浙江省的政府治理能力和治理效率率先提高，整体性治理、综合性治理优势日益凸显；交通、运输等基础设施建设水平相对较高，营商稳定性相对较高。但是，浙江省要建设现代化经济体系，向更高质量发展，必须啃下现代产业体系建设以及配套营商环境建设的硬骨头，才能从外表的华丽转身走向内核的扎实提升，成为具有绝对核心竞争力的高质量发展的中国模式、中国道路。现将调研中发现的几点突出问题总结如下：

（一）传统制造业面临转型升级、高新技术产业面临关键核心技术制约，缺芯少魂困境亟待破解

虽然浙江省的经济发展向好，但目前浙江省的制造业仍然以纺织品和服饰、机械用品的生产和包装等一般制造业为主，企业规模以中小企业为主，产业层次不高，产业集群以低成本为基础的集聚，传统制造业面临转型升级困难、高新技术产业面临关键核心技术制约，缺芯少魂困境亟待破解。也正因此，根据浙江省发改委的课题研究，参照世界银行国际比较项目的研究成果，2016年浙江省人均GDP约为1.5万国际元（按购买力平价计的1990年不变价格美元），相当于1969年美国、1983年德国和1985年日本的水平。为此将2016年浙江省工业"四率"情况与1960年代末期的美国、1980年代中期的德国和日本进行比较。浙江省工业企业利润率明显低于美日德类似阶段。现阶段浙江省规模以上工业企业利润率为6%左右，明显低于美国类似阶段的16%左右、德国的9%左右和日本的10%左右。

（二）互联网仍主要与服务贸易等物联网结合，缺乏与物联网、制造业等工业产业的深度融合

当前信息技术为代表的新一代技术的发展，正在引领新一轮变

革,推动制造业发展的新模式。而感知互联、智能制造也自然地成为智能时代的主要特征,将继续推进信息经济和社会经济的发展,特别是云计算、大数据、物联网、人工智能虚拟现实等技术被社会广泛的关注,并深入地与设计、制造、运维等制造业方面进行紧密的相连,正在成为未来科技影响制造、影响产业发展的重要内容。但是目前互联网主要与服务贸易等物联网结合,提高交易效率,改变人们生活方式,但在物联网、制造业等工业产业方面的应用仍然欠缺。

(三) 省内学术型和专业型大学双不足,没有形成基础性科学研发基地/集群

高素质人才缺乏、科研力量不足、产业配套不完善等原因,导致浙江的产业集群大多没有形成应有的创新机制,在无法通过地方集群获得内部发展动力的情况下,一些企业转而寻求外援,导致在技术创新上对外部资源的依赖。一方面,浙江省全省除了浙江大学以外,没有一所是211或者985的高校,另一方面,浙江不少产业还停留在模仿、低价竞争阶段,企业缺乏基础创新的动力,创新能力和竞争能力不强。政府、企业联盟/协会、大学和科研组织也没有发挥应有的长期性、基础性科学研发基地/集群支持和投入。

(四) 制造业投融资需求基础不稳固,新兴产业的融资承载力尚未充分显现

一是政府财政基金投资受掣肘较多,投资较为谨慎,没有充分发挥扶持绩优高新产业的作用。

二是制造业投融资需求基础不稳固,虽然2018年以来制造业贷款势头较好,但在调研中发现,制造业企业主动收缩投融资的现象较为普遍。

三是新兴产业的融资承载力尚未充分显现。一方面,新兴产业体量仍然较小。据统计,浙江省十个重点传统制造业在GDP中的占比仍在40%以上,以数字经济为代表的新经济、新业态尽管发展势头良好,但在GDP中占比尚不足10%。另一方面,新兴产业中初创型、成长期企业居多,且大多为轻资产企业,以抵押担保为主的传统融资模式还难以匹配,银行在业务创新、模式创新等方面与新经济、新业

态的有效对接仍需要一个过程。

三 相关对策建议

浙江省要实现高质量发展,还是应当坚持不懈坚持质量第一、效益优先,以供给侧结构性改革为主线,推动经济发展质量变革、效率变革、动力变革,以标准为引领,夯实质量基础和工艺基础,提高全要素生产率,着力加快建设实体经济、科技创新、现代金融、人力资源协同发展的产业体系。

(一)全力推进科技成果转化,建设一流的学术型和专业型大学

一是加快建立传统产业转型升级、科技型中小企业和高新技术企业的梯度培育机制,发展壮大创新主体。落实好传统产业转型升级、高新技术企业优惠政策和科技型中小企业研发费用加计扣除优惠政策。

二是建设一流学术型和专业型高等学校和科研院所。支持浙江大学、中国美院等加快"双一流"建设,支持西湖大学和西湖高等研究院发展。加快大科学装置建设,优化重点实验室布局,探索"重中选重、优中选优"机制,择优培育并重点支持若干高水平实验室。

三是加快科技成果转移转化。推进国家科技成果转移转化示范区建设,大力宣传落实《浙江省促进科技成果转化条例》,贯彻落实以增加知识价值为导向的分配政策,推动落实高校院所科技成果使用权、处置权和收益权改革,探索科技成果所有权改革,加强科技成果产权对科研人员的长期激励,激发科研人员创新创业活力。

(二)全力推进营商环境改善,建立高效便捷的创业服务体系

一是鼓励科技金融专营机构对接科创平台,深化科技金融专营体系建设,进一步推广科技信贷专营支行模式。研究出台有针对性和操作性的监管激励措施,用好用活各类货币政策和金融市场工具,提升金融机构服务科技型小微企业的能力和精准度。加强多元化金融产品和服务创新,探索开展投贷联动等新型融资支持方式。实施好省科技成果转化引导基金,积极争取国家科技成果转化引导基金,发挥财政科技资金的杠杆和引导作用。推动创业风险投资、多层次资本市场与

科技企业的对接。

二是构筑科技创新平台，拓展高质量发展空间。推进杭州城西科创大走廊和国家自主创新示范区建设，抓好高新区和科技城转型提升。鼓励有条件的市县规划建设科技城，重点支持建设一批以高新技术为主导的特色小镇，打造区域创新平台，示范引领高新技术集聚发展。建设孵化器、众创空间和产业技术创新研究机构。

（三）全力搭建"一带一路"经济合作带，继续扩大对外开放

一是加快融入全球创新网络。组织实施"一带一路"科技合作项目，鼓励省内企业到沿线国家建设发展产业园区、科技园区，以园区为纽带带动更多浙江企业到沿线国家当地开展技术与产业合作，全力推进海外创新孵化中心建设发展。

二是推进产业集群跨境电商发展试点工作，不断完善跨境电子商务产业链，促进跨境电商提升发展。支持企业加快跨国并购，获取国外高端生产要素，鼓励企业在境外设立研发中心。通过境外投资孵化高科技项目，获取海外品牌、技术、人才等高端要素，探索建立与省内产业协同发展的机制。加快建设科技研发型境外经贸合作区，打造境外科技研发集群。

（四）全力提升传统产业改造升级，深入推进"中国制造2025"

一是充分发挥政府、企业家和社会组织的作用，激活传统产业发展动力。深入推动21个传统制造业改造提升分行业省级试点。依法加快出清不符合国家、省产业政策的落后产能。继续开展"低小散""脏乱差"企业（作坊）整治专项行动。聚焦家电、纺织、服装、家具等重点优势行业，建设一批消费品工业个性化定制和创新示范服务平台。大力推进各地产业集群、特色小镇、工业园区的改造升级。构建更加完善的产业链配套体系，统筹谋划保留或建设一批产业和企业配套急需的产能（项目）。

二是落实浙江省政府与工信部签订的关于共同推进"中国制造2025"浙江行动的战略合作协议，推进实施重点工程。培育新增一批省级制造业创新中心和省级企业技术中心，推动培育一家国家制造业创新中心，提升一批工业设计基地的创新能力。组织开展新一轮企业

技术改造，瞄准国际同行业标杆，全面提高产品技术、工艺装备、能效环保水平。组织实施智能化技术改造示范项目，推广一批工业机器人。

三是激发各类市场主体的活力，完善"小升规"重点企业培育库。打造一批"专精特新""隐形冠军"和"单项冠军"企业。建立企业股改上市中介服务评价机制，开展股改业务培训，引导企业加快建立现代企业制度。在"三名"企业的基础上升级培育一批具有全球竞争力的企业。

山东省

一 基本概况

（一）宏观经济指标

山东省 2017 年实现生产总值（GDP）72678.2 亿元，在全国排名第三，落后于广东、江苏，与 2013 年相比，山东与广东的差距进一步扩大，从 7400 亿元的差距变为 17200 亿元。全社会研发经费占地区生产总值比重达到 2.36，高于全国 2.12 的平均水平，投入量全国排第三。万人有效发明专利低于全国平均水平。全省科技进步对经济增长贡献率为 57.8%，江苏省这一指标为 66%，广东省这一指标为 58%。战略性新兴产业占地区生产总值达到 10.2%，江苏省这一指标为 31%。规模以上高新技术产业实现产值 5.5 万亿元，占规模以上工业产值比重的 35% 左右。江苏省这一指标为 42.7%。人均生产总值 72851 元，按年均汇率折算为 10790 美元。人均 GDP 达到上万美元标志着经济社会的整体发展达到中等发达国家水平。不过，目前我国人均 GDP 超过 1 万美元的省份离真正的发达状态仍有一定距离。这主要是由于部分地区投资主体以央企和国企为主，导致其在做大产值的同时，老百姓的收入却并没有与之同步。三次产业构成为 6.7：45.3：48.0。三次产业结构实现"二三一"到"三二一"的历史性转变。

民营经济增加值 36896.0 亿元，占全省 GDP 比重为 50.7%。作为工业经济大省，全省规模以上工业企业主营业务收入 14.3 万亿元，居全国第二位，其中轻工、纺织服装、机械、化工、冶金、建材、医药等 7 大支柱行业占比约 80%，排名靠前的行业多为资源型产业，其中能源型产业占 40% 以上，能源消耗占全国的 9%。传统产业占比较大，资源型、重化型特点突出。污染物排放量三项指标为全国第一。

（二）新旧动能转化重大工程进展情况

加快新旧动能转化。一是统筹设计和谋划。2014 年山东省按照"敲开核桃、一业一策"的思路，制定《山东省推进工业转型升级行动计划（2015—2020 年）》，并配套编制 22 个重点行业转型升级实施方案。2016 年，山东省制定了《"中国制造 2025"山东省行动纲要》，在智能制造、服务型制造等领域出台了若干规划方案，明确提出打造十大万亿级产业集群。十强产业包括：新一代信息技术、高端装备、高端化工、新材料、现代海洋、医养健康、现代高效农业、文化创意、精品旅游、现代金融。2018 年年初，国务院批复《山东新旧动能转换综合试验区建设总体方案》，试验区由济南、青岛、烟台三市全域和其他 14 个设区市国家和省级经济技术开发区、高新技术产业开发区以及海关特殊监管区域等特定区域组成，多点突破，带动全省的协同发展，形成三核引领、区域融合互动的动能转换总体格局。二是推进传统产业优化升级。"三去一降一补"强力推进，在国家确定的钢铁、水泥、平板玻璃、电解铝、船舶五大产能过剩行业的基础上，增加炼油、轮胎、化工、煤炭 4 个行业，关闭转产化工生产企业 558 家，停产整顿 2109 家，化工产业发展形势明显好转。全年压减粗钢产能 527 万吨、生铁产能 175 万吨、煤炭产能 351 万吨，妥善分流安置去产能企业职工 4.12 万人。山钢集团在济南的 640 万吨钢生产线、567 万吨铁生产线实现全线安全停产。三是推进技术改造。坚持每年编制技术改造重点项目导向目录，出台《企业技术改造条例》，为企业技术改造提供法制保障。实施企业"零增地"技改，加快技术更新换代和产业升级。四是实施工业绿动力计划，推广应用高效环保煤粉锅炉。节约标准煤 1029 万吨，减排二氧化碳 2674 万吨。

新经济发展实现新突破。一是培育新经济。工业机器人、城市轨道车辆、服务器、新能源汽车等高技术产品产量分别增长60.7%、80.2%、16.3%、3.0倍。软件业业务收入4933.1亿元,增长14.3%;软件业务出口16.1亿美元,增长10.9%。新登记市场主体149.6万户,比上年增长4.5%。其中,新登记"四新"经济企业增长37.2%。123家企业和研发单位落户测绘地理信息产业基地。运营共享单车47万辆。二是推广新型制造模式。推动互联网、大数据、人工智能和制造业深度融合,涌现出海尔、酷特、浪潮等一批国内领先的工业互联网平台。在全国首创"云服务券"财政补贴制度,减少企业信息化支出1.5亿元。探索共享经济。对污染耗能大的行业开展"1+7"共享工厂体系。

(三) 以扩大开放推动全省高质量发展

一是推动对外贸易转型升级。实施多点报关,跨境电商专项活动,激活中小微出口企业。优化外贸结构。机电和高新技术产品出口占比少,低于全国平均水平。推动服务贸易发展。山东省制造业占比高于全国平均水平,服务业占比相对较少。大力推进服务外包示范基地创建工作。

二是利用外资提质增效。山东省2017年引进212家外资企业,增幅全国排名第二,规模首次超过浙江,上升到全国第5位。提升外商投资便利化程度。开发外商投资在线审批系统,推行"互联网+快递+"审批模式,实现"企业最多跑一次"或"零跑腿"。强化经济园区载体平台作用。开发区的各项发展指标高于全省平均水平。培育重点产业集群,世界500强投资项目70.8%落户在经济开发区。吸引德国的隐形冠军,帮助德国中小型外资企业建立市场渠道,助推全省的新旧动能转化。

三是推动走出去优化配置资源。积极融入"一带一路"建设。对沿线投资100.6亿元,增长81.7%。完成对外承包工程营业额473.4亿元。9家企业在"一带一路"布局形成纺织服装、精细化工、木材加工、家电等海外产业集群。积极推动国际产能合作。实际对外投资117.9亿元。境外资源开发合作实际投资93.6亿元。跨国并购实际投资117.8亿元如兖矿并购澳大利亚联合煤炭等项目。对外工程劳务合作实力较强，对外承包工程带动出口55.3亿元。

（四）营商环境和投资环境情况

一是深化放管服改革，不断优化改善政务服务。制定出台企业投资项目代办服务意见，将19个部门73项审批事项减少到38项，打通投资项目开工前"最后一公里"。落实非公有制企业与国有企业在准入方面享受同等待遇。

二是推进投融资体制改革。探索"不再审批"管理模式，试点企业投资项目承诺制，实行先建后验。积极推广政府和社会资本合作（PPP）模式，储备项目1130个，总投资1.5万亿元。

三是科技研发和体制创新。实施科技计划管理改革，以产业链、创新链发展需求为导向，形成明确的研发方向，引导技术人员进行攻关。财政科技资金逐步淡出竞争性领域，重点支持基础前沿研究、公用技术研发和公益性项目一级重大创新平台、高端科技人才和团队等方面。以项目产出和实际贡献为导向，建立科技项目绩效评估机制。赋予项目法人和项目科研单位以及科研人员更多的科研决策权，将省属高校、科研院所对持有的财政资金形成的科技成果的使用权和处置权下放给成果单位，有效调动科技人员的创新积极性。

四是基础设施建设。山东省的公路通车里程居全国第2位，路网密度居全国第3位。沿海港口吞吐量居全国第2位。铁路运营里程居全国第6位，高速铁路运营里程居全国第7位，总体处于全国前列。

（五）典型企业

1. 典型国企——济南二机床集团

济南二机床集团是一家国有独资企业。产品广泛应用于汽车、轨道交通、能源、船舶、航空航天、军工等行业，目前位列世界三大冲压装备制造商之一，与德国和日本的竞争对手难分伯仲。2017年集团实现工业增加值44%。出口国家包括日本、法国、德国、印度、巴基斯坦、南美、北美、中北美，全年营收47亿元，技术水平保持世界前3位。在美国市场出口的产品凭借质量优势竞争过德国品牌。当前企业通过技术改造和提升管理形成的产量规模是德国和日本的总和，依托强大的制造能力，产品交货期屡次提前，产品质量超出预期，得到了国外客户的认可。

济南二机床集团作为一家国企，能够保持世界领先的技术水平并占领国际市场，离不开技术、装备、管理、技能人才培养四大法宝。

一是重视技术自主研发。瞄准国际市场高端需求，加快新技术研发，每年研发投入占销售收入比重超过 6%，每年自主研发近百个新产品。拥有省以上专家 69 人，技术人员占全部员工的比例约为 15%。为了鼓励技术人员创新积极性，企业内部设立技术进步奖，新产品研发奖，研发后实现销售，对研发和销售创造的净利润五年后分比例奖励。

二是装备现代化、智能化。围绕产品结构调整和高端制造要求，高效组织实施一系列"质量效益型"重点技改项目，企业全面实施智能制造 4.0，内部智能制造化组合能力提升，建立起技术、质量、服务全方位的竞争优势，形成世界冲压行业最强的制造实力。

三是高标准管理。首先，企业在人才的引进、培养、竞争、待遇、福利方面保持与国外竞争对手保持相同的水平，激励制度有效且到位。技术人员和管理人员的收入高于高管人员。发挥国有企业的优势，给技术人员提供分房优惠，有一定职务的技术人员还同时享受国企行政领导待遇。实施干部竞聘制、任期制、淘汰制、轮岗制，建立能上能下的动态管理机制。打造人才发展通道，设立不同岗位的职称评定机制，激发工程师、管理师、营销师、技师在各自专业领域创新、创效的积极性。形成"多劳多得、做优多得、创新多得"的分配制度，强化做优意识，促进质量提升。其次，对标国际一流，系统推进管理创新，开展质量提升行动，采取质量对标、评优、评差等措施，完善质量管理体系。每一个工序由第三方确认评价达到"最优"后，工人的工时自动增长 30%，鼓励员工一次性干好。让企业从上到下保持高标准的意识。再次，高质量客户推进高质量发展。产品用户多分布在国外，特别是发达国家的客户来企业考察时，会察看厂房的地面绿化率、路灯照明、公共卫生间和内部卫生间标准，内销产品与外销产品是否有差异等，国外合作商对细节的要求促进了产品品质和管理的提升。

四是依托技校，培养高素质技能人才。济南二机床集团拥有自己的技校，是目前济南市唯一一所由工业企业办学的技工学校。从学校办学初期就采取高标准入学政策，提高录取分数，把人才培养的基础打好。学校实施五年一贯制，订单制培养，将技术攻关实践与教育联系起来，为企业提供了大量高质量高素质技能人才。同时为了给技能人员提供更好的学历教育，技校分别与山东大学、中国石油大学合作，开办了专升本的成人教育班。学校和企业参与准员工培养的全过程，既有现代职业教育的形式，又有传统师傅带徒弟的影子，其中最核心的便是招生招工一体化、校企一体化育人。这种办学模式不仅能够满足企业用工的精准需求，而且强化了产教的深度融合与校企的紧密合作。

逆水行舟，不进则退。机床产品在国际市场上的竞争异常残酷，曾经风光一时的竞争对手日本由于产能缩小，与德国、中国的差距逐渐拉大。我们不禁要反思，为什么德国制造能够长盛不衰而日本制造却日渐没落？这其中可能的原因是日本的终身雇佣制不再适应时代发展，日本制造企业开始聘用大量派遣员工，和原来终身制的员工相比，这些人没有归属感，对企业的质量改善和技术进步都不感兴趣。与此同时为了节约成本，日本企业将质量控制下放给一线员工后，质量便无法保障，支撑高质量的制度没有了，高质量产品也随之失去了。济南二机床集团的成功验证了假说：中国人+好的制度=高质量发展。所以，中国制造业崛起要学习德国制造立于不败之地的秘诀，更要吸取日本制造由盛而衰的教训。

企业面临的问题，一是国内配套基础零部件不能保障。当前企业采取的经营模式是：核心技术+全球采购，产品外购部分占比22%，设备性能要求较高，大部分零部件需要向德国、美国、瑞士进口，但是进口的周期长，投入多。2017年进口关键零部件免税的政策取消后，企业生产成本提高。在技术进步和赶超的关键阶段，零部件免税有利于研发和企业成长。此外贸易便利化的相关政策也有待完善。二是国企高管的因公护照审核时间太长，高管出国的限制太多。不利于与国外市场的交流，不利于国际化。三是国有企业的绩效考核不明确，指标体系和绩效考核应联系在一起，要让国有企业的管理人员有成就感。

2. 典型民企——山东天岳晶体材料有限公司

山东天岳是一家民营企业，生产的第三代碳化硅半导体芯片热导率更高，物理参数好，主要用于电力变换的核心器件和通信雷达。企业在2000年开始研发碳化硅材料，2011年用2000多万元购买山东大学专利，2015年实现规模化生产。目前处于爆发的初期，价格贵，成本高，工艺难，但未来需求量大。目前国际上生产该产品的只有两家，另一家是美国科锐（CREE）。受中美贸易纠纷影响，2017年10月开始，美国科锐对中国市场断供，该材料目前全部靠国内企业供货。从性能指标来看，天岳的产品与美国有一定差距。当前主要工作是核心技术攻关，为此企业与德国、美国、澳大利亚的研究机构合作，在美国成立了专门的研发机构，做后端芯片。

企业面临的问题：一是需要国家的扶持，总体上山东省对企业的支持和扶持力度不如广东、江苏、浙江。二是经济高质量发展要重点扶持新产业，特别是行业龙头企业，形成资源集聚。三是地方政府的决策力度以及各地政策差异大。沿海各省现在对四新经济的支持力度非常大，希望在"四新产业"链上占据先机和优势。四是民营企业的"玻璃门"问题。贷款难，贷款贵，制约民企的发展。五是人才，没有人才高技术很难发展。从全球人才集聚特征看，有人才的地方才能吸引人才。要有产业的整体集聚效应，找到重点发展的平台，利用项目群、产业链和开发区来吸引人才。此外引进国外人才的相关配套措施也要进一步完善。

二 存在的问题

（一）转型升级落后于沿海其他省份

广东省2009年后就开启了产业转型升级、"腾笼换鸟"，经过十多年的变革，已初见成效。而山东省从2014年才开启转型。当前，由于传统产业优化提升不到位，新兴产业培育发展不到位，经济发展质效低。2017年，山东省工业主营业务收入利润率为5.84%，低于全国0.62个百分点，低于广东、江苏、浙江0.79、0.85、0.97个百分点。

（二）有高峰没高原

山东的优质企业如海尔、浪潮、力诺集团都是世界领先水平，但省内企业的整体实力不强。这其中的原因可能是缺少区域核心经济圈，导致资源太过分散，差异无法收敛，区域同质性强，互补性弱，协作能力差。更深层次原因是政府力量太强导致的区域差异小，竞争不够充分。

（三）产业结构偏重

从工业结构看，与南方省份相比，山东省表现为"四高四低"：四高是传统产业比重高，占到70%，重工业比重高，占传统工业的70%，高耗能产业比重高，初级产品比重高。四低是新兴产业、服务业、高新技术产业、高附加值产品比重低。山东省主营业务收入排名前三位的是化工、轻工、纺织业，均为资源型产业，而广东、江苏两省的第一大行业均为计算机通信制造业，占工业总产值的比重分别为11.2%和23.8%，该产业占山东省的比重仅为3.9%，比2009年还回落0.4个百分点。山东省产业链偏短，多数处于价值链中低端，基础产品、高耗能产品和普通装备产品占全国的比重较高，高端产品占比明显偏低。比如手机占3.7%，轿车占2.0%，电子计算机整机仅占0.3%，机器人、芯片、压缩机等高端产品规模更小。

（四）创新能力亟待提升

山东规模以上工业企业中有研发活动的企业数量占规模以上工业企业的14.2%，从数量上来看仅为江苏的35.2%和广东的71.1%。规模以上工业设立研发机构的企业占比7.0%，相当于全国平均水平的一半。远低于江苏38.9%和浙江22%以及广东11.9%。高层次科研载体少，高水平高校和院所少，影响山东省吸引和凝聚高水平人才的能力，导致创新供给不足。科技型中小微企业鉴于其轻资产、风险高等特点，融资难融资贵问题突出。全省支持小微企业的投资机构和金融中介机构偏少，服务科技型中小企业的能力较弱。

（五）资源环境约束日益趋紧

山东主要污染排放总量、能耗总量均居全国前列，煤炭消费量占全国的1/9，长期居全国首位。未利用地占10.6%，低于全国27.5%的平均水平。

（六）整体开放度不高

与广东、江苏相比，山东省的开放度仅为24.5%，远远落后于广东的75.8%和江苏的46.6%，低于全国33.6%的平均水平。机电、高新技术产品出口比重低于全国平均水平。当前美国等发达国家吸引资本回流，东南亚等发展中国家招商引资力度加大，国内新一轮招商引资竞争更加激烈。

（七）政府放管服效率不高，市场活力不足

山东在服务理念、服务平台、服务格局上与浙江、江苏、广东差距很大。不少干部沿用过去审批式管理的工作理念、工作方法，不适应事中事后监管的转变。在厘清政府与市场关系、压缩行政审批事项、优化服务流程、降低收费标准上存在自说自唱现象，企业获得感不强。服务平台碎片化现象突出，部门信息不能共享，实现不了"最多跑一次"。

三　政策建议

（一）注重知识、技术、信息、数据等新要素的集聚

只有实现了新要素资源的集聚，新经济才能发展起来。加快构筑研发公共服务平台。依托创新龙头企业、骨干科研院所和行业技术学会，汇聚大型科学仪器、高层次专家队伍、各级创新平台、技术创新服务机构、专业技术服务机构、科技成果转化服务机构在内的研发公共服务平台。培育良好的创新环境。对龙头骨干企业采取较为宽容的政策提供更大力度的支持。注重数据驱动。数据是关键的生产要素，是高质量战略资源。加快构筑企业数据平台与行业数据平台联通的全国大数据平台，加快培育大数据、云计算的龙头企业，推动大数据挖掘、分析、应用和服务。打通部门之间信息共享壁垒，建立政府部门信息共享共用平台，把数据生产、信息提供作为政府部门工作的一个

环节。加快构筑开放式创新平台。通过建立利益分享机制，吸引发明家和创新人才进行集体创新，集成全球创新资源。

（二）特定人员特定政策

发展新经济要先开放机制再找风险点，给予部分群体一定自由度，允许他们先行先试。符合这类群体的人群特征是：全球技术前沿企业、行业龙头企业以及对全球创新资源敏感的咨询公司和天使投资人。山东的行为方式在北方具有代表性，南方的先进经验在北方地区不好复制，因此应加大对山东新旧动能转换的试验探索力度和支持力度，给予综试区建设专项资金支持，形成更多可复制的经验和做法供北方地区参考。

（三）更加注重职业技术教育

中国的职业教育应围绕"中国制造2025"与智能制造领域密切相关的重点专业、特色专业，培养大批具有前沿专业知识、数字化操控能力的高素质人才，实现人机协同发展。一方面要学习国外先进经验。德国为了支持工业4.0计划，推出了"职业教育4.0"，一是开发新的数字化解决方案，二是提升职教培训中学徒的数字化技能水平，三是支持企业参与数字化学习网络的构建。另一方面要总结国内职业教育院校的成功案例，面向全国推广。

（四）把握好制造业和服务业的关系

制造业始终是国家和地区发展的根基所在，直接反映一国的科技水平和创新能力，生产性服务业的发展也主要依附于制造业。要把制造业作为建设现代化经济体系的主战场。

（五）发挥企业技术改造的关键作用

企业技术改造具有技术新、投资少、用地少、见效快的优势，对传统产业提升具有重要意义。建议高度重视发挥企业技术改造的作用，出台更大力度的普惠性支持政策，加快推动高质量发展和现代化经济体系。

（六）积极应对中美贸易纠纷

美国"301"调查对沿海外向型经济的影响较大。特别是核心技术和材料的进口。建议国家研究出台针对中美贸易纠纷的支持政策。

加快关键技术自主研发进程，助推替代进口产品的成果转化。

（七）出台促进国企做优做强的具体政策

对行业内龙头企业加大首台套产品研制、新产品开发、技术改造等支持力度。深化国企国资改革过程中，建议鼓励支持地方政府加强对国有企业改革的顶层设计和政策创新，对充分竞争性地方国有企业应与功能类、公益型以及政府机关加以区别。强化国有企业改革法律保障，完善国有企业中长期激励政策。推进《破产法》落实，解决僵尸企业破产立案难问题。

（八）优化企业发展环境

加快税收征管立法进程。现行税收征管法是2001年实施的，已不能适应当前征管需求，建议尽快出台。建议对具有较强竞争力的国际化经营企业，简化从事技术和商务洽谈的高管人员出国手续办理。支持企业更好"走出去"。进一步出台有利于贸易便利化的相关政策。

（九）调整人才的评价体制

人才审查的标准需要调整，企业需要的不仅仅是高级专业人才，高级管理人才在发展初期起到的作用更大，应该把这些人才也列入人才队伍，为其设立绿色通道。同时要创新人才激励制度，采用技术持股、期权激励等方法留住产业发展的高端人才，积极改善国际人才在住房、医疗、子女就学等方面的配套设施，提升留住高端人才的软环境。

广东省江门市

一　概况和取得的进展

江门是老工业城市、老商埠。2017年全市实现生产总值2690亿元，增长8.1%；规模以上工业增加值1145亿元，增长10%；固定资产投资1774亿元，增长16.9%；地方一般公共预算收入222亿元，增长10.98%；三产比重由2015年的7.8∶48.1∶44.1调整为2017

年的 7.2∶48.1∶44.7；用电量 267.1 亿千瓦时，增长 7.5%；其中工业用电量 186.7 亿千瓦时，增长 9.2%。货运量 1.5 亿吨，增长 6.5%。

作为省示范性产业园区，近年来江门国家高新区开平山湖科技园凭借"珠江西岸先进装备制造业产业带布局"的战略机遇，依照江门市"东提西进、同城共融"的战略部署，大力实施创新驱动，全力打造年产值千亿园区和广东珠西先进装备制造角的"方便之门"、珠三角通向粤西、广西乃至大西南的"辐射之门"，全力推动江门建设成为珠江西岸新的城市中心、经济中心和创新中心。截至 2017 年 2 月，园区已签约项目达 139 个，投资总额超 275 亿元，其中包括永丰电气等投资超 5 亿元的项目 13 个，联新高性能纤维等投资超 10 亿元的项目 5 个。

调研中发现一个令人印象深刻的制造业企业——海鹏电气有限公司。该公司生产变压器为主，潜心钻研变压器技术 20 多年，掌握变压器核心技术，拥有 200 多项专利，远销海外，近几年打入美国市场，利润率较高。除了掌握核心技术和不断的技术改进外，该公司还拥有良好的企业文化。该公司敢于实施给人才配项目股份、配公司干股的激励机制，设置专门账户给技术创新作出贡献的人奖励汽车、房产，给结婚的人发放结婚礼品，给员工子女设立奖学金，给老年人发补助金，使大家对公司有一个家的感觉。另外，在海鹏，任何岗位的员工，包括打扫卫生的保洁员，只要能做到同行最好，都会拿到高奖励，这充分调动了员工的积极性，使得员工们在公司工作感到有希望、有盼头，对公司也有一种特殊的感情。

二 存在的突出问题

通过对海鹏电气有限公司、广东科仕特精密机械有限公司、广东永丰智威电气有限公司、开平市高美空调设备有限公司、广东月福汽车用品有限公司 5 家制造业企业的实际了解，发现制造业企业在发展、转型和创新过程中，面临如下一些共性困难，对企业发展形成实质性障碍。

（一）缺乏对高质量创新产品甄别机制

缺少细分行业高品质环保节能高科技产品的行业标准，而且环保节能行业标准也不是强制推行，所以在市场中充斥了低质低价的产品。如果制定出环保节能行业标准并强制推行，就可以让提升消费者对高品质产品的认知和认可，自然可以淘汰一批落后的产能，同时对投入大量科研经费做技术研发的企业是个激励和引导。海鸿电气是一家专业从事输配电与控制设备的研发、生产、销售和安装调试服务于一体的国家火炬计划重点高新技术企业，是目前全球最大立体卷铁心变压器生产企业。公司先后获得中国机械500强企业、全国机械工业先进集体、广东省创新100强企业、广东省创新型试点企业等荣誉称号。公司组建有广东省敞开式干式变压器工程技术研究开发中心和省级企业技术中心，拥有授权专利130多件，其中13件为发明专利：两件国内授权发明，5件美国授权发明，4件韩国授权发明、两件南非授权发明。在配电变压器领域开发出能效一级、二级、三级节能环保产品，并于2013年1月11日入围第一批节能产品惠民工程高效节能配电变压器推广企业目录。但在国内市场拓展时遇到较多的困难，国内市场更愿意购买低质低价高能耗的产品，反而高质高价的产品在国外市场得到认可，我国现在进入高质量发展阶段，政府理应在国内市场引导和支持低能耗、高品质环保产品的消费。

（二）社会信用制度不完善，执行不到位

科什特主要生产大型注塑机，此行业产能过剩，但实体经济企业前期投入2000多万购买日本设备，退出的成本很高，目前在5%的赢利水平下坚持经营。应收账款是困扰企业经营的大问题，因为中国社会信息体系没有建立起来，违约信用信息共享机制没有建立，企业有订单也不敢做大，在选择客户的时候非常谨慎，购买了注塑设备的重庆企业破产后不给贷款，科什特打赢了官司也要不回钱。国家层面出台了《征信行业管理条例》《关于建立完善守信联合激励和失信联合惩戒制度加快推进社会诚信建设的指导意见》等，但目前还没有制定出一套统一的联动机制，守信激励和失信惩戒机制尚不健全，信息采集和发布、信用报告应用标准不统一。部门协作不到位。工商、金

融、税务系统的信用体系已经建成了，但行业间信用信息始终存在的分割和共享不及时的问题，影响了社会信用体系建设全局的发展。信用报告在招投标、政府采购、银行贷款等公共资源配置中没有发挥应有效力，守信和失信行为在公共服务领域没有实现差别化对待。失信投诉无门，只能靠诉讼解决，诉讼后的执行力度不强。

(三) 金融服务实体经济的能力待提升

实体经济是国民经济的基础，金融是现代经济发展的核心，二者之间具有相辅相成、相互依存的关系。新常态下，金融在经济发展中的核心地位没有改变，与此同时，金融在支持实体经济发展中存在的问题和障碍依然较多。比如，应收账款是影响企业正常的生产经营，甚至给企业带来破产的威胁的重要因素，目前令很多企业头疼的三角债、多边债引发的企业经营危机，科什特大量产品出口国际市场，针对国际市场有出口中信保，企业在面临应收账款风险时保险公司可给付90%的贷款，降低了风险。但目前针对国内市场，由于信用体系不完善等多种原因，保险公司并未推出针对应收账款信用风险的险种，金融服务实体经济的能力有待提升。

(四) 创新产品发明专利认定时间过长

知识产权保护对企业创新有重要作用，但发明专利审批时间过长严重影响了企业创新的积极性，延长了对研发投入回收的时间周期。广东永丰智威电气有限公司现有员工300多人，公司主要研制开发和生产的产品有变压器、充电柜、高低压开关柜、高压/低压预装式变电站、燃气烧烤炉具（外销）、GAS BBQ、智能电气火灾探测器及监控器、智能立体仓库、智能停车收费系统等。公司通过ISO9001质量管理体系认证和"3C"产品认证，为广东高新技术企业，企业对创新和研发非常重视，拥有多项发明专利，发明专利的申请审批时间过长是困扰企业的主要问题，目前企业研发出一种新产品，需要申请国家发明专利，但专利申请的时间过长，大大延长了创新产品上市的时间，影响了企业的创新积极性。一般实用新型专利申请审批为8个月—1年左右，外观设计专利为6个月—8个月左右，发明专利为2—3年左右。发明专利申请审批流程环节较多，审批授权的时间较长，发明专利申请风险比其他专利大。为了缩短发明专利的申请时间，企业只能绕道国外先向外国专利局申请国际 PCT 发明专利，用 0.5—1 年的时间可以申请下来，然后再转向国内申请，申请时间可缩短 50% 左右，这也加大了企业申请发明专利的成本。

（五）缺乏公平有序的市场竞争环境

只有营造统一透明、公平有序的市场环境，才能令企业自主经营、公平竞争，消费者自由选择、自主消费，商品和要素自由流动、平等交换，进而推动经济向更高级形态、更复杂分工、更合理结构演进。调研过程中大量中小企业反映是在夹缝中生存，下面是一个无照经营的低端山寨厂，以低质低价向市场提供三无产品，上面是大型企业依靠规模和垄断，获得更多的政府支持的资源优势。比如，开平市高美空调设备有限公司是一家集中央空调设计、生产、安装和服务于一体的科技创新型企业，选择在个性化定制特种中央空调细分市场中深耕，面向全球客户提供一流的特种中央空调产品和服务，并成为联合国指定供货商。2012 年高美空调与法国特佳联合为战略合作伙伴。公司建立了现代管理体系，拥有一流的人才团队。2008 年组建了"洁净节能中央空调工程技术研究开发中心"，多项技术填补了国内空白。高美 95% 的产品销往国际市场，但很难打开国内市场，国外市场对高质高价的产品更加认可，国内市场更看中价格，出现劣币驱逐良币的现象。政府招标采购的时候往往注明只能采购国际品牌凯丽、约克和国内品牌格力、美的，中小企业根本没有机会参与竞争，企业无奈只能去开拓国际市场。

（六）高层次和高技能人才引不来留不住

人才已成为确立区域经济发展竞争优势和把握发展机遇的关键。江门国家高新区开平翠山湖科技园是省示范性产业转移工业园，开平市区北部，承接珠三角及港澳地区产业向粤西地区梯度转移，在广东省内属于四线城市，由于地理因素，在人才引进上地方政府采取了一系列的政策措施，但与广东省发达地区相比，对高层次人才和高技能人才吸引力明显较弱，珠三角及港澳地区对本地高层次人才有虹吸效应，跨越发展与人才短缺的矛盾日益突出。目前国家有产业扶贫和挂职政策，但针对相对欠发达地区的科技创新企业缺乏高层次科技人才帮扶政策。

海鸿电气公司坚持"真实、真诚、真心"，"为用户提供增值的产品和服务"，"企业效益与社会和员工分享共享"的经营宗旨，用家的理念，坚持人性化管理，实行奖房、奖车、配项目股份、配公司干股的激励机制，吸纳优秀技术管理人才，公司不缺一般专业技术人才，但是缺乏高端科研创新人才，高端科技人才和管理人才不愿意到四线小城市落户。传统产业的企业大多反映招工难，高技能人才招聘更难。

（七）园区土地扩容困难和批而不用并存

一方面园区目前面临土地扩容的困难，企业有入驻园区的需求，但园区土地利用计划指标紧张，土地面积有限，征地拆迁的难度大成本高；另一方面已入驻园区的企业普遍存在批而未用土地，部分土地闲置。

三 对策建议

（一）建立高质量创新产品鉴别机制

一是引导和支持企业参与建立行业标准，强制推行具有高技术产品，逐步淘汰落后技术产品；二是积极培育新产品市场，政府采购可优先考虑具有新技术的产品，培养社会消费新产品的意识，通过给予购买新产品的企业和个人适当的补贴鼓励社会购买新产品。

（二）加强联合奖惩信息共享力度

地方发展改革（社会信用体系建设牵头）部门应落实国家和地方信用联合奖惩措施落实，依托信用信息共享平台，加强信用联合奖惩子系统建设，及时记录和统计联合奖惩效果并共享至全国信用信息共享平台。通过信用信息交换共享，实现多部门、跨地区信用奖惩联动，使守信者处处受益、失信者寸步难行；建立相应的考核评价机制，对应共享的信息而未共享的行为视情节严重程度给予相应的处罚。

（三）加大对企业应收账款回收支持力度

一是发挥中国出口信用保险公司作用，积极推动其开展国内贸易信用保险业务。二是强化中征应收账款融资服务平台职能作用,为资金供需双方提供迅速、便捷、有效的应收账款融资信息合作服务,达到促成融资交易的达成。三是支持商业保理公司开展业务。注重收集业务中的各种数据,开发建立企业信息库,提高保理业务专业能力;根据行业特点,量身定制分别适用于产业链上中下游的业务模式,实现对客户企业所在行业产业链的业务渗入。

(四) 加快知识产权申请获批速度

一是完善知识产权管理体制。积极研究探索知识产权管理体制机制改革。授权地方开展知识产权改革试验。鼓励有条件的地方开展知识产权综合管理改革试点。二是改善知识产权服务业及社会组织管理。放宽知识产权服务业准入,促进服务业优质高效发展,加快建设知识产权服务业集聚区。扩大专利代理领域开放,放宽对专利代理机构股东或合伙人的条件限制。探索开展知识产权服务行业协会组织"一业多会"试点。三是完善知识产权审查和注册机制。建立计算机软件著作权快速登记通道。优化专利和商标的审查流程与方式,实现知识产权在线登记、电子申请和无纸化审批。完善知识产权审查协作机制,建立重点优势产业专利申请的集中审查制度,建立健全涉及产业安全的专利审查工作机制。合理扩大专利确权程序依职权审查范围,完善授权后专利文件修改制度。拓展"专利审查高速路"国际合作网络,加快建设世界一流专利审查机构。

(五) 促进形成公平竞争、发展规范的市场环境

一是给予中小企业平等的竞争环境。对于具有高技术含量的中小型企业在政府采购、市政建设工程等环节给予公平的参与机会。二是强化事中事后监管,营造有序的竞争环境。加强对无生产资质企业的清理整顿,适时推出行业标准,避免行业的混乱和无序竞争状态。

(六) 增强地方对各类人才的吸引力

一是加强对人才的激励和关怀。给予对企业有贡献的员工以各种形式的奖励,如汽车、住房、股权以及创新收益的分割权等;建立良好的企业文化,采取多种方式关心员工,如邀请家属参观企业、建立员工互助救济制度等,给予员工以家的感觉。二是创新人才引进方

式。建立科技人员公共服务平台，让有到企业短期工作意愿的科研人员与有研发需求的企业对接；探索实施"柔性人才"制度，借鉴政府人员借调挂职锻炼的做法，让高校、科研院所的研究人员到企业短期工作，帮助企业研发。三是完善人才的配套政策，用更多的发展机会、更美的城市环境和更优美的生活条件，吸引人才、留住人才和用好人才。

（七）提升土地供应能力

建立全省易地补充耕地指标交易平台，综合考虑补充耕地成本、资源保护补偿和后期管护费用等因素，对指标流转制定指导价格，规范补充耕地指标调剂管理，推动形成县域自行平衡为主，省、市调剂为辅，跨省适度统筹为补充的耕地占补平衡机制。

广东省中山市

一 中山市建设现代化经济体系，推动高质量发展的主要做法和成效

近年来，中山市以提高发展质量和效益为中心，以全面深化改革为根本动力，以创新驱动发展为核心战略，大力实施工业转型升级攻坚行动计划，优存量、拓增量，积极推进传统产业转型升级。2017年，全市规模以上工业增加值1134.56亿元，增长4.9%；装备制造业增加值385.62亿元，增长8.3%；工业技术改造投资256.59亿元，增长24.8%；光纤入户率140.7%，居全省第二。

今年一季度，全市规模以上工业完成增加值226.7亿元，其中，装备制造业增加值81.3亿元，占全市规模以上工业比重35.9%，较上年末提高1.9个百分点。其中，建设现代化经济体系，推动高质量发展的主要做法及成效如下。

（一）全力发展装备制造业，塑造中山产业支柱

通过政策引导、加大财政扶持、精准招商、企业间对接交流等措

施,先进装备制造业蓬勃发展。2015—2017年,全市规模以上装备制造业增加值年均增长11.5%。2017年,全市规模以上装备制造业增加值385.62亿元,占全市规模以上工业增加值比重由2014年的28.8%提升至2017年的34%,2018年第一季度,比重更提升至35.9%。装备制造业成为全市第一大支柱产业,是名副其实的经济增长新引擎。"珠洽会"签约项目投资逾千亿元,包括新松机器人、比亚迪等4个百亿级项目,百亿级项目数量居"八市一区"第一位。

(二) 大力推动技术改造,提升智能制造水平

把推进技术改造作为产业转型升级的关键举措、促进实体经济提质增效的重要抓手。先后出台了新一轮技术改造、事后奖补、新型公共服务平台集聚区等政策,同时配套实施"新三百"、总部经济、先进装备制造、工作母机、龙头骨干企业等政策,市财政每年安排两亿元技术改造专项资金,激发了企业技改积极性。三年来,共安排国家、省、市技术改造扶持资金近20亿元,扶持技改项目超700个。目前,全市共有国家级智能制造试点示范项目1个、省级5个;国家级企业技术中心两家、省级100家、市级255家;国家级工业设计中心1家、省级12家。智能制造、智能产品、智能裁剪快速加工等一批公共服务平台相继开业,成效明显。其中,智能制造公共服务平台的做法和成效得到广东省政协副主席袁宝成,时任副省长的肯定和批示,荣获第八届"省长杯"工业设计大赛产业组金奖,被认定为"广东省精密电子和家电产业智能制造公共服务平台"。

(三) 加快骨干企业培育,推动企业做大做强

实施产业组织创新"组合拳",通过发展总部经济、鼓励企业兼并重组、培育龙头骨干企业三大措施,合理配置要素资源,降低生产成本,实现规模经济和范围经济。全市总部企业增至61家。2014—2017年,达华智能、大洋电机等19家企业的31个项目获得兼并重组扶持,重组标的额共86.8亿元。确定木林森等第一批31家龙头骨干培育企业,成立由11名业务科室科长组成的"管家"队伍,为企业提供管家式服务。

(四) 加快"互联网+"应用,促进两化深度融合

以"互联网+"思维大力实施"中山美居"工程,依托"中山美

居"整合古镇灯饰、小榄五金制品、南头家电等特色产业,构建家居产业融合发展的新型商业模式。目前,"中山美居"集体商标已获国家工商总局批准注册,被评为第三批全国产业集群区域品牌建设试点,中山美居产业联盟已注册成立,连续成功举办三届中山美居展、六届中山美居创意设计大赛。原国务院副总理胡春华,时任省委书记亲临中山美居产业园考察,并予以高度评价。中山光纤入户率连续多年排全省前列,入选首批"宽带中国"示范城市。中山与中国电子以"投资+运营+服务"模式,合作共建以信息安全为核心的电子政务云平台,其建设经验在全省推广。实施"互联网+"行动计划(2016—2020年)和大数据发展行动计划(2016—2020年)。网上办事大厅中山分厅各项指标排在全省前列。

(五)合力建设产业平台园区,强化载体承载能力

实施局镇共建产业平台工作方案,分片包干推进组团发展和产业平台建设。按照九大产业平台产业定位,积极开展招商引资,推动项目加快落地建设。截至2017年底,共有在建项目40个,总投资约202.7亿元;签约项目71个,总投资约569.68亿元;在谈项目(投资额5亿元及以上)38个,总投资约973.41亿元。积极开展锌铁棚改造和盘活闲置厂房,完成乐美达等8个盘活闲置厂房项目约15.9万平方米、小榄镇竹源经济联合社等3个锌铁棚改造项目约23.8万平方米。

(六)积极开展节能降耗,深入推行绿色生产

超额完成2016年节能、淘汰落后产能目标任务。积极推进清洁生产,全市认定清洁生产审核评估验收单位两家,注册开展清洁生产审核企业189家。木林森、江龙船艇、讯芯电子、TCL空调器等4家企业入选国家绿色工厂。

二 存在的问题

(一)政府研发创新支持重外轻内

科技部出台对研发创新平台的支持政策,支持外商投资设立各种形式的开放式创新平台,有效对接跨国公司和中小微企业、创新团队

的创新资源，构建开放式创新生态系统。各开放式创新平台设立的所在区对开放式创新平台，给予创新平台建设资金和经营资金的支持。但对民营企业创办的高水平的科技创新平台缺乏这种支持政策。中山市华艺灯饰照明股份有限公司斥巨资建立国家认可的（CNAS）实验室，配备有精准的检测设备和仪器，ISO／IEC 17025 标准管理体系，确保产品质量符合国际、国内标准，但作为民营企业的国家级实验室却得不到国家的支持资金支持。

（二）产业转型升级面临生产成本上升压力

随着近年来土地资源日趋紧缺、环境容量日趋饱和、市场竞争日趋激烈，劳动力、土地、能源、原材料等要素价格上升、国际需求减少、贸易保护主义加剧，中山产业发展原有的低成本竞争优势已逐步弱化，转型升级迫在眉睫。产业转型升级需要大量的人才、资金等高端要素的支撑。但在中山却存在着资金、人才等产业高端要素积累薄弱的问题，存量建设用地减少，给产业升级带来了压力。欧普照明是一家集研发、生产、销售、服务于一体的综合型上市企业，公司现有员工 6000 多人，拥有上海总部及中山工业园、吴江工业园等多个生产基地，公司产品涵盖 LED 及传统光源、灯具、电工电器、厨卫吊顶产品等领域。目前一线员工的月工资为 5000—6000 元，包吃包住，企业人工成本很高，但依然面临严重的招工难问题。

（三）房地产泡沫挤压了实体经济发展空间

房地产的高利润挤压实体经济发展空间，导致资源配置方向变异，最终侵蚀实体经济发展基础。房地产市场犹如毒品，短期内可以缓解地方财政资金压力，成为稳增长的重要手段，但长期来看高房价和高库存，不仅成为制造业和实体经济成本高企的主要因素，使得大规模的资金和土地资源出现了错配，严重削弱中国经济在全球的竞争力和房地产泡沫地区的经济在全国的竞争力。中山的房价在 2015 年 9 月之前一直保持平稳，房价在每平方米 6000—7000 元之间，2015 年 9 月深中通道立项，一旦通车，深圳和中山只有半小时的车程，大量的深圳炒客跑去中山买房，在短时期内炒作使房价飙升到每平方米 20000 多元，同时制造业投资增速持续下行。首先，房价高企大幅增加了制造业企业的成本。房价的高企使得城市生活成本高企,这就要求制造业企业不得不提供企业员工在城市体面生活的人力成本。其次,房地产过度繁荣占用了大规模的社会资金,推高全社会的资金成本。房地产市场吸引了主要的信贷资源,房地产市场与地方土地财政密切关联的地方融资平台,构成了全社会流动性的资金"黑洞"。最后,房地产高库存浪费了大量的土地资源,挤占了制造业用地的供给。

(四) 科技信贷支持政策未来潜在风险大

中山出台包括《中山市科技金融专项资金使用办法》《中山市科技信贷风险准备金管理办法》在内的4个科技项目扶持资金管理办法。科技信贷风险准备金,是中山科技扶持资金的重要组成部分之一,以政府、银行共同筛选、风险共同合作共担的模式,鼓励金融机构加大对科技型小微企业的信贷支持。按照不同的企业类型和担保条件,企业可获不同的贷款额度。提供房产抵押,贷款额度高于评估值1倍的成长类企业,最高可贷2000万元,孵化类可获得免抵押200万元信贷额度,政府对坏账本金的补贴占90%,当企业科技创新失败产生坏账时政府分摊的比列可达到90%。短期内风险分摊机制,可以提高银行给创新企业贷款的积极性,但未来政府支付坏账的潜在风险非常高。

三 对策建议

(一) 政府对内资外资研发机构应一视同仁

破除对外资机构的盲目信任,政府应制定扶持的规则和标准,让符合要求的内外资研发企业都能够得到支持;在内外资企业同等的条件下,应优先支持内资研发机构,注重培养本土机构的研发能力,建立自己的品牌。

(二) 增强地方对人才的吸引力

一是加强对人才的激励和关怀。给予对企业有贡献的员工以各种形式的奖励,如汽车、住房、股权以及创新收益的分割权等;建立良好的企业文化,采取多种方式关心员工,如邀请家属参观企业、建立员工互助救济制度等,给予员工以家的感觉。二是创新人才引进方式。建立科技人员公共服务平台,让有到企业短期工作意愿的科研人员与有研发需求的企业对接;探索实施"柔性人才"制度,借鉴政府人员借调挂职锻炼的做法,让高校、科研院所的研究人员到企业短期工作,帮助企业研发。三是完善人才的配套政策,用更多的发展机会、更美的城市环境和更优美的生活条件,吸引人才、留住人才和用好人才。

(三)提升土地供应能力

强化"合理布局,规划先行"理念,实行"多规合一",避免因不同规划之间的冲突而引起的工业建设用地无法开发利用的情况;建立全省易地补充耕地指标交易平台,综合考虑补充耕地成本、资源保护补偿和后期管护费用等因素,对指标流转制定指导价格,规范补充耕地指标调剂管理,推动形成县域自行平衡为主,省、市调剂为辅,跨省适度统筹为补充的耕地占补平衡机制,尽快推动耕地占补平衡指标跨省交易落到实处。

(四)抑制房地产投机行为,支持土地财政转型

坚持"房子是用来住的,不是用来炒的",采取多种措施抑制房地产市场的投机性,让房子回归居住属性。转变地方财政征收思路,避免其过度依赖一次性的商业用地土地出让金,鼓励地方政府支持兼具一次性收入和持续收入的土地出让行为,"少要公鸡,多要会生蛋的母鸡"。

(五)建立研发公共信息平台

避免政府直接和过多承担企业的研发风险,建立研发公共信息平台,归集研发需求和资金信息,政府规定好平台的交流规则,鼓励相关参与方自主交流并决定是否合作,研发风险由市场主体自行承担。

附件三　经济形势分析报告

广东经济稳中有变，同时下行压力加大

广东经济形势调研报告摘要

为落实曾培炎理事长关于对当前经济形势开展调查研究的指示精神和工作部署，广东经济形势调研组由张燕生带队，马庆斌、綦鲁明、逯新红参加，于2018年10月21至23日前往广东就当前经济形势开展了调研。分别在省直、广州、佛山、肇庆举办了有各部门和企业代表参加的五场座谈会。现将调研情况汇报如下。

一　当前广东经济稳中有压、动能转换效果初步显现

从表附3-1提供的数据可以看到，今年前三个季度，广东省实现生产总值7.06万亿元，同比增长6.9%，高于全国0.2个百分点。与江苏、山东、浙江相比，前三季度广东地区生产总值增速分别高出江苏和山东0.2和0.4个百分点，低于浙江0.6个百分点。广东固定资产投资增速10.2%，高于江苏、山东、浙江；广东规模以上工业增加值增长6.0%，虽然低于全国平均的6.4%和浙江的8.0%，高于江苏和山东的5.5%；广东地方一般公共预算收入增速高于江苏和山东，低于浙江；进出口总额增长5.9%，高于山东的4.8%，低于浙江12.5%和江苏的9.3%。

二 广佛肇政府和企业反映，2019年经济将更困难

一是2019年美国将对中国出口的2000亿美元产品征收25%的关税。企业普遍反映，人民币贬值、苦练内功消化、与国外客户谈判分担、扩大内需市场、共同开拓第三方市场等措施，都很难抵消美国贸易战对广东出口的影响。

表附3-1　　2018年前三季度粤苏鲁浙四省主要经济指标比较　　（单位:%）

指标		全国	广东	江苏	山东	浙江
地区生产总值	2018年前三季度	6.7	6.9	6.7	6.5	7.5
	2018年上半年	6.8	7.1	7.0	6.6	7.6
	2017年前三季度	6.9	7.6	7.1	7.5	8.1
规模以上工业增加值	2018年前三季度	6.4	6.0	5.5	5.5	8.0
	2018年上半年	6.7	6.1	6.1	5.3	8.1
	2017年前三季度	6.7	7.1	7.5	7.0	8.3
固定资产投资	2018年前三季度	5.4	10.1	5.6	5.8	6.9
	2018年上半年	6.0	10.1	5.3	6.1	5.7
	2017年前三季度	7.5	14.6	7.5	8.0	9.6
社会消费品零售总额	2018年前三季度	9.3	9.1	8.8	9.3	9.7
	2018年上半年	9.4	9.3	9.1	9.3	10.1
	2017年前三季度	10.4	10.3	10.9	10.0	10.6
进出口总额	2018年前三季度	9.9	5.9	9.3	4.8	12.5
	2018年上半年	7.9	2.7	9.4	1.1	8.9
	2017年前三季度	16.6	11.0	20.1	18.0	15.9
地方一般公共预算收入	2018年前三季度	7.8	10.0	9.3	7.8	16.1
	2018年上半年	8.0	10.3	8.3	8.0	16.9
	2017年前三季度	10.0	10.4	5.1	8.0	13.1

表附3-2　　2018年前三季度广佛肇主要经济指标增速对比　　（单位:%）

指标		广州	佛山	肇庆
地区生产总值	2018年前三季度	6.3	6.2	6.4
	2018年上半年	6.2	7.4	6.4
	2017年前三季度	7.3	8.6	4.8

续表

指标		广州	佛山	肇庆
规模以上工业增加值	2018年前三季度	6.3	6.4	7.4
	2018年上半年	7.4	8.0	7.5
	2017年前三季度	4.2	8.8	3.1
固定资产投资	2018年前三季度	6.9	4.8	10.4
	2018年上半年	9.1	9.0	9.8
	2017年前三季度	7.4	24.4	8.2
社会消费品零售总额	2018年前三季度	7.6	9.5	12.1
	2018年上半年	7.8	9.4	11.2
	2017年前三季度	8.4	10.5	10.0
进出口总额	2018年前三季度	14.7	5.6	1.9
	2018年上半年	-10.2	-7.4	-2.0
	2017年前三季度	17.8	11.9	-11.3
地方一般公共预算收入	2018年前三季度	7.6	7.5	11.0
	2018年上半年	8.0	10.4	11.5
	2017年前三季度	12.7	17.2	-18.5

二是2019年预期全球需求增长乏力、不稳定不确定性因素增多。IMF最新预测，2019年全球、美国和中国经济增长率分别下调到3.7%、2.5%和6.2%。WTO对世界货物贸易增长的预测也下调。2019年6月举办的大阪G20峰会可能带来新的不确定性。

三是广东发展有三种不同的模式：一是深圳为代表的特区模式；二是佛山为代表的自主和内生增长模式（见表附3-2）；三是东莞为代表的招商引资和代工贴牌模式。佛山民营企业家反映，当前各项成本上升，使实体经济和制造企业生存条件严重恶化。另一方面，社会上有关国进民退的说法，也把民营企业的思想搞乱了。

四是稳中有变。广东大型企业、品牌企业、合规经营的企业形势较好，利润率、市场占有率等指标稳中趋好，工业集中度上升，企业科技创新投入增加，增强了竞争能力和抵御外部冲击能力。

五是地方官员对宏观调控效果的评论。一位地方干部说，"很多政策是中央和地方反着来。国家宏观政策调控过程中,国家希望经济形势上行,地方政府盼下行。因为经济上行时,国家什么都不让干,指标卡死。经济下行的时候,银行开闸放水、发改委的基础设施投资基金、开发银行的政策资金规模扩大。中央政策是依据面上数据制定的,经济上行的时候,干得差的不准干了,干得好的精雕细琢的也不准干了;经济不好时都让干,大水漫灌式的,调控方式不是市场化法制化和透明性的。"

三　代表性案例反映了当前经济困境和两难选择

（一）香雪制药遭遇银行抽贷12亿不续贷,造成企业陷入流动性困境

香雪制药公司2010年上市,2017年销售额21.87亿元,净利润1.12亿元,主营业务为现代中药及中药饮片的研发、生产与销售。"香雪"商标获评中国驰名商标,香雪制药获评"《福布斯》中国成长企业潜力榜100强"前五位。2015至2017年研发支出金额分别为0.93亿元、1.05亿元、1.03亿元。

平安银行2018年上半年,实现营业收入572.41亿元,同比增长5.9%;净利润133.72亿元,同比增长6.5%;零售业务营业收入293.16亿元、同比增长34.7%;零售业务净利润90.79亿元、同比增长12.1%。总体看,平安银行盈利能力保持稳定,零售业务业绩突出。

据香雪制药财务经理反映,香雪制药是行业龙头企业,2017年香雪制药收到平安银行通知返还12亿元人民币贷款,返回贷款后方可得到后续贷款。为此,香雪制药想方设法从各种渠道筹集了12亿元,还了款,结果平安银行不给续贷了。香雪制药目前正面临巨大的财务压力,正常发放员工工资都困难。

（二）中国陶瓷砖面对来自印度的陶瓷砖竞争

佛山陶瓷企业反映,与往年11月停窑相比,今年很多企业3月份就停窑,全行业7-8月份营业额整体下滑18.9%,产能利用率勉强过半（1-8月生产61.3亿平米,全国产能114亿平方米）。

当前，全球陶瓷产业链加快从中国向印度转移。在美国加征关税后，有很多客户把瓷砖进口转到印度、越南零关税低价格的国家。中国的陶瓷技术和设备大量出口到印度，中国陶机设备在印度市场占有率高达80%，提升了印度的瓷砖制造水平，同时印度的生产成本低，人口红利大，产品价格低，谈判能力强，带动印度陶瓷业迅速崛起。同时，全球50多条陶瓷大板生产线，意大利有20多条，中国有5条左右，印度进口了20多条，印度砖替代中国砖的竞争态势已然形成，全球陶瓷产业链正加速向印度转移。

（三）广州两家固体废弃物处理项目停产整顿导致其他企业停产

广州有两家固体废弃物处理项目因其环保指标不达标被宣布停产整顿。其后果是区域内的多个工业项目因为没有废弃物处理能力和场所，而限产、停产，直接把企业"搞死"。一个简单的道理，在工业生产、废弃物处理等环节上，如果因为工业废弃处理能力不够而把环保环节关停，造成了生产环节的企业因为不能达到环保标准而关停减产。另外一个典型的案例就是关于砂石场关停的问题，造成很多基础设施和建筑用料突然断了原料供应，在替代产品尚未找到的时期，多个项目受到影响。

四 几点建议

一是加快研究建立符合向高质量发展过渡期的政策体制研究。

二是"放管服"应从行政主导转向法治主导。

三是制定应对不稳定性事件的应急机制。地方同志讲，随着减税降费力度加大，现有的五级政府管理体制下，基层政府尤其是镇一级的政府存在财政崩盘的危险，应作好预案，增加应急的财力转移支付。

四是环保、社保、税改、土地、劳保等政策出台要有协调机制。

五是引导企业研究制定抱团应对贸易战转危为机的策略。

主报告

一 当前广东经济稳中有压、动能转换效果初步显现

(一) 广东省经济运行整体平稳,属于下行中的稳定

2018年前三季度,广东省实现生产总值7.06万亿元,同比增长6.9%,高于全国0.2个百分点(见表附3-3),增幅比上半年和2017年同期分别低0.2和0.7个百分点。与经济总量相近省份相比,前三季度广东地区生产总值总量高出江苏3561亿元,增速高出江苏0.2个百分点。广东固定资产投资增速10.2%,高于江苏、山东、浙江;广东规模以上工业增加值增长6.0%,虽然低于全国平均的6.4%和浙江的8.0%,但高于江苏和山东的5.5%;广东地方一般公共预算收入增速高于江苏和山东,低于浙江;进出口总额增长5.9%,高于山东的4.8%,低于浙江的12.5%和江苏的9.3%。总体来看,广东省主要经济指标增速有所回落,经济下行压力加大,经济运行稳中有变。

表附3-3　2018年前三季度粤苏鲁浙四省主要经济指标比较　　(单位:%)

指标		全国	广东	江苏	山东	浙江
地区生产总值	2018年前三季度	6.7	6.9	6.7	6.5	7.5
	2018年上半年	6.8	7.1	7.0	6.6	7.6
	2017年前三季度	6.9	7.6	7.1	7.5	8.1
规模以上工业增加值	2018年前三季度	6.4	6.0	5.5	5.5	8.0
	2018年上半年	6.7	6.1	6.1	5.3	8.1
	2017年前三季度	6.7	7.1	7.5	7.0	8.3
固定资产投资	2018年前三季度	5.4	10.1	5.6	5.8	6.9
	2018年上半年	6.0	10.1	5.3	6.1	5.7
	2017年前三季度	7.5	14.6	7.5	8.0	9.6
社会消费品零售总额	2018年前三季度	9.3	9.1	8.8	9.3	9.7
	2018年上半年	9.4	9.3	9.1	9.3	10.1
	2017年前三季度	10.4	10.3	10.9	10.0	10.6

续表

指标		全国	广东	江苏	山东	浙江
进出口总额	2018年前三季度	9.9	5.9	9.3	4.8	12.5
	2018年上半年	7.9	2.7	9.4	1.1	8.9
	2017年前三季度	16.6	11.0	20.1	18.0	15.9
地方一般公共预算收入	2018年前三季度	7.8	10.0	9.3	7.8	16.1
	2018年上半年	8.0	10.3	8.3	8.0	16.9
	2017年前三季度	10.0	10.4	5.1	8.0	13.1

(二) 广佛肇经济运行总体平稳，稳中有压

从调研组走访的广州、佛山和肇庆三市经济发展情况来看，2018年前三季度经济运行总体保持平稳，但经济稳中有压。

佛山市经济运行总体保持平稳，发展质量稳步提高。全市实现地区生产总值7283.85亿元，增长6.2%，比上半年回落0.8个百分点，比全国和全省平均增速分别低0.5、0.7个百分点。佛山民营经济保持活跃，前三季度民间投资完成2076.394亿元，增长19%，高于全市投资增速14.2个百分点。但工业发展后劲有待进一步增强，投资面临较大下行压力，外贸形势面临较大不确定性因素。

肇庆市经济运行存在不稳定因素。规模以上工业增加值完成441.30亿元，同比增长7.4%，比2017年同期高4.3个百分点，比全年目标（增长7.7%）低0.3个百分点。肇庆是大湾区9市中唯一住房不限购的城市，房地产带动作用较强。存在的主要问题是：招商引资成效仍不明显，工业生产增长动力不强，外经贸形势不容乐观。

广州市经济运行稳定。预计地区生产总值同比增长6.3%，比上半年小幅提高0.1个百分点。存在的主要问题是：工业增速回落，汽车等支柱产业带动力减弱；投资增长压力大，房地产开发投资增速回落；消费增速放缓，部分大类商品销售疲软；中美贸易摩擦影响显现，外贸进出口不确定性加大。

表附 3-4　2018 年前三季度广佛肇三市主要经济指标增速对比　（单位：%）

指标		广州	佛山	肇庆
地区生产总值	2018 年前三季度	6.3	6.2	6.4
	2018 年上半年	6.2	7.4	6.4
	2017 年前三季度	7.3	8.6	4.8
规模以上工业增加值	2018 年前三季度	6.3	6.4	7.4
	2018 年上半年	7.4	8.0	7.5
	2017 年前三季度	4.2	8.8	3.1
固定资产投资	2018 年前三季度	6.9	4.8	10.4
	2018 年上半年	9.1	9.0	9.8
	2017 年前三季度	7.4	24.4	8.2
社会消费品零售总额	2018 年前三季度	7.6	9.5	12.1
	2018 年上半年	7.8	9.4	11.2
	2017 年前三季度	8.4	10.5	10.0
进出口总额	2018 年前三季度	14.7	5.6	1.9
	2018 年上半年	-10.2	-7.4	-2.0
	2017 年前三季度	17.8	11.9	-11.3
地方一般公共预算收入	2018 年前三季度	7.6	7.5	11.0
	2018 年上半年	8.0	10.4	11.5
	2017 年前三季度	12.7	17.2	-18.5

二　经济下行中的主要矛盾和问题

（一）国家各项政策应更符合地方、企业和市场的发展实际

国家各项调控政策应注重调动地方高质量发展积极性。地方同志们反映，当经济上行时，国家各项调控政策趋严，往往不区分各地实际和差异一刀切，地方的自主权和积极性会受到限制。而在经济下行时，国家各项调控政策往往会开闸放水，大水漫灌式的刺激经济。地方同志们往往盼望经济下行，国家各项政策松绑，地方有更大自主权和积极性。中央和地方的行为存在逆向激励。

合规性要求与地方和企业自主创新发展之间存在矛盾。当前，地方有支持企业创新转型发展的积极性，但受国家各项合规要求，形成了文件没有规定的事情不能干，影响了地方胆子大一些、步子快一

些、改革更主动一些的积极性。以前是大网打鱼,会漏了很多小鱼,很多中小企业可以在夹缝中求生存发展。现在各项政策趋严,大网收紧,导致一些具有发展潜力的企业也生存不下去了。

（二）行政推动"放管服"落地难效率不高

近年来,为了优化营商环境,中央及省大力深化改革,推进简政放权,出台了系列惠企政策,但仍然存在政策不连贯、落实不到位等问题,实际效果不佳。有些地方落实政策过于形而上,缺乏分类指导,政策普惠性和特惠性的精准度不够,操作性不强,配套政策不全面,不易落地。部分政策不连贯,特别是地方政府换届、人员变动造成"新官不理旧账"、招商引资时的一些承诺和合同无法履行,一些投资遗留问题相互推诿、拖延,对企业的正常运营造成不良影响。此外,民营企业依然一定程度上被区别对待、民间投资"玻璃门""弹簧门"仍然存在,"最后一公里"未完全打通。

（三）企业转型发展受到制约

现行税收结构鼓励房地产发展,不支持工业项目发展。当前,工业增值税75%上缴中央,地方留25%,但地方这25%也很难留下。工业企业基本是零地价,征补之后再返给企业。工业项目建设周期长,获得收益需要几年时间。与此相比,房地产收益快,且收益归地方政府。投资效率和政府税收政策扭曲,导致地方政府重视发展房地产,而不重视发展工业。

土地交易的二道贩子加剧用地矛盾。土地指标是制约企业发展的一大瓶颈。随着国家建设用地总量指标收紧,工业用地成为制约实体经济发展的重要问题之一,许多新技术、新产业、新业态、新模式的项目发展无法获得土地。当前,一些旧产业倒闭,而土地却无法通过市场化交易退出来。同时,地方政府关注大项目,更愿意把土地大批量批给或留给大项目和龙头产业。一个大项目的用地常常相当于地级市一年指标,而1亿元、2亿元的小投资项目只需要10亩地就能建设投产,却拿不到地。近年来,珠三角地区出现了炒工业地产的专业集团,通过包装一个超千亿的大项目,从政府手里买下大量土地,5—10年不开发,通过把土地指标切割细分,再层层中间转让,高价卖给有土地需求的中小微企业，成为土地交易的二道贩子。

信贷所有制歧视普遍存在。我国金融领域的所有制结构大致是：国有成分占 90.7%，民营成分占 7.8%，外资成分占 1.5%。不充分竞争的市场结构加剧了融资难融资贵的问题。而一些国有银行信贷存在明显的所有制歧视。宁愿贷给国有企业，亏了 100 个亿，政治正确；如果贷给民营企业亏了 100 万，政治不正确，要罚款、要免职、要追责。民营银行的行为也趋同，更愿贷给政府项目，而不愿费心贷给民营中小企业。民营企业特别是广大中小微企业融资面临门槛高、成本高、期限短、审批慢、渠道少等突出问题。一些民营企业不得不举借民间高利贷，饮鸩止渴。中小微企业银行贷款利率往往比基准利率上浮 50%，抵押物评估费等中间费用约占贷款成本的 20%。如肇庆绿宝石公司，即便当地政府召开金融企业协调会也不起作用，贷不到款，最后是美国花旗银行提供了无抵押贷款。又如广州上市企业香雪制药遭遇银行抽贷断贷，一年还贷 12 亿元之后，却被突然告知不再给企业贷款，挤干了企业所有的流动资金。经济下行时期，银行要控制风险，收紧贷款，首当其冲的便是民营企业。当前实体经济面临转型之痛，然而金融机构却把转型之痛转嫁给实体企业，人为制造危机，民营企业贷款难问题愈加突出。

各项成本上升过快造成实体经济举步维艰。过去广东发展有三种不同的模式：一是深圳为代表的特区模式；二是佛山为代表的自主和内生增长模式；三是东莞为代表的招商引资和代工贴牌模式。三种模式的经济规模分别列在广东前四位。然而，现在各项成本上升，使实体经济和制造企业生存条件严重恶化。一是用工成本持续攀升。企业招工难、用工贵、人员流动性大等问题增加企业用工成本。根据广东工商联的调查，超过八成的企业表示人工成本增加，"五险一金"负担较重，占职工工资的 30% 以上，很多企业认为社会保险费等交由税务部门征收将增加企业的社保负担。此外，能源、资源、物流成本不断上升，环境保护、污染治理的高压态势，也一定程度上加剧了企业负担。二是税费负担依然较重。企业反映当前总体税负依然较高，"营改增"减税效果不明显，有的甚至不减反增。轻资产、高人力资本的中小企业很多支出是无法获得增值税抵扣，如企业获得的技改奖。税外费种类繁多，各类中介服务收费高，中介市场竞争不充分，行业性垄断现象突出，中介收费随意性大。

企业自主创新能力有待增强。一是产品仍处于全球价值链中低端。科技含量和技术水平偏低，产品附加值低，工艺、技术基础能力依然较薄弱，关键材料、核心零部件依赖进口、受制于人的局面还没能彻底改变。二是企业品牌价值较低。传统品牌杂而不亮，缺少一批能与国外知名品牌相抗衡、具有一定国际影响力的自主品牌，企业自主品牌产品收入占主营业务收入比重较低。

人才紧缺制约企业发展。一是高端和职业化经营管理人才不足。据广东省工商联开展的民营企业调研结果显示，45.5%的企业表示经营管理人才不足，职业化经营管理人才只占16.9%；具有硕士及以上学历的经营管理人才只占3.72%，即使企业高层管理人才中，也仅7.9%具有硕士及以上学历。二是技能型人才紧缺。虽然广东省技能人才总量已达1115万人，其中高技能人才329万人，总量均居全国首位，但技能人才占从业人员的比例只有17%，低于全国21.3%的平均水平，技能人才缺口月均超过17万。三是人才地域分布不均现象明显。粤东、粤西北地区人才引不进、留不住，高层次人才多向金融、租赁商业服务业．或大型企业聚集，制造业、小微企业人才不足尤为突出。

稳预期难度较大。一是各项政策不稳定，企业没有时间消化，不知下一步怎么办。二是金融系统对实体经济的悲观预期，银行对企业收紧贷款，进一步恶化了实体经济，对企业产生显著冲击，企业信心受到打击。三是多重因素叠加，可能导致企业信心逆转。众多民营企业，环保督察倒掉一批，去产能去掉一批，股价下跌走掉一批，中美贸易战死了一批，社保和融资压垮一批，引发悲观预期蔓延。

（四）中美贸易摩擦升级影响

在保护主义抬头、贸易摩擦加剧的背景下，国际经贸合作受到冲击，作为出口和对外投资重要主体的民营企业受到一定影响。

进出口成本上涨。中美贸易摩擦升级对广东省的影响80%集中在电子信息、交通运输设备、家具、皮革、塑料等五大行业。美国自 2018 年 9 月 24 日起对我 2000 亿美元商品加征 10% 关税，2019 年 1 月 1 日起加征关税税率上调至 25%，广东与外贸相关的企业普遍反映 2019 年将是外贸寒冷的冬天。目前部分被纳入进口加税清单的产品没有替代品，如大宗农副产品、汽车及零部件、塑料和化工品等，大部分进口企业无法将进口关税成本转移给美国出口商，导致进口成本上升，部分企业考虑减产或暂停进口。同时美国进口成本上升将引发同类产品的国内外厂家上调价格，带来同类产品价格的普遍上涨，给企业经营带来压力。

加快供应链对外转移。首先，加征关税后商品出口竞争力下降，导致订单对外转移和产业对外转移。美国客户要求商品降价和对美订单减少压缩出口企业利润空间，导致企业停止出口。由于客户不愿承担额外加征的关税成本，部分订单向东南亚等低成本国家转移，订单对外转移和产业对外转移后，会形成我国企业的境外新的竞争对手。其次，加快产业链对外转移。订单减少将直接传导到上游原材料企业，从而影响产业链的聚集发展；龙头企业的对外转移会带来整个供应链条的对外转移，供货的上游企业也可能同步转移。从而给外贸带来较大冲击。例如，全球陶瓷产业链从中国向印度加速转移。中国陶瓷之都佛山，在美国加征关税后，有很多客户把瓷砖进口转到印度、越南零关税低价格的国家。中国的陶瓷技术和设备大量出口到印度，中国陶机设备在印度市场占有率高达 80%，提升了印度的瓷砖制造水平，同时印度的生产成本低，人口红利大，产品价格低，谈判能力强，带动印度陶瓷业迅速崛起。同时，全球 50 多条陶瓷大板生产线，意大利有 20 多条，中国有 5 条左右，印度进口了 20 多条，印度砖替代中国砖的竞争态势已然形成，全球陶瓷产业链正加速向印度转移。第三，中国企业自身也开始考虑将产能向外转移，部分大企业考虑将产能转移至东南亚国家和其他地区，包括我国企业主导的供应链对外转移。

对高新技术产业的影响。美国瞄准的是中国制造 2025 确定的关键核心技术产业。一是打击我国高新技术产业链。美国在全面调研和策划精准打击我国 2025 的高技术企业和产业。如打击美的、中化、商飞、中车等龙头企业。二是通过关税战迫使全球大跨国公司对外转移在华供应链和产业链。如 340 亿美元商品征收 25% 的关税，其中 59% 的商品涉及到外资企业。2000 亿美元的商品先征 10% 后征 25% 的关税率，其中 50% 的商品涉及到外资企业。三是对全球新产业链布局产生影响。跨国企业建立新产业链将会倾向于选择布局到其他国家。如果不在中国建立产业链，中国丢失的不仅是美国订单，欧洲订单及产业链上的其他经济主体的订单也会一并丢失。不仅对中美产生影响，还会形成放大效应。

影响企业信心。广东省企业出口信心指数自 2018 年 5 月开始连续 5 个月回落，9 月为 44.6，处于荣枯线以下。据中国出口信保公司对 307 家外贸企业调查反映，42.3% 的企业担心美国政府出台更苛刻的贸易限制政策，61% 的企业预计明年对美出口将全面下滑，其中近 50% 的企业预计下滑幅度会超 20%。

影响金融市场。随着中美经贸摩擦不断升级，股市出现明显调整，尤其是 6 月 14 日美方正式确定加征关税后，A 股市场出现持续下跌，10 月 22 日深证成指下挫至 7748 点，4 个月下跌超过 23%。

制造业的招商引资面临新的压力。随着中美贸易摩擦升级，投资美国项目会受到美方安全审查的干扰。外资在选择新的投资地时将考虑在中国以外投资设厂。同时，受美国降税、大力发展基础设施以及金融监管放松等政策影响，广东吸引外资的压力进一步加大。

进一步引发贸易摩擦案件。中美贸易摩擦下，美国频繁发起贸易救济调查将引发连锁反应，越来越多的"双反"调查、技术壁垒、知识产权纠纷等对广东出口形势造成很不利的影响。2018 年 1—8 月，广州市出口产品遭遇美国反倾销反补贴调查的案例达 14 起，涉案金额 1.2 亿美元，主要涉及建材、金属制品、机电和轻工等出口产品。

（五）汇率双向波动持续增加企业进出口成本

2018 年以来人民币汇率波动较大，对企业生产成本和产品定价造成困扰，增加了企业对外谈判的难度。即使企业运用远期结售汇等避险工具对冲汇率风险，但成本也会随汇率波动幅度加大而增加。企业普遍反映，人民币汇率相对稳定对企业生产和经营才有真正的好处。

（六）实体经济面临成本上升和需求放缓的双重压力

前三季度，广东省原材料、人工、融资成本持续上涨。原油、煤炭、钢筋价格分别上涨46.5%、26.5%、24%。有七成的企业反映人工成本高，8月广东商业银行（不含深圳）新发放贷款加权平均利率6%，小贷公司贷款利率高达21.9%。市场需求放缓影响企业生产循环，流动资产周转次数1.82次、下降0.1次，肇庆市反映1/3的规模以上工业企业减产、停产。1—8月规模以上工业企业主营业务收入利润率仅为6.28%，比全国低0.15个百分点，企业亏损面达20.1%、同比高3.2个百分点，企业亏损额增长65.6%。

（七）各种风险隐患叠加

信用紧缩导致融资成本上升，上市公司更多通过股权质押融资，部分公司股价跌破质押平仓线，面临强制平仓、控制权被动变更等风险。当前房地产市场发展的形势较为复杂，市场预期分歧较大，多家大型房地产开发企业资产负债率超过80%，企业新增投资拿地的意愿和融资能力下降。今年1—8月广东省土地出让面积和金额分别下降了11.8%、13.2%，需防范成交量和价格的大起大落带来的连锁反应。

（八）经济发展与资源环境承载能力之间的矛盾凸显

"十三五"以来，广东省能源消费总量新增2779万吨标准煤，已占国家下达控制目标的76%，完成"十三五"双控目标特别是能源消费总量控制目标任务形势严峻。前三季度全省单位GDP能耗下降3.16%，未达下降3.2%的年度约束性目标。

三 造成广东经济下行问题的成因分析

（一）重大需求结构正发生新变化

三大需求正发生拐点性变化。在投资方面，今年前三季度广东省固定资产投资增速为10.2%，比上年同期下降了4.2个百分点。受"紧货币+严监管"、规范地方政府举债融资行为等因素影响，前三季度广东基础设施投资仅增长7.5%，同比下降21.5个百分点（见表附

3-5)。工业投资下降0.7%，同比下降11.2个百分点。在消费方面，今年前三季度社会消费品零售总额增速广东为9.1%。住房、汽车等传统消费热点已进入平台区，文化旅游教育等新兴消费供给能力不足，高房价对居民消费形成挤压效应，居民杠杆率持续上升，房贷支出拉低消费增速1.8个百分点，消费需求短期内难以有大的起色。在外需方面，中美经贸摩擦影响逐步显现，中美贸易摩擦是2019年对外贸易面临的最大不确定性因素，将产生广泛的负面冲击。

总体来看，一般制造业投资、大型基础设施投资和住宅房地产投资的峰值已过。今后基础设施投资重点是城市之间综合交通枢纽和网络建设等毛细血管部分投资；创新投资、绿色投资、民生投资等提高经济和社会基础设施效率的投资将成为新增长点。

表附3-5　　　　广东固定资产投资主要指标的增速　　　　（单位:%）

指标	2018年前三季度累计增速	2018年上半年累计增速	2017年前三季度累计增速
本年完成投资	10.2	10.1	14.6
房地产开发投资	19.9	20.2	17.8
其中：民间投资	9.8	10.0	14.2
其中：第一产业	-26.2	-23.1	-7.3
第二产业	-0.9	0.1	10.4
工业合计	-0.7	0.3	10.5
其中：技术改造	-7.1	-3.7	29.0
其中：先进制造业	9.7	12.3	11.5
装备制造业	12.0	18.8	17.6
高技术制造业	16.0	21.1	32.1
第三产业	14.8	14.5	17.4
基础设施	7.5	9.0	28.1
城市建设	16.6	13.7	26.0
施工项目个数	6.3	9.7	16.8
其中：本年新开工	-0.3	3.1	8.7
本年投产项目个数	-22.8	-25.7	12.7

（二）新旧动能转换不到位

目前，广东新动能尚在培育当中，尚未形成有效供给，旧动能却加速退出，新旧动能转换还不到位。新技术、新产业、新业态、新模式等新兴部门的成长和传统部门的优化升级仍需要一个过程。

（三）外部冲击叠加内部调整压力

从国际看，大国关系正进入最复杂、最严峻和最困难的时期。从国内看，从高速增长转向高质量发展也进入最痛苦的转型期。产业结构调整压力和金融市场超调反应，叠加车市、楼市、汇市、股市、期市、债市波动以及企业家信心下降等因素，稳预期成为最重要的工作之一。

四 应对策略及建议

（一）加快推动宏观调控模式向法治化市场化规则化方向转变

保持政策稳定性，增强市场信心。当前，我国宏观调控面临全球宏观政策外溢影响与国内各项政策调整效应交织的新形势。宏观调控模式应向法制化、市场化、透明化的方向转变。保持宏观经济政策连续性稳定性，发挥各项政策的统筹协调作用，特别是在中美经贸摩擦不断升级的情况下，把握好战略定力，尤其重要。

推动政策落地。根据国家法律法规、政策的变化，结合新时代新情况新要求，对支持鼓励民营经济发展的各项政策进行全面梳理，及时修订和完善相关政策，清理和废除过时政策，尤为关键。

国家在维护中央权威和调动地方积极性方面要保持平衡。在调研中，一位地方财税部门的同志建议中央要给地方留有足够的发展余地，中央确定方向后，制定地方留有空间的政策而不是全部规划好，进一步简政放权而不是收权，取消干预而不是补贴，国有企业要有保有压有进有退而不是全部都干。减免税过程中，要考虑国家五级财政承受能力，区镇一级财政实力最弱，最容易崩盘，中央要做好减税风险评估，评估后对风险点要及时给予应急的财力性转移支付，对顶不住的地区要直接提供危机应急财力支持，不需通过传统申报程序。

制定适应性对策为经济运行创造共渡难关的良好环境。近期，国家有关部门可以实施"一城一策"，放松对地方政府和企业的直接干预和管控。省市县政府可采取"一企一策"对策，因企施策，帮助企业熬过寒冬。在中长期，要加快推进技术、资本、人才、体制四方面结构性改革。一是利用5-7年时间（2022至2025年期间），缓解关键核心技术、产业和企业、人才和团队受制于人的问题。二是营造资本投向实体经济尤其是制造业的投资环境。三是围绕转型升级培养装备制造业、先进制造业和战略性新兴产业急需的专业人才和技能人才。四是进一步完善体制机制，全面深化改革。

积极引进面向未来的大项目，支撑地方经济转型。比如，肇庆计划建设香港飞地，把香港作为肇庆参与全方位国际合作的窗口和桥梁，第一步是学习借鉴香港治理体系和治理能力现代化的发展模式，如香港机场的货运效率世界第一，除有基于创新的商业模式外，更重要的是有先进的治理模式，真正把法无授权不可为、法无禁止皆可为、法定责任必须为落地。

推动广佛肇同城化一体化发展。同城化的意义在于打通广佛肇的断头路，推动广佛肇交通、能源、信息和社会基础设施互联互通，形成区域统一大市场，进而形成广佛肇共享发展联合体。

推动省内和全国干部交流制度。在调研中发现，广佛肇培养和积累了一大批德才兼备年富力强的优秀干部，应建立省内和全国范围内的干部交流机制，创造条件鼓励这些优秀干部带着先进管理经验和管理模式，交流道中西部地区，支持和带动中西部地区的发展。

（二）为推动高质量发展制定过渡期

我国经济实现从高速增长向高质量发展的转变，完成新旧动能转换、新旧结构转型、新旧模式转变，至少需要5—7年转型期和过渡期。应给于结构性资金和政策支持。比如，广州市有两家固体废弃物处理企业，环保督察认为不达标，宣布停产整顿。从而导致广州工业垃圾、化学品垃圾无法处理，生产企业只能减产或停产，私下处理很可能造成永续污染。广州形成工业垃圾和化学品垃圾达标的处理能力需要一个过程。

（三）稳就业是当前各项工作的重中之重

稳需求。当前稳需求最迫切的问题是稳定社会基础设施投资和对外跨境营销网络建设。如1998年扩大内需，当前扩大科技创新投入、农村基础设施建设、乡村振兴项目、生态环境改善投入等都是具有长期投资潜力的领域。如农村汽车市场发展前景广阔,但需要为汽车下乡营造一个好的投资和营商环境。

稳就业。一是推动出台有针对性的稳就业措施。如改善多层次职业教育和技术培训体系,发展远程教育、终生教育和老年教育体系,提供婴幼儿、学龄前义务教育保障体系。二是加强就业政策宣传。严格落实国务院有关部署要求,加强宣传解读,消减企业担忧。打击"黑中介""工头"违法操纵市场行为,进一步加大对企业的扶持力度,增强企业信心。三是加强就业形势监测分析研判。优化完善就业失业动态监测结构,扩大监测点,加强对重点出口企业监测。研究采取企业直报方式,实时在线监测,及时研判就业形势,为决策提供依据。四是稳定重点群体就业。深入实施高校毕业生技能就业行动计划,扎实做好农民工、去产能下岗职工等群体就业工作,稳定重点群体就业。加大就业困难人员帮扶力度,兜牢就业底线。五是推动创业带动就业。如加大创业扶持力度,创造更多就业岗位。

(四)大力降低实体经济成本

加大"放管服"改革力度,最大限度取消涉企行政审批改革事项。健全完善权力清单、责任清单、负面清单制度,优化各类审批服务流程,压缩办事时限,提高行政效率,为企业提供更好的服务。

优化营商环境,降低制度性交易成本。系统梳理降低企业税费、融资、社保等方面成本的具体措施,解决企业反映多年的残疾人就业保障金、工会费缴纳比例过高等问题,增加企业获得感。清理妨碍公平竞争的各种体制机制和做法,彻底打破所有制限制,切实做到国有、民营、外资一视同仁,营造更加公平的市场环境和更加优越的营商环境。下大力气降低民间资本进入重点领域的门槛,充分调动民营资本扩大投资的积极性。

落实减税降费措施,切实降低企业成本负担。进一步加大对民营企业的融资支持,保障有前景、有市场、有技术但暂时出现流动性困难的民营企业融资渠道畅通,推动国有大型银行普惠金融发展,拓展中小企业融资渠道,采取建立贷款风险补偿机制等方式,缓解中小企业和民营企业融资难、融资贵问题。深化税费改革措施，优化增值税制度，对物流、维修等人工成本较高但不能抵扣进项税的行业，降低销项税率，进一步提高小规模纳税人的门槛，比如年营业收入2000万以下可作为小规模纳税人，3%—5%的税率简易征收增值税。进一步降低企业社保费率，优化设计社保缴费基础，减轻企业用工成本。清理和规范各类中介服务收费，持续强化企业煤、电、气、油、运等生产要素保障，为民营经济发展松绑鼓劲、助力铺路。

（五）加强对企业应对中美贸易摩擦的指引

帮助企业开拓多元化国际市场。帮助企业开拓美国之外的市场，并给予"走出去"的政策支持。用好"一带一路"、粤港澳大湾区等平台，大力拓展欧盟、日韩、东南亚、非洲市场，积极扩大劳动密集型产品在非洲市场份额。利用好境外产能合作园区等平台载体，加强园区基础设施建设，实现出口原产地多元化。指导银行加大对企业融资支持力度，增加信贷投放额度，缓解企业资金周转困难，特别是开拓非洲、"一带一路"沿线市场，需要大量资金，希望政府能够给予支持。利用财政资金直接帮助困难企业渡过难关。

建立完善企业走出去的保护机制。加强国际贸易培训，帮助企业了解关税政策，以及WTO规则等。为企业提供投资国的信息、法律、金融和人才培养等服务，帮助企业减少走出去的风险，培育进、出口新的市场主体。组织企业参加更多境外展会，结合上海举办的中国国际进口博览会，了解更多进口替代国信息，建立国外商品展会信息展示渠道。指导企业做好损失评估工作，适时出台扶持措施。建议国家层面帮助企业解决不可抗拒的外溢损失，降低企业运营税负。稳定汇率变动，稳定企业生产和经营，减少企业对外谈判难度，减少企业汇兑损失。

建立新型产学研联合体。一是对从无到有的重大原始创新（从0到1），要举全国之力，构建基于法制和规则的新型举国创新体系。二是对关键核心技术创新（从1—10），要调动各种积极因素，构建新型产学研联合体来做。三是对科技成果专业化市场化国际化（从10—N）的领域，有效发挥市场在资源配置中的决定性作用和更好发挥政府的作用，形成双引擎驱动。

加大对中小企业、草根经济和民营企业的支持力度。帮助这些企业开拓国内市场，搭建出口转内销的展示平台。同时，加大企业的信贷支持力度，支持企业购买出口信用险，降低企业融资成本和经营风险。对于企业在推动转型升级期间投入大量的人力、财力、设备等所需资金，对项目融资部分给予利息补贴。

企业抱团取暖，打造供应链上下游、产供销、内外贸一体化产业合作联盟。企业抱团取暖，共渡难关，才是迎接挑战、化危为机、共享发展的合作方式。形成合作团队，资金技术研发团队，加快资本积累，实现产业经营到资本经营转化。

（六）发挥香港优势建立现代治理体系

我国经济要实现从高速增长到高质量发展、从传统经济体系到现代化经济体系、从传统治理方式到现代治理模式的转型，用好香港优势十分重要。香港拥有广东尚不拥有的世界一流大学，世界一流直接融资体系，世界一流的现代服务体系，世界一流的治理体系和治理能力。粤港澳大湾区就是要通过合作，实现优势互补、合作互动、互利共赢。

专题报告一
着力提高金融服务水平
推动实体经济健康长远发展

2018年10月21至23日，广东经济形势调研组前往广佛肇等地调研。在调研中，有制造业企业反映，近年来遇到银行抽贷和不续贷问题，加大了企业经营发展和转型的资金压力。

一 香雪制药遭遇银行抽贷和不续贷行为

调研中，香雪制药反映，遭遇各家银行抽贷12亿元资金和不续贷。香雪制药发祥于岭南腹地，其前身为萝岗制药厂。2010年公司上市，销售收入为5.13亿元，2017年增长至21.87亿元。过去11年复合增长率达到了237.70%；净利润从2007年的0.32亿元增长到2017年的1.12亿元，复合增长率为145.78%。公司主营业务为现代中药及中药饮片的研发、生产与销售，辅之医疗器械、保健用品、软饮料、少量西药产品及医药流通等业务。公司坚持自主创新、自主品牌，在品质、技术、研发、品牌和规模等多方面成长为行业领先者，得到消费者、行业和政府主管部门的高度评价和广泛认可，其中"香雪"商标获评中国驰名商标，"香雪抗病毒口服液"获评广东省名牌和广州市名牌产品，香雪制药获评"《福布斯》中国成长企业潜力榜100强"前五位，香雪制药获评"广东省医药产业50强企业"和"广州2010年亚运会药品供应商"等。从研发支出看，近几年香雪制药注重加大研发投入。2015年—2017年研发支出金额分别为0.93亿元、1.05亿元、1.03亿元。

就平安银行而言，2017年，平安银行营业收入1057.86亿元，同比下降1.79%；资产减值损失前营业利润731.48亿元，同比下降4.13%；归属于公司股东的净利润231.89亿元，同比增长2.61%。零售业务营业收入466.92亿元、同比增长41.72%，在全行营业收入中占比为44.14%；零售业务净利润156.79亿元、同比增长68.32%，在全行净利润中占比为67.62%。2018年上半年，平安银行实现营业收入572.41亿元，同比增长5.9%；净利润133.72亿元，同比增长6.5%。2018年上半年，零售业务营业收入293.16亿元、同比增长34.7%，在全行营业收入中占比为51.2%；零售业务净利润90.79亿元、同比增长12.1%，在全行净利润中占比为67.9%。总体看，平安银行盈利能力保持稳定，零售业务业绩突出。

据香雪制药财务经理反映，香雪制药是行业龙头企业，近几年为增强开拓市场的能力，不断加大研发投入，实现高质量发展转型。2017年香雪制药收到平安银行通知返还12亿元人民币贷款，返还贷款后方可得到后续贷款。为此，香雪制药想方设法从各种渠道筹集了12亿元，还了款，结果还款后，平安银行不给续贷了。香雪制药抱怨说，目前正面临巨大的财务压力，正常发放员工工资都困难，更不能说进一步的研发创新了。

尽管近期中央政府一再强调金融体系要提高适应性，增强服务实体经济的能力。但就香雪制药和平安银行的案例而言，在香雪制药研发投入还没有见到市场效果的时候，尽管平安银行在市场中有较好的盈利能力和收益水平，作为平安银行的长期客户，香雪制药仍突然遭遇抽贷和不续贷的困境，这不仅无助于公司发展，更有可能使公司经营状况加速恶化。这种银行与制造业企业的关系不利于稳增长，不利于制造业转型升级，不利于高质量发展和现代化经济体系建设。

二 银行抽贷、不续贷的原因分析

香雪制药遭遇抽贷、不续贷的案例具有一定的代表性。分析其产生的深层次原因，主要有如下几点。

（一）企业方面

1. 企业经营环境恶化，进一步导致企业业绩下滑。当前经济下行压力加大，实体经济面临困境。就香雪制药而言，受经济下行及整个中成药大的市场环境影响，近两年来其销售毛利率急剧下滑。2007—2015年在41.12%至51.92%的区间内徘徊，2008年销售毛利率为历年最高（51.92%），2013年则降至41.12%。2016年及2017年销售毛利率降幅更大，分别下降至31.58%、29.50%。2017年，公司扣非归母净利润为亏损1.47亿元，是上市以来第一次出现亏损。

2. 转型过程中企业仍延续传统高增长经营模式。这主要表现为相对研发投入，企业更加注重销售投入。企业转型升级走向高质量发展，关键在于加大研发投入，实施创新驱动。但不少企业仍然延续过去高速增长时期的思维做法，仍然重点依靠市场拓展，相对忽视研发创新。自上市以来，香雪制药每年的销售费用都远远大于研发投入，2015年、2016年、2017年的销售费用分别为2.17亿元、2.51亿元、3.08亿元，而研发投入分别为0.93亿元、1.05亿元、1.03亿元。自2010年以来销售费用、研发投入、销售收入的年复合增长率分别为20.66%、28.97%、23.01%，三者变动方向总体保持了一致，但研发投入年复合增长率更大，2015年营收增长出现颓势后，研发投入增长放缓，2017年研发投入首次出现了负增长，当年同比下降

1.94%，而销售费用增长态势并未改变，2017年同比增长了22.72%。

3. 急于应对业绩下行压力导致企业管理出现问题。企业为应对内外部困境，尽快改善经营状况，结果使内部管理压力加大，进而出现问题。以香雪制药为例，近两年出现研发资本化率过高问题。香雪制药2015年、2016年、2017年研发支出金额分别为0.93亿元、1.05亿元、1.03亿元，资本化率分别为51.21%、68.30%、61.11%。对比同行2017年披露的研发支出数据，白云山、上海凯宝、嘉应制药研发支出都全部费用化处理，康美药业研发资本化率为14.03%，华润三九资本化率12.51%。香雪制药研发资本化率在同行中是较高的。销售毛利大幅下降，更加注重销售投入，研发支出资本化率较高，都构成香雪制药后续经营承压的因素。

（二）银行方面

1. 片面理解"去杠杆"政策导致信贷收紧。随着供给侧结构性改革的深入推进，一些银行存在误解"三去一降一补"政策的现象，特别是错误地认为把贷款尽快收回来就是完成了"去杠杆"任务。因此，银行不分情况，不分对象，不顾发展实际，简单机械地要求贷款对象尽快还款。在经济下行的背景下，实体经济特别是制造业企业由于利润率较低，成为银行抽贷的首选对象。

2. 银行业务结构转型导致对传统制造业的忽视。随着经济发展进入新的历史阶段，银行业务也做出相应调整，更多关注质量效益，将贷款贷给富有盈利潜力的新生事物。以平安银行为例，2017年该行顺应国家战略和经济金融形势，在"科技引领、零售突破、对公做精"转型战略指引下，积极应对外部风险、调整业务结构，将贷款投放到资产质量更好的零售业务，对公持续做精，同时，采取更加积极主动的措施处置问题资产，包括采取自主清收的方式处置不良资产，加大对落后产能、过剩产能、经营不善等类型企业问题贷款的诉讼力度。随着宏观经济转型，短期内传统制造业经营难免陷入各种困境，银行主动转型，势必会将传统制造业列入业务风险管控处置的对象。

3. 续贷条件要求高。企业经营状况恶化的情况下，为了降低业风险，银行采取的普遍做法就是提高授信条件，一方面增加贷款审核的手续和环节，一方面使授信标准更加严格。银行人为设定较高的续贷条件，大大提高了企业获得贷款的门槛。

三 对策建议

党的十九大报告提出，我国经济已由高速增长阶段转向高质量发展阶段，正处在转变发展方式、优化经济结构、转换增长动力的攻关期，建设现代化经济体系是跨越关口的迫切要求和我国发展的战略目标。这就要求必须把发展经济的着力点放在实体经济上，把提高供给体系质量作为主攻方向，显著增强我国经济质量优势。通过前述分析，金融服务实体经济的能力和水平不高，已不能满足实体经济转型升级和经济转向高质量发展的需要。为此，金融作为现代经济的核心，应着重解决金融有效供给不足的问题，更好服务实体经济发展。

（一）优化金融结构，提升服务能效

改革开放40年来，我国金融业改革发展取得了显著成效，现代金融结构已基本形成，市场在金融资源配置中的作用日渐增强。但相对当前实体经济发展的实际需要来看，金融供给仍显不足。需要深化改革，优化金融结构。一是优化金融市场结构。增大直接融资比重，建立多层次资本市场，拓宽企业融资渠道。二是优化金融企业结构。借鉴国际大型金融机构经验，推进银行业改革，破除国有"一股独大"的股权结构，建立股权多元化混合所有产权结构，推动产品服务创新，降低服务门槛，提升金融机构特别是银行的服务能力和效率。

（二）建立创新转型政策性金融

创新是引领发展的第一动力。实体经济特别是制造业转型升级必须依靠创新驱动来实现。并且这属于中长期的经济问题。因此，应借鉴我国开发性金融等政策性金融的经验，建立创新性政策性金融，专门专项支持实体经济转型升级。

（三）发挥财税对创新的扶持引导作用

要提高创新财税的扶持力度和扶持的精准性，针对不同行业特征优化税收制度设计，降低企业研发失败带来的风险，并将研发活动的经济效益内部化，助力高新技术产业重点领域、重大专项关键核心技术攻关。要坚持减税和补贴协同发力，特别是要多减税、少补贴，采取多样化的税收优惠政策，对补贴要"重申请、严监督"，实现事前、事后全过程激励，让高新技术企业"轻装上阵"。同时还要降低减免税政策门槛，在不同规模、不同发展阶段的企业之间优化配置资源，避免研发资源的闲置与浪费。

专题报告二
完善符合现代化经济体系的
经济运行治理方式

2018年10月21至23日，为落实曾培炎理事长关于开展当前经济形势调研的指示精神，张燕生、马庆斌、綦鲁明、逯新红组团前往广东省广州、佛山、肇庆等三地调研，共举行了5场座谈会。座谈过程，鼓励大家讲实话、说实情、出实招。课题组认为，当前广东的经济形势稳中有压、稳中有忧、稳中有变。当前经济下行压力的主因在内，不在外。只要我们措施应对得当，尊重经济运行规律、产业发展规律，认清当前我们国家从高速增长转向高质量发展的过渡阶段，按照中央的要求深入改革，加快完善符合现代化经济体系要求的经济运行治理方式。

一 对广东当前经济形势和形成原因的总体认识

（一）广东经济稳中有变、危中有机

一是稳中有压。投资、外贸、消费等指标与上年同期相比总体下滑，尤其是工业投资、民间投资下滑更为明显。同时，贸易数据稳中有升，但预测2019年元旦美国对我国2000亿美元商品开征25%的关税率，广东外贸进出口将承受较大冲击。

二是稳中有忧。中小型企业尤其是民营企业，当前的经营形势很困难。企业融资难、土地和劳动力成本居高不下、环保社保税费不确定性大，企业停产、倒闭等频发，影响了企业转型转危为机的信心。

以陶瓷行业为例，企业反映遇到多年未遇之情况，与往年 11 月停窑相比，今年很多企业 3 月份就停窑，全行业 7—8 月份营业额整体下滑 18.9%，产能利用率勉强过半（1—8 月生产 61.3 亿平米，全国产能 114 亿平方米），一旦 2019 年美国对我国关税提高和增加关税目录，这一问题将更为凸显。

三是稳中有变。大型企业、品牌企业、合规经营的企业形势较好，利润率、市场占有率等指标稳中趋好，工业集中度上升，企业科技创新投入增加，增强了竞争能力和抵御贸易摩擦的冲击能力。广东的同志讲，广东大企业应对市场变化的能力很强，只要合理进行政策支持和引导，鼓励他们抱团应对，经济下行的态势有信心扭转。

（二）当前的经济下行压力的主因在内，不在外

当前经济下行的成因既有中美贸易摩擦造成的外部冲击，尤其是企业在应对汇率风险、关税提高、印度竞争等新情况带来的新问题；也有前期政策消化、房地产调控、环保督察、提高职工保障水平等内部结构改革带来的影响；还包括执行政策过程中存在违反经济规律、产业规律的因素，如广州工业垃圾处理企业停产整顿的案例。

二　几个典型的问题

一位地方干部对当前经济运行中的矛盾做了很形象的描述："很多政策是中央和地方反着来。国家宏观政策调控过程中，国家希望经济形势上行，地方政府盼下行。因为经济上行时，国家什么都不让干，指标卡死。经济下行的时候，银行开闸放水、发改委的基础设施投资基金、开发银行的政策资金规模扩大。中央政策是依据面上数据制定的，经济上行的时候，干得差的不准干了，干得好的精雕细琢的也不准干了；经济不好时都让干，大水漫灌式的，调控方式不是市场化法制化和透明性的。"

（一）民营企业安心创业创新"不安心"

这次调研，一个企业家用"瑟瑟发抖"来形容民营企业家对当前经济形势和有关政策效果的心态。尤其是，最近媒体发表的关于民营企业定位、工会进驻民营企业、职工持股民营企业等问题的讨论，直

击民营企业的敏感痛处。虽然中央强调了"两个毫不动摇",但是,这种舆论环境和政策不可预期性,已经对民营企业家扩大投资、安心经营造成了不可估量的信心冲击。

(二)企业应对中美等国贸易摩擦"不聚心"

这次调研发现,美国单方面挑起贸易战,有一些国家"趁火打劫",不仅追随美国对我国产品提高关税,甚至刻意拖延手续等手段,如广东一陶瓷企业向沙特的出口手续几个月不回复。但是,在与国外企业谈判税负和汇率风险分担等问题时,我国企业明显缺乏协调应对机制。如"抱团"应对,增强谈判能力,提高应对关税提高、汇率变动以及印度等第三方市场的竞争压力。

(三)工作处处"留痕",地方干部经济工作"难专心"

当前,地方干部依纪依法依规开展工作的意识增强,但是,由于强调工作处处留痕,工作执行中的时间成本明显提高。在项目审批、具体工作中,往往不分轻重缓急,事事上会讨论走流程,结果是会议多了、文件多了,效率降低了。地方干部认为,现在强调合理合规,文件没写的很难干不敢干,以前是大网,漏了很多鱼,虽然看上去不合规,但是,符合地方的实际情况,企业发展的环境比较宽松,现在网密了,很多潜力企业、很多好的项目失去了初期宝贵的发展空间。应该在简政放权的同时,强调减政减权,尽快制定工作的"负面清单",完善依法办事的体制机制,减少不必要的会议、文件、检查等。如地方同志提出,肇庆有一家新能源汽车企业,设备、技术、市场等条件都具备,但是,就是没有生产执照难以投产,此类市场化程度高的产业,应采取"直通车"的方式,减少不必要的行政干预。要给地方留有余地发展,中国发展靠地方政府,靠民营企业。而不是什么都规划好了才让干,要给地方留有余地。不是收权,而是放权减权。不是补贴,而是取消干预。不是国有企业是支柱,什么都让干,而是有保有压有进有退。

(四)现有税收激励资金分配扭曲,地方发展实体经济"无实心"

一是地方干部讲,现在干工业费心费力,有面子没里子,而且,投资工业需要几年后才能见成效,税收75%的中央拿走,地方仅留

25%，存在"前届种树、下届乘凉"的问题。如果搞房地产，则可以几个月一年见成效。

二是投资风险定价机制有问题。投资资金分配看政府不看市场，形成政府无限信用的投融资环境，存在宁可让国企撑死，也不让民企吃点的现象，民营银行的行为正向国有银行趋同，民营企业也开始找地方政府投资。如一家广东企业，其产品具有很强的市场竞争力，地方政府多次找国有和民营银行做贷款二百万人民币的沟通，最终国内银行没有一家投资，结果，花旗银行给这家企业投资一千万美元。

（五）土地指标新的不够用、旧的难流转，政府推动项目落地"空欢心"

土地指标的市场化改革滞后，是当前经济形势下行的难点中的重点。肇庆高新区70个项目等待土地指标落地，很多项目土地指标要等几年的时间。地方同志认为，问题就出在土地指标分配缺乏效率。一是东中西部省份土地指标分配缺乏效率，就土地指标分配而言，广东人均最少，中西部地区多，但是就产业效率而言，东部明显高于中西部。二是旧的工业用地指标缺乏市场化的退出流转机制。旧产业退出以后，原有的土地指标无法通过市场化手段交易退出，很多倒闭企业等着政府把工业用地改成商业用地赚取差价，但是，土地又是高压线，如果把企业闲置土地收回，企业告政府的话，政府就难以承受。三是土地指标在大小项目缺乏合理配置与审批权限矛盾。地方政府喜欢大项目，忽视小项目，往往一个大项目占地几百上千亩地，用地级市一年指标，但是，审批权限有限，程序多，时间长，往往会错过产业发展的市场机遇，而中小微企业要10亩左右的地，审批权限在基层地方政府，马上就能建设就能投产。目前已经出现了炒工业地产的集团，包装一个超千亿的项目，然后贷款买地，5—10年不动，等工业用地价格上去了，把指标切割售卖变成了土地的二道贩子，事实上提高了工业发展的用地成本。

（六）环保、社保等政策执行方式生硬，地方政府和企业"伤透了心"

社保、环保政策等制定和执行过程中，没有全面考虑中国经济发展的阶段性、产业发展的规律性,执行过程中存在一刀切、切一刀的问题,存在到洗澡水把孩子倒掉的问题。以广东两家化工产品固体废弃物处理项目为例,因为其环保指标不达标,被停产,其后果是区域内的多个工业项目因为没有废弃物处理能力和场所,而限产、停产,直接把企业"搞死"。一个简单的道理,在工业生产、废弃物处理等环节上,如果因为工业废弃处理能力不够而把环保环节关停,造成了生产环节的企业因为不能达到环保标准而关停减产。另外一个典型的案例就是关于砂石场关停的问题,造成很多基础设施和建筑用料突然断了原料供应,在替代产品尚未找到的时期,多个项目受到影响,成本暴涨。这种不顾产业规律,经济发展阶段特点的政策执行时造成当前企业运行困难的突出原因。另外,考虑到环保要求,产业园区都把新能源汽车、高端装备、新材料、生物医药作为主导产业,却不允许电镀、化工、注塑、金属加工行业企业入园,没有这些产业链关键企业,新能源汽车如何下线?高端装备靠什么生产?新材料怎么合成?生物医药从何而来?课题组研究了日本京都中心城区的一个园区,电镀企业隔壁就是居民区,京都地区有近千家电镀工业企业,是该地区电子、电器、汽车等产业链基础配套,也是高品质产品的关键工序。

三 几点建议

(一)加快研究建立符合向高质量发展过渡时期的政策体制。课题组认为,当前我们国家正处于高速增长向高质量发展的过渡阶段,这一阶段估计在 5-7 年的时间。政策制定应更多符合过渡阶段的特点,而不能全面按照向高质量的标准执行。需要给地方政府、企业等过渡期,需要加大对地方政府、企业的政策辅导,合理的扶持和帮助,不能一味强调高质量的高标准要求。

(二)简政放权和减权让权并重。在目前的经济形势下,尤其需要给予地方政府更多的投资项目、发展产业自主权。项目投资的决策权、土地指标的配置权等应更多向基层政策倾斜,同时,加大对虚假项目套取土地、囤积土地、倒卖土地指标等行为的打击力度。要解放思想,来一场新的"放水养鱼",政策上疏漏有序,给新生的有市场潜力的企业更多的发展空间。

（三）在现有财政体制难以较短时间内调整的背景下，优化财政转移支付方式。地方同志讲，随着减税降负力度的加大，在现有的五级政府的管理体制下，基层政府尤其是镇一级的政府存在财政崩盘的危险，应作好预案，与以往的项目型的财政转移支付不同，增加应急的财政能力转移支付。

（四）环保政策应把重点放在引导企业技术升级、采用降低污染的技术和生产工艺上，而不是简单的一关了之。应从产业链的角度研究制定更为科学的政策，避免把污染企业和污染治理企业混为一谈，把重污染风险但低排放企业和有重污染行为的企业混为一谈。

（五）引导企业抱团应对中美贸易摩擦等问题。在应对关税提高、汇率变动大的问题，应采取有关部门、地方政府、行业协会联合鼓励引导企业抱团应对关税和汇率变动等问题，对企业对外商业谈判，合同签署等进行引导抱团判断，针对汇率变动等进行培训、辅导。

（六）应制定前瞻性政策，应对印度等国家制造业崛起的问题。"印度砖"为代表的产品有崛起之势，印度、越南、墨西哥等国家的制造业发展迅速，尤其是中美贸易摩擦的背景下，这个趋势有加速可能。应更多地在中国产品标准、中国品牌、中国技术等方面加大政策研究，避免企业盲目转移生产线、简单售卖生产线等，要给中国技术赢得时间，避免过快掉入欧美高端市场和周边中低端市场的夹缝中。